Lorenz Birklbauer · Wolfgang Planker

Als die Beatles Österreich auf den Kopf stellten

Lorenz Birklbauer
Wolfgang Planker

ALS DIE BEATLES ÖSTERREICH AUF DEN KOPF STELLTEN

RESIDENZ VERLAG

Bibliografische Information der Deutschen Nationalbibliothek
Die Deutsche Nationalbibliothek verzeichnet diese Publikation in der Deutschen Nationalbibliografie; detaillierte bibliografische Daten sind im Internet über http://dnb.dnb.de abrufbar.

www.residenzverlag.at

2. Auflage

Umschlaggestaltung und grafische Gestaltung / Satz:
Joe P. Wannerer – BoutiqueBrutal.com
Umschlagbild: APA-PictureDesk / Pop / Topfoto
Lektorat: Clara Schermer
Gesamtherstellung: Finidr, Tschechische Republik

ISBN 978 3 7017 3619 5

INHALT

TEIL 2

EINE ÖSTERREICHISCHE JUGEND MIT DEN BEATLES

TEIL 3

DER EINFLUSS DER BEATLES AUF MUSIK UND KULTUR IN ÖSTERREICH

TEIL 4

JOHN LENNON UND YOKO ONO AUF BESUCH IN WIEN

TEIL 5

ANHANG

VORWORT
LORENZ BIRKLBAUER

»Wir dachten damals, die einzige mögliche Existenzform für einen jungen Mann sei es, in einer Band mit zwei Gitarren, einem Bass und einem Schlagzeug zu spielen.« Das erzählte mir vor kurzem der Schriftsteller und Gitarrist Michael Köhlmeier über seine Jugend im Vorarlberger Hohenems, zusammen mit seinem Freund Reinhold Bilgeri. Ungefähr zur selben Zeit schlenderte am östlichen Ende des Landes der spätere Zirkusdirektor Bernhard Paul mit seinen Freunden, dem Kabarettisten Lukas Resetarits und dem Maler Josef Prammer, die Wiener Mariahilfer Straße entlang, als plötzlich ein Lieferwagen stehenblieb, aus dem der schwergewichtige Fahrer ausstieg, sie mit seinem Schlüsselbund malträtierte und dabei schrie: »Es Gammler, es Beatles, schleicht's euch!«

Was war geschehen?

1965 waren die Beatles nach Österreich gekommen, um in Obertauern für ihren neuen Film *Help!* zahlreiche von James-Bond-Filmen inspirierte Szenen im Schnee zu drehen. Bei vielen österreichischen Jugendlichen hatten sie bereits zuvor das Gefühl ausgelöst, dass diese neue und aufregende Musik nur für sie geschrieben worden sei. »Die Beatles, das ist Freiheit!«, hieß es damals voller Begeisterung. Doch Gesellschaft und Medien hielten dagegen: »Die Beatles haben der Pädagogik einmal mehr bewiesen, wie wenig bis jetzt die Erziehung des modernen Menschen gelungen ist. Wer die Beatles anhimmelt, kann nicht auch Interesse für die Gedanken Goethes oder Einsteins aufbringen«, schrieb etwa »Die Furche«.

Als jedoch Herbert von Karajan, damals Chefdirigent der Berliner Philharmoniker, nach einem Zusammentreffen mit zwei der

Pilzköpfe meinte, »nicht zehn Prozent meiner Musikleute verstehen so viel von Musik wie diese beiden Buben«, schien es, als ob das Kulturland Österreich endgültig auf dem Kopf stand. Doch Beatle Paul selbst gab Entwarnung: »Culture? It's not culture, it's a good laugh«, antwortete er auf die Frage nach der kulturellen Bedeutung der Beatles für die westliche Kulturgeschichte.

Heute wird kaum noch jemand die kulturelle Strahlkraft der wohl berühmtesten Band der Welt in Zweifel ziehen. Und diese hat auch eine rot-weiß-rote Geschichte. Mit diesem Buch wollen wir sichtbar machen, wie die vier Liverpooler unser Land und die österreichische Gesellschaft verändert und geprägt haben – die Musik, die Jugendkultur, den Film, Mode und Literatur. Sie taten dies »ohne Attitüde und ohne Gemeinschaftsfanatismus«, wie die amerikanischen Protestsänger sie hatten, sondern durch »Fröhlichkeit und Melancholie, die sie bei anderen erzeugen«, so der österreichische Literaturnobelpreisträger Peter Handke.

Mögen das damals durch die Beatles bei vielen jungen Menschen ausgelöste Freiheitsgefühl sowie die einzigartige Stimmung jener Tage bei der Lektüre dieses Buches spürbar werden und auch bei den Leserinnen und Lesern Fröhlichkeit erzeugen!

Lorenz Birklbauer

VORWORT
WOLFGANG PLANKER

Mein Freund Lorenz und ich mussten dieses Buch schreiben, denn Österreich hat eine Beatles-Vergangenheit und -Zukunft! Es war uns eine Herzensangelegenheit, darin für immer festzuhalten, welche interessanten und teils noch unbekannten Ereignisse in Zusammenhang mit den Beatles in Österreich für Aufregung, Begeisterung oder Kopfschütteln gesorgt haben.

Dafür haben wir monatelang Archive durchforstet, Zeitzeugen und Fans der »Fab Four« befragt, um rechtzeitig zum 60-Jahre-Jubiläum die Ereignisse rund um die *Help!*-Dreharbeiten in Obertauern so genau wie möglich von allen Seiten zu beleuchten. Geschichten wie das turbulente »Leintuch-in« von John Lennon und Yoko Ono im Wiener Hotel Sacher – denn was wäre unser Land ohne einen handfesten Skandal – aber auch weniger bekannte Episoden, wie etwa Ringos feuchtfröhliche Begegnung mit seinem Freund Harry Nilsson, die vier abgesagten Beatles-Konzerte im Wiener Konzerthaus, der einzige Auftritt von Paul McCartney mit den Wings in der Wiener Stadthalle oder die Jam-Session von Andy Lee Lang mit George Harrison sollten nicht in Vergessenheit geraten.

Wir hoffen, mit dieser bunten Mischung sowohl Fans der ersten Beatles-Generation als auch jüngere Musikliebhaberinnen und -liebhaber zu unterhalten und anzuregen, sich noch intensiver mit den vielen Facetten der »Beatlemania«, aber auch mit den Solo-Jahren von John, Paul, George und Ringo ab 1970 zu beschäftigen.

Botschaften wie »All You Need Is Love«, »Give Peace a Chance« oder »Imagine« werden von Generation zu Generation weitergetragen werden.

Dieses Buch ist mein Beitrag, um die »Beatles-Flamme« in unserem Land nicht ausgehen zu lassen, und ich widme es meiner wunderbaren Frau Vera, die als David-Bowie-Fan meine Liebe zur größten Pop-Band aller Zeiten nicht nur verstanden, sondern auch immer unterstützt hat.

Beatles 4ever!

Wolfgang Planker

VORSPANN

Innerhalb weniger Jahre stiegen die Beatles nach Lehrjahren in den Clubs von Liverpool und Hamburg kometenhaft zur berühmtesten Band der Welt auf. In England schlug ihre Musik bereits nach der Veröffentlichung ihrer ersten Single im Jahr 1962 große Begeisterungswellen. Kurz darauf – Anfang 1964 – eroberten sie auch Amerika im Sturm. Aufeinanderfolgende Nummer-1-Hits trieben die Verkaufszahlen der Beatles-Platten in schwindelerregende Höhen. Ihr neuartiger Musikstil und das von Manager Brian Epstein angeordnete professionelle Auftreten trugen dazu wesentlich bei. Die Beatles waren jedoch nicht davor gefeit, in der weltweiten Euphorie Opfer ihres eigenen Erfolgs zu werden. Vor allem der Tour-Stress, die Belagerung durch die Fans sowie die ständigen Fernsehauftritte und PR-Termine zehrten an ihren Kräften. Gleichzeitig fürchteten sie, ihr eigenes hohes Niveau auf Dauer nicht halten zu können und musikalisch in eine Sackgasse zu geraten.

Im März 1965 kamen die Beatles schließlich nach Österreich, um in Obertauern für ihren neuen Film *Help!* Verfolgungsjagden und heitere Szenen im Schnee zu drehen. In der Abgeschiedenheit der österreichischen Alpen und weitgehend unbeobachtet von der Weltpresse fühlten sie sich erstmals seit langem wieder frei und unbeschwert, was auch ihrem künstlerischen Selbstvertrauen, ihrer Kreativität und dem Zusammenhalt in der Gruppe neuen Auftrieb verlieh. Das legendäre Konzert der Beatles im »Skistall« eines Alpenhotels legt davon eindrucksvoll Zeugnis ab. Sowohl der Film als auch das Album »Help!« – ein wahres Feuerwerk an neuen Ideen – können daher als Wendepunkt in der atemberaubenden Entwicklung der Band betrachtet werden.

TEIL 1

ALS 1965 DIE BEATLES IN ÖSTERREICH WAREN

DIE PILZKÖPFE IN DER STADT SALZBURG UND IN OBERTAUERN

Unbarmherzig hat der »Weiße Tod« am Faschingsdienstag zugeschlagen. Während man sich in den Gaststätten und Bars auf dem Obertauern und in allen anderen Wintersportorten Salzburgs bereits der Ausgelassenheit des letzten Tages des Faschings 1965 hingab, fegte – ungefähr auf halbem Wege zwischen Ober- und Untertauern – die knöcherne Hand des Todes im Bruchteil einer Sekunde einen Autobus mit 37 jungen schwedischen und finnischen Jugendlichen in den Abgrund. Die Wagenkarosserie wurde im rückwärtigen Drittel aufgefetzt, Schneemassen wurden mit ungeheuerlicher Wucht in das Innere des Wagens gepresst und die unglücklichen Insassen buchstäblich einbetoniert. Man musste sie zum Teil mit Schweißbrennern aus ihrem Schneegrab befreien. Sie waren allesamt erstickt.

So berichtete bild- und wortgewaltig der sichtlich aufgewühlte Kurt Lumpié, Redakteur beim »Salzburger Volksblatt«.

In Obertauern herrschten Bestürzung und Trauer. Das örtliche Reisebüro hatte bereits einen Sonderomnibus der Post für den täglichen Skiausflug der skandinavischen Jugendlichen von Altenmarkt nach Obertauern organisiert. Eine Schwere breitete sich nun über der strahlend weißen Landschaft aus, in der sich plötzlich der Tod aufgedrängt hatte. Vor wenigen Tagen war im entfernten Wien der beliebte österreichische Bundespräsident Adolf Schärf 51 Tage vor seinem 75. Geburtstag gestorben. Dr. Adolf Schärf galt als ein vollendeter Demokrat, dem es vor allem mit der Schlichtheit seiner Lebensführung die Herzen der Menschen zu erreichen gelang. Meist war er zu Fuß von seiner Wohnung am Hamerlingplatz im 8. Wiener Gemeindebezirk in sein Büro gegangen. Sein Tod ging den Menschen nahe. Über diese Bedrückung legte sich das nicht zu fassende Lawinenunglück. Für den gerade erst aufstrebenden Skiort Obertauern – noch in den 1950er Jahren gab es keine elektrische Leitung nach Obertauern und auch lange danach noch wurde die Piste nach Schneefällen von den Skiläufern selbst getreten – hätten die Ereignisse in den ersten Tagen des März 1965 beinahe das frühzeitige Ende bedeutet. Dabei hatte sich zuletzt das Blatt zugunsten des ehemaligen Bergbauerndorfes gewendet.

Am 26. Jänner 1965 hatte sich Georg Haslauer, Beamter bei der Salzkammergut-Lokalbahn, in einem Schreiben an die Bundesbahndirektion Linz gewandt, mit dem Ansuchen um die Genehmigung für die Produktionsfirma des US-Filmproduzenten Walter Shenson, in der Zeit von 10. bis 20. März 1965 am Bahnhof Radstadt Filmaufnahmen machen zu dürfen. Als Begründung gab er an: »Es handelt sich um einen lustigen Wintersportfilm in Farbe mit sehr prominenten englischen Schauspielern, und ich bin der Meinung, dass die Aufnahmen in Obertauern und in Radstadt für die Fremdenwerbung nicht zu unterschätzen sind!«

Nach dem »Schwedenunglück« war die Lage gänzlich neu. Das Unterrichtsministerium verbot wegen der Lawinengefahr Schulskikurse in Obertauern. Straßen und Pässe wurden abgesperrt, die Durchfahrt auf einige wenige Stunden pro Tag beschränkt. Die Staatsanwaltschaft Salzburg war entschlossen, mögliches fahrlässiges Verhalten zu ahnden, und unternahm penible Untersuchungen und Befragungen. Die Spuren des Unglücks blieben indes weithin sichtbar. Der Gendarm Heinz Perch war am geplanten Drehort als Ordner eingeteilt. Etwa eine Woche lang wurden er und seine Kameraden in kleinen Bussen zwischen Werfen und Obertauern hin- und hergefahren. Dabei musste er jedes Mal wieder den zertrümmerten Autobus sehen, der zerbeult und aufgerissen, einer klaffenden Wunde gleich, am Unglücksort lag und wegen der weiterhin bestehenden Lawinengefahr nicht geborgen werden konnte.

In London liefen währenddessen die Telefone heiß. Sollten die geplanten Dreharbeiten verschoben werden oder besser, wie ursprünglich angedacht, in der Schweiz stattfinden? Man konnte nicht riskieren, dass der weltweit populärsten und erfolgreichsten Musikband dieser Zeit etwas zustoßen würde.

Regisseur Richard Lester, der schon den ersten Beatles-Film *A Hard Day's Night* zu einem weltweiten Kassenerfolg gemacht hatte, gelang es schließlich, Beatles-Manager Brian Epstein von dem ausgefallenen Drehort zu überzeugen. Er versprach sich viel von dem Dreh im Winterwunderland. Epsteins österreichischer Butler, der ihm in seinem Londoner Anwesen zu Diensten war, hatte ihm wohl von der Schneesicherheit Obertauerns berichtet. Die Bewohnerinnen und Bewohner des auf 1700 Metern Seehöhe gelegenen Ortes müssten niemals ihre Skier auf den Schultern tragen und ließen diese stets angeschnallt, hieß es. Außerdem gab es in Radstadt eine Bahnstation der Bundesbahnen sowie einen See, wie es das Drehbuch verlangte.

Die vorhergehenden Dreharbeiten mit den Beatles auf den Bahamas hatten Lester gelehrt, dass die freche Neugier der britischen Touristinnen und Touristen die Dreharbeiten empfindlich stören konnte. Dies wollte er jetzt unter allen Umständen vermeiden. An größeren und international bekannteren Wintersportorten wäre die Gefahr neuerlich groß gewesen – anders als im abgeschiedenen und wenig bekannten Obertauern, so Lesters Kalkül. Durch die frühzeitige Abreise von Hotelgästen, die sich der allgegenwärtigen Lawinengefahr nicht mehr aussetzen wollten, wurden außerdem günstige Hotelzimmer für die Filmcrew frei. Das war wiederum dem Beatles-Manager wichtig. Vergleichsweise günstig waren auch die im Hotel Edelweiss für die Beatles vorgesehenen Zimmer mit den Nummern 501 bis 507. Epstein und Lester beschlossen also, sich nicht weiter von dem Lawinenunglück stören zu lassen, und buchten Obertauern für den Dreh.

Die Beatles selbst waren sich zunächst weder der Lawinengefahr noch der Gefährlichkeit des Skisports bewusst. Doch vor allem George Harrison begann bald misstrauisch zu werden. »Sie haben uns da auf die Berge gebracht, uns in Skischuhe gesteckt, die wir nicht mal bis oben zumachen konnten, und uns einen Schubs gegeben«, so Harrison, dem bei dem Gedanken daran noch lange schauderte. Später schwor er Stein und Bein, in Obertauern das erste und letzte Mal auf Skiern gestanden zu sein. Selbst sein enger Freund, der erfolgreiche Formel-1-Rennfahrer Gerhard Berger, konnte ihn nicht überzeugen, dem Skisport eine zweite Chance zu geben – nicht einmal, als Harrison in den 1990er Jahren mehrmals Berger in seinem direkt an der Skipiste gelegenen Haus oberhalb von Söll in Tirol besuchte.

HOCH DEM EUNUCHEN-CHOR – DIE BEATLES LANDEN

Die 66 Mann starke Filmcrew musste sich auf völlig neue Verhältnisse einstellen, als sie mit der Sondermaschine der BEA (British European Airways) am Samstag, den 13. März 1965, um 14.18 Uhr am Salzburger Flughafen Maxglan landete. Seit 23. Februar waren die Filmleute bei Dreharbeiten auf den sonnigen Bahamas gewesen, und jetzt war ihr Arbeitsplatz in die tiefverschneiten Salzburger Berge verlegt worden. Mit an Bord die vier Beatles, die gleich Fuß auf Salzburger Boden setzen würden.

Als die Band die Gangway herunterschritt, schallte ihr ein tausendfaches »Yeah, yeah, yeah!« entgegen. 4000 begeisterte Teenager, darunter auch in Sonderbussen angereiste Beatles-Fans aus dem benachbarten Bayern, hatten sich schon Stunden zuvor eingefunden. Vom Flughafenpersonal waren Wasserkübel bereitgestellt, die bei

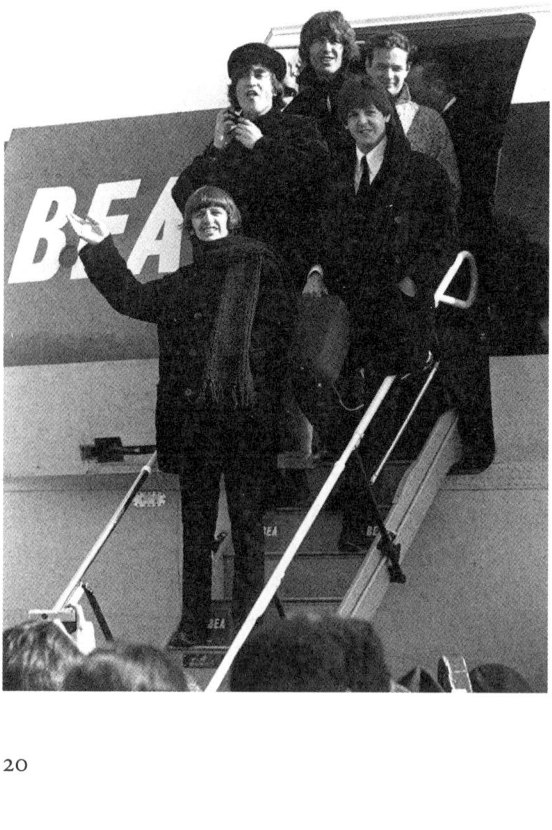

Die Ankunft der Beatles in Salzburg

Ohnmachtsanfällen rasche Hilfe versprachen. Die Verantwortlichen des Salzburger Flughafens hatten die Auswüchse der Beatlemania anhand des ersten Beatles-Films *A Hard Day's Night* genauestens studiert. Polizei und Gendarmerie rückten mit rund 100 Mann und zwei Wasserwerfern der Feuerwehr an und hatten laut Berichterstattung der »Arbeiter-Zeitung« vom 13. März 1965 auch sonst alle Maßnahmen getroffen, um die Fans der »friseurscheuen« und »ponymähnigen Yeah-Yeah-Minnesänger« nötigenfalls rasch zurückzudrängen.

Was jedoch folgte, war nicht mehr als ein »Sturm im Wasserglas«, wie das »Salzburger Volksblatt« am 15. März 1965 titelte. Etwa 25 Minuten vor dem Eintreffen der Chartermaschine versammelte sich eine Gruppe von 40 bis 50 Mittelschülerinnen und -schülern und hielt Transparente wie »Beatles Go Home«, »Verstärkung für den Alpenzoo« und »Hoch dem Eunuchen-Chor« in die Höhe. Angesichts des Lawinenunglücks wenige Tage zuvor besonders geschmacklos, fand sich darunter auch eines mit »Lawinen, marsch!«. Hundertschaften an Fans bewarfen den Anti-Beatles-Block mit Schneebällen. Die Schülerinnen und Schüler zogen sich schließlich, begleitet von den Klängen der Blasmusikkapelle, auf die dem Flughafengebäude

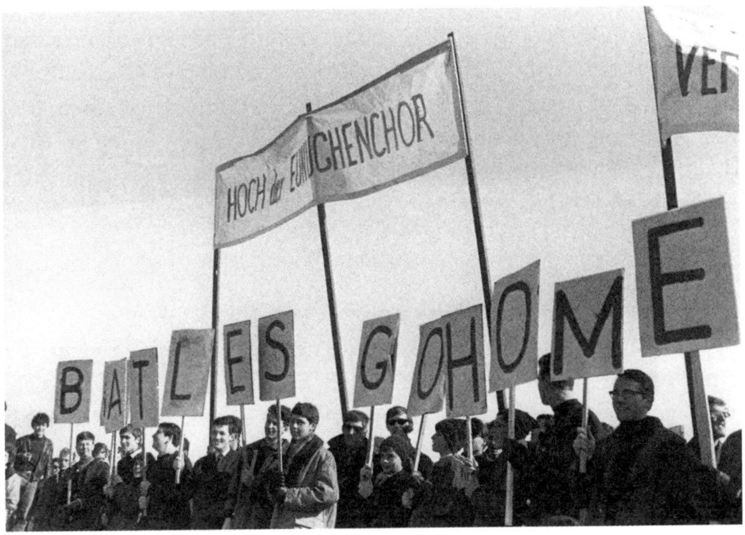

Schüler demonstrieren gegen die Beatles

gegenüberliegende Seite der Bundesstraße zurück. Während die Polizei diesen Zwischenfall rasch beilegte, versuchten perückentragende Beatles-Anhänger das Dach des Flughafengebäudes zu erklimmen. Dagegen ging die Polizei nach eigenen Angaben »beherzt« vor. Mit Hilfe von Leitern wurden die Jugendlichen wieder auf sicheren Boden zurückgebracht. Einer von ihnen, der sich dagegen sträubte, wurde arretiert, kurz danach aber wieder freigelassen.

Die jugendlichen Fans waren erfolgreich in die Schranken gewiesen worden, wie der stellvertretende Polizeidirektor, Polizeirat Biringer, nicht ohne Stolz in seiner Bilanz der Ereignisse erklärte. Er äußerte sogar den Verdacht, dass das Beatles-Management darüber maßlos enttäuscht und an Tumulten interessiert gewesen wäre, da dies die Publicity für seine Schützlinge erhöht hätte. Dem Polizeirat dürfte entgangen sein, dass sich die Beatles Anfang 1965 auf dem Zenit ihrer Weltkarriere befanden und spätestens seit der Eroberung des US-Marktes im Jahr 1964 eine kaum noch zu steigernde weltweite Bekanntheit und Omnipräsenz erlangt hatten.

Die Wasserkübel konnten wieder geleert werden – von Ohnmachtsanfällen ist definitiv nichts überliefert. Der »Sturm im Wasserglas« schlug auch dann keine höheren Wogen, als die »Heulboys aus Liverpool«, so das »Salzburger Volksblatt« am 15. März 1965, in den für sie bereitgestellten schneeweißen Ford mit dem Kennzeichen S 350 stiegen, auch wenn einige besonders enthusiastische weibliche Fans noch schnell den vom Tauwetter nassen Betonboden des Flugfelds, über den die Beatles gegangen waren, küssten. Eine deutsche Filmgesellschaft, die seit fast drei Jahren an einem Film über Massenhysterie arbeitete, zog enttäuscht wieder ab.

Zähnestochern, Nasenbohren und die Anti-Beatles-Demo

Berichte der Presse über die Landung der Beatles klingen nicht, als ginge es um eine Band von Weltrang: Die Zeitschrift »Wir« schrieb: »Wie verlauste Paviane in Zivil krabbelten Ringo, John, Paul und George aus der Maschine, stellten sich in Positur, mahlten Kaugummi im Gebiss.« TV-Aufnahmen vom Rollfeld hingegen belegen, dass die vier adrett und *fashionable* gekleidet – die Beatles und ihre Frauen deckten sich zu diesem Zeitpunkt mit den Kreationen der

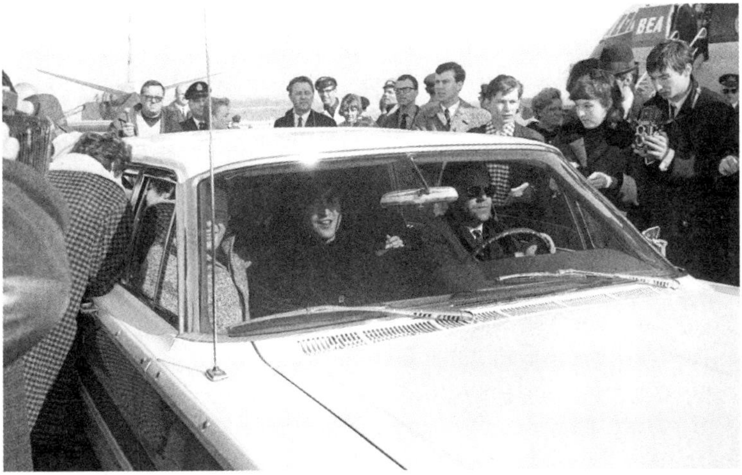

Auf dem Weg zur Pressekonferenz, vorne im Wagen: Brian Epstein (l.) und John Lennon

Modedesigner in der Londoner Carnaby Street ein – die Gangway herunterschritten, dabei routiniert in die Kameras lächelten und den Fans zuwinkten.

Herabspielende Kommentare sollten die Beatles jedenfalls in den kommenden Tagen stetig begleiten, etwa in Zusammenhang mit einem in Obertauern aufgenommenen Foto von John Lennon, abgedruckt in der »Arbeiter-Zeitung« vom 16. März 1965: »Manierliche junge Leute: Beatles-Häuptling John Lennon stochert in seinen Zähnen. Das und Nasenbohren sind die Lieblingsbeschäftigungen der Beatles in Obertauern. Womit man Millionen verdient.«

Wenig Eile zum Bericht über die Ankunft der Beatles verspürte die österreichische Wochenschau. Diese hatte im vergangenen Jahr bereits spottend über die »Zottelköpfe«, die »komischen ungepflegten Frisuren dieser Paradeidole« berichtet, nach Rückkehr der Beatles von den Bahamas nach England hatte sie sogar eindringlich vor dem Phänomen Beatles, deren Empfang am Flughafen Heathrow als »Massenhysterie und Veitstanz« bezeichnet wurde, gewarnt. Der Wochenschau-Kinostart des Beitrags über die Landung der Beatles in Salzburg mit dem Titel »Jugend im Beatles-Fieber« wurde für den 19. März angesetzt – da dachten die Beatles schon wieder an ihren

Rückflug nach England. Im Beitrag wurden zudem weniger die Fans gezeigt, die mit Beatles-Perücken oder »Lennon«-Kappen ausgestattet den »Fab Four« zujubelten, sondern vor allem jene kleine Gruppe protestierender Mittelschüler, die mit ihrer Anti-Beatles-Demo mit Transparenten und einem Pfeifkonzert der Band einen Empfang bereiten wollten, den sie so schnell nicht vergessen sollte. Im Bild war auch die winzige Schülerkapelle, die den hoffnungslosen Versuch unternahm, die Jubelschreie der Fans mit ihren Blechblasinstrumenten zu übertönen. Einer der jungen Initiatoren der Demo war der Maturant Albert Hartinger. Er wurde später Professor für Gesang und Leiter der Abteilung Musikpädagogik sowie Leiter der Abteilung für Alte Musik am Salzburger Mozarteum. Mit dem Mozart-Chor sang er sogar Beatles-Lieder, für seine Aktion am Salzburger Flughafen musste er sich jedoch ein Leben lang hänseln lassen. Hauptorganisator der Anti-Beatles-Demo war der zu dieser Zeit als Lehrerausbildner tätige Eberhard Stüber. Ein anderer Protestler war der damals 20-jährige Peter Kreisky, Sohn des späteren Bundeskanzlers Bruno Kreisky. Er half mit, das »Beatles Go Home«-Banner zu tragen. Jahre später sollte Peter Kreisky dem venezolanischen Revolutionär und Staatschef Hugo Chávez in Wien zujubeln, der sich in seiner Rede auf den positiven Einfluss der Beatles und vor allem von John Lennon für eine bessere Zukunft bezog. Der Wochenschau-Sprecher im März 1965 jedenfalls schloss den Beitrag über die Ankunft der Beatles und die Protestaktion mit den Worten: »Hetz bleibt Hetz – in England wie in Österreich.«

Dass die Musik der Beatles in Österreich noch nicht richtig angekommen war, zeigt ein Blick in die Charts und ein Zeitungsartikel mit dringender Meldung: »Die Presse« schrieb unter dem Aufhänger »Freddy verlor Platz 1« von einer »kleinen Sensation« in der österreichischen Hitparade. So sei es Martin Lauer, dem bis dato Zweitplatzierten, mit seinem Schlager »Taxi nach Texas« gelungen, den Spitzenreiter Freddy Quinn von Platz 1 zu verdrängen. Auf den 3. Platz vordringen konnte die österreichische Schlagerband Die Bambis. Die Beatles landeten auf Platz 5 mit »I Feel Fine«, wurde in dem Artikel berichtet.

»MOZART, SPITZE, WIE GEHT ES IHM?« – DIE PRESSEKONFERENZ IN SALZBURG

Eine der demütigendsten Erinnerungen, die ich habe, ist, als die Beatles in Salzburg waren, um in Obertauern den Film Help! *zu drehen. Da gab's eine Pressekonferenz, ich war ein ganz junger Journalist, war natürlich als einer der Ersten da, bin in der ersten Reihe gesessen. Und dann kam irgendein leicht idiotischer deutscher Journalist und hat gefragt, ob die Pilzköpfe auch wirklich echt sind. Da hat George Harrison mich herausgewinkt, ich solle doch anziehen. Und ich bin da hinausgegangen und hab' vor den Fernsehkameras George Harrison an den Haaren gezogen, um zu beweisen, dass die Pilzköpfe echt sind. Das war eine der schlimmen Situationen meiner Laufbahn,*

versetzt sich der bekannte österreichische Journalist, Buchautor und frühere Zeitungsherausgeber Heinz Nußbaumer an den Tag der Pressekonferenz am 13. März 1965 zurück.

In der Schwarzstraße hinter dem Hotel Österreichischer Hof hatten sich allmählich um die 1000 Fans, von den Reportern als »heulende Verehrer« bezeichnet, versammelt – und ebenso viele bei der

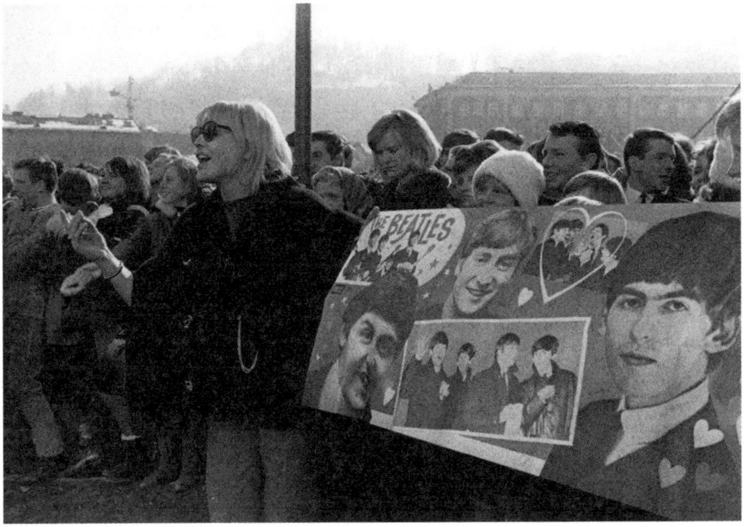

Wartende Fans vor dem Österreichischen Hof

Salzachterrasse auf dem Kai –, nachdem sich herumgesprochen hatte, dass die Beatles auf der Glasveranda im hinteren Teil des Hotels eine internationale Pressekonferenz geben würden. Die »Salzburger Nachrichten« berichteten darüber mit der Schlagzeile »Eine Zeiterscheinung erregt die Gemüter«. Einige Salzburger Fans mit Beatles-Perücken fuhren in einem Fiaker an der Vorderseite des Hotels vor und sorgten damit frühzeitig für »Kreisch-Alarm«, denn auch dort wollten zahllose Jugendliche zumindest einen kurzen Blick auf ihre Idole werfen, vor allem die bayrischen Teenies fielen auf die heimischen »Fake-Beatles« herein, als diese vorfuhren.

In einem Konvoi von rund 20 Autos trafen »die Schreihälse aus Liverpool«, so die »Salzburger Nachrichten« über die vier Musiker, schließlich beim Hotel, dem heutigen Hotel Sacher Salzburg ein. Zur Pressekonferenz hatten sich fast 100 Journalistinnen und Pressefotografen, darunter etwa auch der Westdeutsche Rundfunk mit seinen 22 Millionen Zuseherinnen und Zusehern, eingefunden und in dem Raum im ersten Stock, der Glasveranda an der Hinterfront des Hauses, zusammengedrängt. Die Beatles gelangten schließlich über die Hotelgarage an den Fan-Massen vorbei in das Hotel und bereiteten sich in den für sie reservierten Hotelzimmern auf die Pressekonferenz vor.

Neben den Beatles huschten – von der Presse weitgehend abgeschirmt – auch ihre Begleiterinnen Cynthia Lennon, Pattie Boyd und Maureen Starkey, gefolgt vom Produzenten des Films, Walter Shenson, auf ihre Zimmer. Der »Abend Express«-Redakteur Helmuth Dimko nahm von den eintreffenden Beatles nicht viel Notiz und behielt vielmehr deren Frauen im Blick, wie sein Bericht von damals deutlich macht:

Sie sind einsam im Schatten des Ruhms. Samstag, eine halbe Stunde nach Ankunft[,] sind die 4 Pilzköpfe auf ihre Zimmer gegangen, um sich für die Pressekonferenz zurecht zu rupfen. Das Kommen der Frauen der Beatles, Cynthia Lennon, 26, und Maureen Starr [sic!], 18, die Frauen der beiden Beatles [,] und Betty Boyd [sic!], die Freundin von George Harrison, hat jedoch kaum jemand bemerkt, obwohl diese drei weiblichen Wesen in Kleidung und Haartracht nicht gerade unauffällig wirken. Insgesamt stecken sie in hautengen, schwarzen Hosen und kurzen, dunklen Mänteln. Stiefeln an den zarten Füßen, die blonden und dunklen Haare – schulterlang – lassen von den Gesichtern nur einen kleinen Ausschnitt frei. Es sind blasse Gesichter auf blass geschminkt, weißer Lippenstift auf den Mündern, nur die Augen sind schwarz betont. Mir fällt »Adebar« und ein Wort ein: »Kellerkinder«. Die Köpfe gesenkt, die Blicke zu Boden gerichtet, sind sie an mir vorbeigetrippelt. Gut aufgezogene Puppen im Sog ihrer drei Spielgefährten, die Frauen dreier europäischer Potentaten, deren starre, maskenhafte Gesichter durch die dichten Mähnen verschleiert werden. Sie haben ein wenig von Brigitte Bardot (Betty) [sic!], ein wenig von Claudia Cardinale (Maureen).

Als die Beatles schließlich im Saal eintreffen – auch ihr Manager Brian Epstein und die Schauspielerin Eleanor Bron, die im Film die Rolle der Ahme verkörperte, nehmen auf dem Podium Platz –, verhalten sich die Medienleute so, wie es manche Beobachter eigentlich von den Beatles erwartet hätten, während sich die Beatles geduldig, Pfefferminzzuckerl lutschend und Rotwein trinkend den Fragen der Presse stellten. Auch die Anwesenheit von Eleanor Bron, eine erfolgreiche und anerkannte britische Schauspielerin, die mit ihrem Vornamen Paul McCartney zu dem im darauffolgenden Jahr veröffentlichten Song »Eleanor Rigby« inspirieren sollte, hinderte sie nicht daran, die Beatles mit Spott und Häme zu überschütten. Bei der Pressekonferenz hielten sich zwar manche noch zurück, nicht jedoch in der Berichterstattung danach. Wenn es stimmt, was die Beatles-Weggefährtin aus Hamburger Tagen, Astrid Kirchherr, sagt, dass man nämlich in den 1960er Jahren dem Neuen zunächst vor allem mit Arroganz und Spott begegnete, dann erbrachten manche Presseleute in diesen Tagen ganz eindeutig den Beweis dafür.

Der Journalist und spätere Drehbuchautor und Regisseur Peter Hajek hatte in der ersten Reihe Platz genommen und beobachtete die Beatles aus nächster Nähe. Ringo sei vor allem durch seine große Nase aufgefallen, beim Anblick des Drummers sei Hajek von herzzerreißendem Mitleid befallen worden, meinte er, und weiter:

Er schaute so klein und unbeholfen drein, dass man ihn am liebsten in einen Kinderwagen legen, fest zudecken und mit Haferflockenbrei füttern möchte. George Harrison hat weniger Gefühle mobilisiert. Von allen trägt er das Haar am längsten und das scheint mir schon alles zu sein, was er hat. Paul McCartney, Texter, Komponist und »Hirn« der Band, erinnert mich mit seinen großen dunklen Augen, den langen Wimpern und relativ kleiner Nase an eine Dame, die ich seinerzeit verehrte – so schön ist er. Besagte Dame allerdings hatte kürzeres Haar. Bleibt noch John Lennon. Er spricht für die Gruppe und gab auch bei der Pressekonferenz einige seiner Antworten zum Besten, die mir geistreich und witzig erschienen sind.

1972 führte Hajek Regie beim surrealen Fernseh-Porträt *Wer war André Heller?*, ein »Nachruf zu Lebzeiten«, ein Film über jenen Künstler also, der nur wenige Jahre später, im Zuge des zweiten und letzten Besuchs von John Lennon in Österreich, Unvergessliches erleben sollte – dann allerdings im »Wiener« Hotel Sacher.

Kurz vor Beginn der Pressekonferenz sprang John Lennon plötzlich auf, hüpfte dabei von einem Fenster der Terrasse zum nächsten und machte diverse Verrenkungen. Die Fans, die vom Salzach-Ufer bis zum Hotel Österreichischer Hof eine breite Warteschlange gebildet hatten, reagierten verzückt, als sie einen Blick auf einen ihrer Stars erhaschen konnten. Als er wieder saß, präsentierten sich die Beatles in den entstehenden Interviews von einer Seite, die die österreichische Presse nicht vermutet hatte.

John: Irgendjemand von der Presse hier?

Frage: Was wissen Sie über Österreich?
John: Oh, das Habsburgerreich, Wiener Schnitzel, schmeckt gut!

Gehen Sie jemals zum Friseur?
John: Nein. Er kommt zu uns.

Wussten Sie, dass Salzburg die Heimat von Mozart ist?
Ringo: Oh, ist er auch da?
John: Mozart, spitze, wie geht es ihm?

Wen haben Sie bei den letzten Parlamentswahlen gewählt?
Paul: Adenauer.

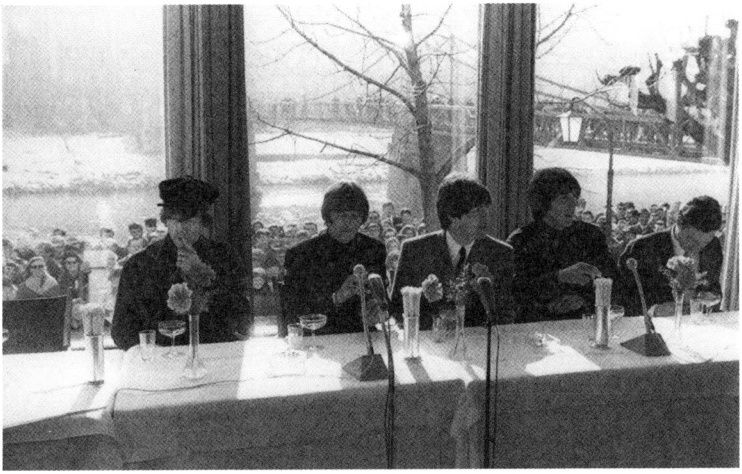

V. l. n. r.: John, Ringo, Paul, George und Manager Brian Epstein

Stellen die Beatles eine Bedrohung für die öffentliche Sicherheit dar?
Beatles: Rubbish! Rubbish! Rubbish!

Lieben die Beatles das österreichische Bier?
Beatles: Wir machen niemals Werbung.

Von all den Gerüchten und Mythen, die über die Beatles in den Fanmagazinen geschrieben werden, welche stören Sie am meisten?
John: Jene über meine Frau und ihre zahlreichen Kinder, für die ich unmöglich alle verantwortlich sein kann.

Was denken die Beatles über die »Oben ohne«-Bademode?
Paul: Wir tragen sie seit Jahren.

Sind Sie der Meinung, dass Sie politischen Einfluss erzeugen können?
Beatles: Die meisten unserer Fans sind zu jung, um wählen gehen zu können.

Warum winken Sie nicht Ihren Fans vor dem Hotel?
Beatles: Es wurde uns gesagt, dass wir weder am Fenster stehen noch hinausschauen sollten.

Was sind Ihre Pläne für die Zukunft?
Ringo: Keine Pläne. Wir schauen einfach, was passiert.

Welche Pläne haben Sie für Ihre Freizeit in Österreich?
Beatles: Welche Freizeit?

Wären Sie auch bereit, in Österreich aufzutreten?
George: Warum nicht, wenn das Geld stimmt.

Wie viel würden Sie verlangen?
George: 20 Pennies.

Wie viel würden Sie für ein Beatles-Konzert bezahlen wollen?
George: 10 Pennies.

Wie viel haben Sie letztes Jahr verdient?
Paul: Zu viel!

Haben Sie irgendein Hobby?
George: Ja, ich habe ein Hobby. Aber darüber sollte man nichts in den Zeitungen lesen.

Den Beatles, für ihre Schlagfertigkeit und ihren Humor bekannt, wurde von einigen anwesenden Journalisten prompt unterstellt, dass ihnen die Gags von hochbezahlten Werbefachleuten geschrieben worden seien und sie nur so taten, als ob ihnen diese spontan einfielen. Zugestanden wurde ihnen immerhin, dass sie sich auf dieses Spiel verstanden. Die wohl passendste Antwort gab schließlich Manager Brian Epstein selbst, indem er in geradezu prophetischer Weise auf die Frage, wie lange die Beatles seiner Meinung nach ihre Popularität behalten würden, meinte: »Ich sehe da kein Ende.« Nachdem die Beatles noch das Gipsbein der siebenjährigen Maureen Blenden, Tochter des österreichischen Ford-Repräsentanten, der den Beatles und dem Filmteam während der Dreharbeiten die Autos zur Verfügung gestellt hatte, mit mit ihrer Unterschrift versehen hatten, wurde die Pressekonferenz für beendet erklärt.

Es heißt, Maureen hätte ihre Gips-»Reliquie«, eine Erinnerung nicht nur an einen ansonsten längst vergessenen Sturz, sondern an ihre hautnahe Begegnung mit den, wie viele damals meinten, bekanntesten Menschen des Planeten, noch viele Jahre sorgsam aufbewahrt.

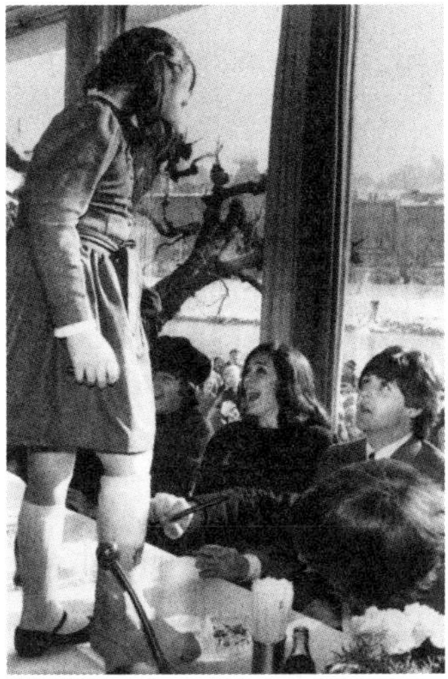

George signiert das Gipsbein von Maureen

Näher denn je an ihren Idolen dran, mit weniger Erfolg als die kleine Maureen, waren an diesem Tag und in diesem Moment die Salzburger Jürgen Hainbuchner und seine Freunde Rudi Fürschuss, Wolfgang Kocher und Fritz Pichler – zusammen die lokale Beatband The BlueBeats. Leider jedoch nicht so nah wie erhofft, schildern Fürschuss und Hainbuchner im Rückblick auf diesen Tag: Nachdem sie »She Loves You« und »I Want to Hold Your Hand« entdeckt hatten, war ihr Leben auf den Kopf gestellt und alles andere unwichtig geworden. Sie wollten nicht weniger, als in die Fußstapfen der Beatles zu treten. Immerhin wurden sie zeitweise sogar als die »Salzburger Beatles« bezeichnet. Als dann die originalen Beatles in Salzburg landeten und ihre Pressekonferenz gaben, waren The BlueBeats selbstredend auch vor Ort. Jetzt schien endlich der große Augenblick gekommen zu sein. Die Schauspielerin Eleanor Bron trat auf die Terrasse, um ein wenig Luft zu schnappen. Fürschuss ging auf sie zu und bat sie, John Lennon nach draußen zu holen. Tatsächlich erschien der Beatle kurz darauf, lieferte ein paar Späßchen und verschwand wieder, so wie er gekommen war. Die Pressekonferenz war aus, die Beatles weg, doch die Fans standen noch immer da. »In dem Moment waren sie wieder so weit weg von uns«, erinnert sich Fürschuss an das plötzliche Gefühl der Leerheit. Hainbuchner: »Ich wollte kein Autogramm, sie sollten mir nur einmal die Hand geben. So wie im gleichnamigen Song.«

Die vier Liverpooler und ihre Frauen zogen sich zurück und wollten nach der Pressekonferenz im Fürstenzimmer des Österreichischen Hofs noch einen Imbiss zu sich nehmen. Der Presse war es einen Hinweis wert gewesen, dass in diesem Appartement seinerzeit Hitler, Goebbels und Graf Ciano gewohnt hatten – ein historisches Gruselkabinett also. So hatten nun also die Beatles davon Wind bekommen und John Lennon, immer für eine Provokation zu haben, dürfte sich einige Tage später noch einmal daran erinnert haben: Es existiert ein Foto, das ihn mit Hitlergruß auf der Skipiste zeigt. Zu dem Imbiss im Hotelzimmer kam es nie, die Beatles reisten plötzlich lieber zügig aus Salzburg ab und ließen entlang der Wegstrecke anhalten, um sich zu stärken – dieser spontane Aufbruch schien mit dem Hinweis auf die Vorbewohner des Fürstenzimmers in Zusammenhang zu stehen.

AUF DIE PISTE

Um 16.30 Uhr fuhren die Beatles in ihrer schneeweißen amerikanischen Limousine aus Salzburg Stadt ab. Auf ihrem Weg nach Obertauern mussten sie genau jene Stelle passieren, an der 14 Tage zuvor die Skigruppe aus Schweden und Finnland verschüttet wurde. George wurde blass, die Spuren des Unglücks waren noch deutlich sichtbar, am 10. März war dort eine weitere Lawine abgegangen, weshalb dieses Stück nur für vier Stunden am Tag passierbar war, und aufgrund der unsicheren Wetterlage auf der Passstraße wurden noch weitere Lawinenabgänge befürchtet.

Beim Wirtshaus Kreuzberg-Mauth in Pfarrwerfen im Pongau machten sie schließlich einen Stopp. Nachdem sie einigen wenigen dort lauernden Autogrammjägern bereitwillig deren Wünsche erfüllt hatten, stärkten sie sich mit Wurstbroten, Kracherln und Cola. Die Wirts-Enkelin Maria Obermoser hütet ihr damals entstandenes Foto mit Ringo Starr noch heute wie einen kostbaren Schatz. Ganz kurz nur atmete sie den Duft der großen, weiten Welt, als die Beatles mit ihren hübschen Freundinnen aus der weißen Limousine ausgestiegen waren und sich die Nerzjacke von Paul beinahe in der Autotür verfangen hatte. Ein mitreisender österreichischer Journalist meinte leicht spöttisch, dass es ihn nicht wundern würde, wenn schon bei seiner Rückfahrt eine Bronzetafel neben dem Eingang prangen würde: »Hier waren die Beatles«. Den Gasthausbetrieb Kreuzberg-Mauth gibt es schon lange nicht mehr, das Haus wird für private Wohnzwecke genutzt.

Gegen 19 Uhr trafen die Beatles schließlich in Obertauern ein und bezogen ihre Zimmer im fünften Stock des Hotel Edelweiss. Heute werden die Zimmer der Pilzköpfe mit den Nummern 502, 504, 506 und 507 werbewirksam von der Familie Lürzer als »Beatles-Zimmer« vermietet und jeder Gast kann sich aussuchen, ob er in den ehemaligen Räumlichkeiten von Ringo (Nr. 219), John (Nr. 218), Paul (Nr. 216) oder George (Nr. 214) übernachten möchte. Die nach erfolgter Renovierung geänderte Nummerierung der Beatles-Zimmer fällt dabei bestimmt niemandem auf.

Die Laune bei der Ankunft in Obertauern war bestens – gerade hatten sie erfahren, dass ihr Song »Eight Days a Week« an die Spitze der US-Charts schoss. Zudem berichtete ihnen Brian Epstein im Auto nach Obertauern von einer weiteren Begebenheit: »Parliamentary Under-Secretary for the Army«, Gerald Reynolds hatte dem britischen Parlament mitgeteilt, dass der Paragraf 115 des Militärgesetzes, der den Soldaten Ihrer Majestät kurzen Haarschnitt befahl, aufgehoben und ersatzlos gestrichen würde. Wer wollte, durfte nunmehr seine Haarpracht à la Pilzkopf unter dem Stahlhelm tragen. Es war bekannt, dass Harold Wilson, der neue britische Labour-Premierminister, ein großer Bewunderer der Beatles war.

Doubles für die Beatles

Richard Lester wusste natürlich, dass die laut Drehbuch in den österreichischen Alpen zu drehenden Action-Szenen, die den Darstellern auch körperlich einiges abverlangten, unmöglich von den Pilzköpfen selbst absolviert werden konnten. Wohlweislich hatte er vier Doubles aus England mit im Gepäck – Cliff Diggins, der bereits Stunts in einigen Bond-Filmen hingelegt hatte und George verkörperte, sowie Mick Dillon als Ringo, der später in dem Bond-Film *Man lebt nur zweimal* zum Einsatz kommen würde, sowie die

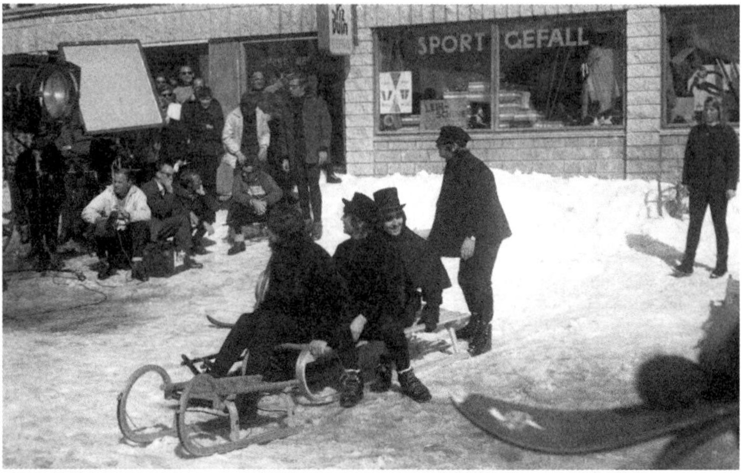

Am ersten Drehtag vor dem Sportgeschäft Gefäll

durch zahlreiche TV-Produktionen gestählten Stuntmänner Peter Cheevers und Joe Dunne. Sie alle sollten bereits am ersten Tag vor die Linse, als einige Szenen mit einem Pferdeschlitten gedreht wurden. Hingegen durften sich die Beatles vor dem Hotel Perner sowie dem Sportgeschäft Gefäll lediglich auf einer Rodel versuchen. In der Szene hatte Paul den Preis für das Ausleihen der Rodel auszuhandeln – nur eine Rodel, dennoch groß genug, dass alle vier Beatles, vorsichtig übereinandergestapelt, darauf Platz fanden.

Diese Sequenz (»Toboggan hire«) wurde im Film später jedoch nicht verwendet, was bei den Betreibern des Hotels große Enttäuschung auslöste. Schlimmer noch: Alle nicht verwendeten Szenen wurden 1966 von der Produktionsfirma United Artists unwiederbringlich vernichtet, sehr zum Ärger der Fans, aber wohl auch all jener, die mit dem Erbe der Beatles auch heute noch gute Geschäfte machen. Und zum Missfallen der Beatles selbst, wie George Harrison im Zuge des »Anthology«-Projekts Anfang der 1990er Jahre beklagte: »Wir haben unglaublich viele Szenen gedreht, die eigentlich nie verwendet wurden. Wir haben Sportautos gemietet, darunter Triumph Spitfires und MGBs, um die Bahamas zu erkunden. Oder wir sind in einem goldfarbenen Steinbruch mit unseren blauen und roten Autos auf- und abgefahren und Richard Lester hat uns mit einer Kamera mit Fisheye-Linse gefilmt. Wunderbare Aufnahmen, die heute besonders wertvoll wären. Leider wurde dieses Film-Material später einfach vernichtet. Jammerschade!« Immerhin die Szene, in der die Beatles sich rückwärts in den weichen Lungauer Schnee fallen ließen, fand ihre Aufnahme in den Film und ist bis heute ein populäres Motiv.

Für den nächsten Tag waren die ersten Skiszenen angesagt. Auf die Frage des Regieassistenten, ob sie sich diese zutrauten, wich den muskelbepackten britischen Stuntmen der ohnehin nur blasse Teint gänzlich aus dem Gesicht. Sie erklärten sich außer Stande, die riskanten Skisequenzen zu doubeln. Nachdem das Filmteam sein Quartier im Hotel Marietta bezogen hatte, wurde daher der Leiter der örtlichen Skischule, Andreas Krallinger sen., ersucht, dringend Doubles für die Skiszenen zu engagieren. Seine Auswahlkriterien: sportlich, passendes Alter, gute Englischkenntnisse. Die Wahl fiel schließlich auf die Obertauerner Herbert Lürzer als Paul und Gerhard Krings als George, Franz Bogensperger aus Mariapfarr im Land Salzburg als John sowie Hans Pretscherer aus Rottenmann in der Steiermark als Ringo Starr.

Zwei von ihnen, die Skilehrer Herbert Lürzer und Gerhard Krings, waren schon ganz erpicht darauf, ihre Englischkenntnisse unter Beweis stellen zu können. Lürzers Eltern hatten in Obertauern 1958 Grund zur Bewirtschaftung gekauft. Ihr Sohn Herbert war das sechste Kind und wollte keinesfalls Landwirt werden, also war er in den 50er Jahren ins Ausland gegangen, um als Steward auf der Holland-Amerika-Linie zu arbeiten. Die Linie bietet heute Spezialfahrten nach Liverpool mit exklusiven Besichtigungstouren der Beatles-Sehenswürdigkeiten an. Lürzer hatte zum damaligen Zeitpunkt immerhin schon von der Band gehört, »aber keiner von uns wusste, wie weltberühmt sie damals schon waren«. Als Franz Bogensperger, John-Lennon-Double, die Beatles zum ersten Mal von der Ferne sah und nur undeutlich erkennen konnte, rief er: »Mei, san des schiache Weiber«, worauf jemand antwortete: »Was bist du für ein Trottel, des san jo die Beatles.«

»Keiner weiß doch wirklich, worum es da so genau ging«

Die Physiognomie der als Doubles besetzten Lungauer Bauernburschen ähnelte so gar nicht jener der Beatles-Geschöpfe mit ihren feinen Gesichtszügen, hinter den Kulissen wurde ganze Arbeit geleistet. Alle Doubles wurden im Hotel Marietta für die Dreharbeiten geschminkt und eingekleidet. Die aus England mit angereiste Beatles-Friseurin Betty Glasow hatte für die österreichischen Doubles eigene Beatles-Perücken angefertigt. Gerhard Krings kommentierte das erstmalige Aufsetzen seiner Beatles-Perücke mit: »Da glaubst, du hast Läus.« In ihren Ski-Outfits und mit den schwarzen Sonnenbrillen sahen die vier Beatles-Kopien den Originalen nun auf den ersten Blick tatsächlich so ähnlich, dass selbst die Ehefrau von Ringo Starr, Maureen, darauf hereinfiel und irrtümlich einmal den verkleideten Hans Pretscherer küsste.

Die mangelhaften Absperrungen während der Dreharbeiten, die oft nur notdürftig mit ein paar Seilen erfolgten, konnten etliche Schaulustige nicht daran hindern, in einem unbeobachteten Moment durchzuschlüpfen, um sich Autogramme von ihren Helden zu holen. Dabei erwischten sie jedoch, ohne es zu ahnen, häufig eines

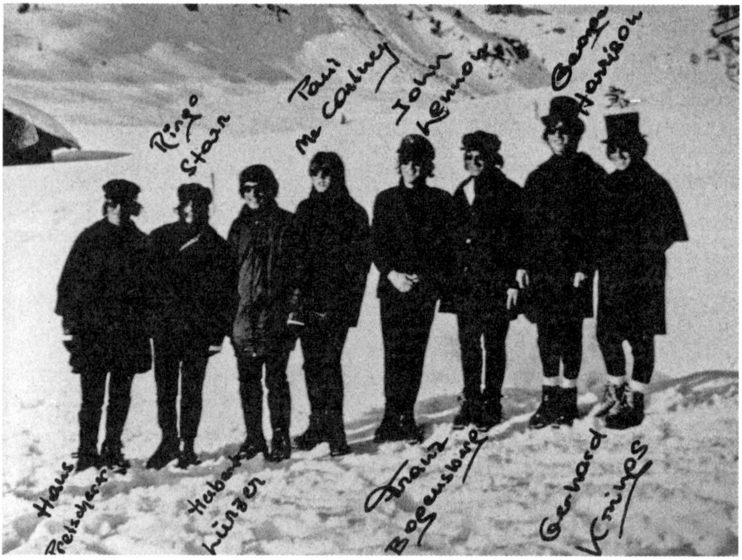

Die Beatles verdoppeln sich

der Doubles, die langsam in ihre »Rollen« hineinwuchsen. Gerhard Krings: »Einmal standen wir am Kitzbühelhang, um mit Paul und John skizufahren, als auf der nahegelegenen Straße ein Postbus hielt. Eine Schar junger Mädchen stürzte auf uns zu und bettelte um Autogramme. Wir unterschrieben, und als die Fans wieder weg waren, fragte ich Paul: ›Wie heiße ich eigentlich?‹ Ich hatte nur mit ›George‹ unterschrieben, da ich seinen Nachnamen nicht kannte.«

Weitgehend verborgen blieb den Doubles vor allem die Handlung des Films. Lürzer hat sich den Film erst Jahre später, 1992, angesehen. »Keiner weiß doch wirklich, worum es da so genau ging«, meinte das McCartney-Double. Viele Szenen, die für den Film *Help!* gedreht wurden, folgten keinem genauen Drehbuch und es wurde oft frei improvisiert. Dazu meinte Gerhard Krings, das Harrison-Double: »Die Szenen waren oft so saublöd, dass wir uns sagten, diesen Film brauchen wir uns gar nicht erst ansehen.« Er sah den kompletten Film erst im November 1994. Manches empfand John Lennon offenbar ähnlich und beklagte sich, dass Regisseur Richard Lester ihnen nicht so richtig gesagt hätte, worum es bei dem Film eigentlich ging. Im Unterschied zum ersten Film, *A Hard Day's Night*, sei der Film *Help!* für die Beatles außerhalb ihrer Kontrolle gewesen.

DIE »BEATLE-KRANKHEIT« ERREICHT WIEN

Während die Dreharbeiten in Obertauern stattfanden, wurden die Beatles in den Redaktionsstuben in Wien, Salzburg oder Tirol weiterhin mit Spott überhäuft. Ein Foto von John Lennon, das ihn in einer kurzen Pause während der Filmaufnahmen zeigt, wurde in der »Arbeiter-Zeitung« am 16. März 1965 mit folgendem Text hinterlegt: *Die Beatles halten nicht viel von Knigge, sie geben ihre Antworten meist nasenbohrend oder zähnestochernd. Ist einer der Pilzköpfe allein, benimmt er sich allerdings – die Fans mögen gnädig verzeihen – wie ein gewöhnlicher Mensch. Im Allgemeinen erregen die Pilzköpfe in Obertauern nicht allzu viel Aufsehen, höchstens unangenehmes, wenn wie Sonntag der Weg zum Dr.-Theodor-Körner-Haus abgesperrt wird.*

Die Szene, in der sich die Beatles am ersten Drehtag rückwärts in den Schnee fallen ließen, kommentierte das »Salzburger Volksblatt« am 16. März 1965 hingegen fast schon philosophisch:

Mit dieser Schwarz-Weiß-Demonstration sind die Aufnahmen für den auf den Bahamas begonnenen Beatles-Film auf dem Tauern fortgesetzt worden. Ohne damit einem Urteil über den neuesten Film der Pilzköpfe vorgreifen zu wollen, möchten wir dieses Bild jenem Anonymus nicht vorenthalten, der in einer an unsere Redaktion gerichteten Äußerung über den Rummel um die Beatles behauptete, dass die heutige Welt vertrottelt sei. Damit wird ein großes Wort gelassen ausgesprochen, doch dürfte es für die heutige Welt auch dann recht wenig Gewicht haben, wenn es von einem angeblich Nichtvertrottelten stammt.

Der »Abend-Express« brachte an demselben 16. März plötzlich Wien als Schauplatz ins Spiel und titelte:

8.000 Beatles-Fans zertrümmerten 178 Stühle in der Stadthalle und 92 Jugendliche mussten von der Polizei abgeführt werden. Nach dem Beatfestival am vergangenen Freitag, bei dem insgesamt 92 tobende Jugendliche von einem starken Polizeiaufgebot aus der Halle gewiesen wurden, blieben 178 zertrümmerte Sessel und 23 Quadratmeter demolierter Parkettfußboden zurück. 8.000 Beat-Fans hatten diesen Schaden angerichtet. Mit Yeah-yeah-yeah! sind am Freitag zahlreiche Beatgruppen – unter ihnen die »Käfer-Mädchen« »Liverbirds« aus Liverpool, der Heimatstadt der Beatles – in die Schlacht gezogen. Der Sängerkrieg artete in eine Lärmorgie aus, als sich die Fans mit wilden Verrenkungen und Schreien im Rhythmus der gebotenen Musik umherwarfen. Sie stampften auf den Boden, rissen Sessel aus ihren Verankerungen und zertrümmerten sie.

Danach wird über die Ankunft der Beatles in Österreich berichtet, wobei immerhin angemerkt wird, dass sich die echten Beatles viel ruhiger verhielten als die »Käfer-Mädchen« aus ihrer Heimatstadt.

Ins selbe Horn stießen der »Abend-Express« und sein Reporter Peter Rapp am 18. März:

Die Beatle-Krankheit hat Wien erreicht. Jugendliche werden vom Beatle-Fieber erfasst. Sie kennen sich selbst nicht mehr. Sie verwüsten

Vortragssäle, durchbrechen Polizeisperren. Sie ahmen ihre Vorbilder nach und kümmern sich nicht um die Leute rundherum.

Interviewt wurde anschließend der Jugendpsychologe Dr. Eppel, der meinte,

dass der Einzelne nunmehr die Möglichkeit sieht, sich auszutoben und abzureagieren. Nur muss dabei die Begeisterung in Grenzen gehalten werden. Auch darf niemand so weit gehen, dass er sich nachher vor sich selbst genieren muss. Wie kann nun die Begeisterung in Grenzen gehalten werden? Das müssten die Künstler besorgen. Sie sind es ja auch, die die Massen in diesen Zustand bringen. Das Programm muss eben so gewählt werden, dass das Publikum auch wieder einen Ausgang findet. Die Künstler müssen alles daransetzen, das Publikum jederzeit in der Hand zu haben.

Ebenfalls angesteckt vom Beatles-Fieber wurde zu dieser Zeit Peter Rapp, der heutige erfolgreiche Showmaster und Moderator. Er sei bis dahin unbeeindruckt gewesen, aber zu dieser Zeit ein Freund der britischen Popmusik geworden – und er habe seit damals, wie er selbst erzählt, keinen einzigen Beatles-Film ausgelassen.

Noch unter dem Eindruck des Obertauern-Besuchs der Beatles sollte die »Beatle-Krankheit« am 10. April 1965 um 19.30 Uhr auch im Großen Saal des Wiener Konzerthauses um sich greifen. Unter dem Titel »Yeah, Yeah, Yeah – Im Rhythmus der Beatles« trafen zahlreiche Bands, darunter The Shades, The Rollings, The Flippers, The Rising Suns, Knut Kiesewetter and his Beat Band sowie das Tanzorchester Bert Corden zu einem Beatband-Wettstreit zusammen. Bereits am 10. Mai 1965 fand am selben Ort die Veranstaltung »Beat – Beat – Beat« mit den Bands Casey Jones and the Governors aus Liverpool, The Beat Chics und The Lords statt.

Die geheimen Verführer

Unter einigen österreichischen und deutschen Journalistinnen und Journalisten, die bereits in Salzburg von der Pressekonferenz der Beatles berichtet hatten, machte damals der 1958 auch auf Deutsch erschienene Bestseller »Die geheimen Verführer« (Originaltitel: »The

Hidden Persuaders«) des US-amerikanischen Publizisten Vance Packard die Runde. In diesem Buch beschreibt Packard die Anfänge der Marktforschung mit tiefenpsychologischen Mitteln, den Beginn der Massenmanipulation und die Beeinflussung des Verbrauchergeschmacks in den USA der 1950er Jahre. Er weist auf die unheilvolle Verbindung zwischen der Werbung und dem Unterbewusstsein hin und zeigt die Gefahren der Fremdbestimmung auf. Es dauerte nicht lange, bis die Beatles als willfährige Handlanger dieser Massenmanipulation identifiziert wurden.

Für den Philosophen Konrad Paul Liessmann war »Die geheimen Verführer« eines der ersten Sachbücher, die er als Schüler – entliehen aus der Villacher Stadtbibliothek – gelesen hatte. Bis heute erinnert er sich an die Stelle, an der Packard schildert, dass bei Kinofilmen nicht wahrnehmbare Werbeeinschaltungen gemacht werden, die ins Unterbewusste wirken. Man sieht nicht, dass etwa das Produkt Coca-Cola auftaucht, weil es 24 Bilder pro Sekunde braucht, um ein Bewegtbild wahrzunehmen, und ein Bruchteil davon nicht ausreicht, um ein Bild zu erfassen. Und dennoch sind die Kinobesucherinnen und -besucher nach der Vorführung Coca-Cola trinken gegangen – ohne zu wissen, warum. Sie haben die acht bis zehn pro Sekunde platzierten Coca-Cola-Bilder unbewusst wahrgenommen. Die geheimen Verführer greifen über das Unbewusste in das Kaufverhalten der Menschen ein, so die These von Packard.

Wohl nicht gelesen haben dürften jene in Salzburg anwesenden Presseleute (und Anhänger der Thesen von Vance Packard) den am 21. März 1964 in der »Saturday Evening Post« publizierten Beitrag aus der Feder desselben Autors: »Building the Beatle Image«. In diesem beschrieb Packard die Ingredienzien des Erfolges der Beatles. Wie auch andere Kritiker des Phänomens Beatles führte er deren Popularität bei den Jugendlichen auf den Umstand zurück, dass die Musik der Beatles perfekt dazu geeignet war, das Nervenkostüm ihrer Eltern zu strapazieren. Aber Packard sah in den Beatles auch etwas, das andere Kommentatoren übersehen haben: ein aufregendes Gefühl der Frische, Überschwang und Humor. Ein Auszug daraus:

Was verursacht einen internationalen Hype wie die aktuelle Beatlemania? Presseagenturen können einen Hype maximal verstärken, daher müssen Sie fünf entscheidende Zutaten zusammenmischen.

Es ist zweifelhaft, ob ein Beobachter der Popkultur noch vor drei Jahren die Beatles gewählt hätte, wenn es darum ging, auf beiden Seiten des Atlantiks eine Begeisterungswelle zu erzeugen.

Im Jahr 1961 prägte die Beatles ein Beatnik-Look. Sie trugen schwarze T-Shirts, schwarze Lederjacken, blaue Jeans und zerzauste Haare. Auf einem Foto, das in diesem Jahr von ihnen aufgenommen wurde, starren sie finster in die Kamera, wie es sich für gute Beatniks gehört. Dann kam Brian Epstein, ein aristokratisch aussehender junger Engländer, der einen Plattenladen betrieb und bald dessen Manager wurde. Als Erstes ließ er sie schrubben und kämmen und verpasste ihnen gepflegte Kleidung. Nach und nach, dank einer guten Mischung aus vager Ahnung, Glück und Absicht, fand er die fünf Zutaten zusammen, die den Hype heraufbeschworen.

Erstens brauchten die Beatles ein Erkennungszeichen, das sie in den Köpfen der Menschen hervorstechen ließ, ein Symbol wie die Waschbär-Fellmütze, die Walt Disney seiner Kreation von Davy Crockett schenkte. Als solches Symbol entschied man sich für ihre ohnehin schon langen Haare. Die Beatles ließen sie noch länger und buschiger wachsen, kämmten sie nach vorne und ließen sie anschließend makellos trimmen. Das Ergebnis war nicht nur ein Blickfang, sondern auch aus anderen Gründen eindrücklich: Solche Frisuren waren im Mittelalter üblich und die neue Frisur erinnerte an die Wurzeln des historischen Englands.

Eine zweite notwendige Zutat, um das Feuer der Begeisterung zu entflammen, besteht darin, ein wichtiges, im Unterbewusstsein der Teenager vorhandenes Bedürfnis zu befriedigen. Jugendliche sehen sich selbst als Unterdrückte, die ständig willkürlichen Vorschreibungen erwachsener Autoritäten ausgesetzt sind. Rock-'n'-Roll-Musik geht den meisten Eltern auf die Nerven, was einer der Hauptgründe dafür ist, dass Millionen von Jugendlichen sie lieben. Aber die Beatles konnten unmöglich hoffen, Elvis Presley in puncto schreckliche Eltern zu übertrumpfen. Statt offener Opposition üben die Beatles eine liebenswürdige Unverschämtheit und eine allgemeine Respektlosigkeit gegenüber nahezu allem und jedem aus. Noch dazu gelang es ihnen glücklicherweise, dass sie von den Honoratioren angefeindet wurden. Der Lordsiegelbewahrer zeigte sich verärgert. Und Feldmarschall Lord Montgomery knurrte, dass die Armee sich schon noch um diese Mopp-

Haarschnitte kümmern würde, wenn die Beatles jemals eingezogen würden. Aber die Beatles haben – unter der Anleitung von Herrn Epstein – auch Wert darauf gelegt, andere unbewusste Bedürfnisse von Teenagern zu befriedigen. Ihr Stil hat nichts von Raufbolden, sondern erinnert eher an liebenswerte, fast verschmuste Kobolde. Mit ihren kragenlosen Jacken und ihrem jungenhaften Grinsen weckten sie bei vielen heranwachsenden Mädchen den Mutterinstinkt. Aber jenes im Unterbewusstsein bestehende Bedürfnis, das sie am besten erfüllen, besteht darin, heranwachsende Mädchen von Zwängen dieser Welt zu befreien. Die Beatles sind darin besonders geschickt geworden. Ihre entspannte, selbstbewusste Art, ihr wildes Auftreten, ihr Jubeln und Springen, ihr elektrisierter Rock 'n' Roll, der dunkel pulsiert, bringt die Mädchen dazu, aufzuspringen – und dann zu schreien.

Eine dritte Zutat, die nötig ist, um einen Hype auszulösen, ist – wie Brian Epstein offensichtlich wusste – ein aufregendes Gefühl von Frische. Meine kleine Umfrage unter meinen Sprösslingen, sie besuchen Highschool und College, hat ergeben, dass bei ihnen die Tatsache, dass die Beatles irgendwie »anders« sind – etwas Neues in der Musikwelt –, den tiefsten Eindruck hinterlassen hat. Jugendliche haben das Gefühl, dass sie dabei helfen, etwas Neues zu erschaffen, das ganz ihnen gehört. Und wie meine 15-jährige Expertin erklärte: »Wir fühlten uns bei den bisher erfolgreichen Sängern irgendwie zurückgelassen.« Die Selbstdarstellung, wenn schon nicht die Musik, ist bei den Beatles erfrischend anders. Übermut ist out, Vitalität ist in. Schlampigkeit ist out, Sauberkeit ist in. Selbstmitleid ist out, Jubelschrei ist in. Pompositär ist out, Humor ist in.

Eine vierte Zutat, die benötigt wird, um einen Hype am Laufen zu halten [...], ist das geeignete Trägermaterial, wie z. B. ein Titelsong. Dieses findet sich auch in ihrem Namen wieder. Es deutet spielerisch auf Beatnik hin, aber auch auf »Beat« – und der Beat ist das auffälligste Merkmal der Musik der Beatles. Es ist durch Schlagzeug und Bassgitarre stark präsent. Wenn das Geschrei beginnt, dringt der Beat immer noch durch.

Schließlich kann ein Trend nur dann erfolgreich sein, wenn er dem Zeitgeist entspricht. England bricht gerade aus einem Korsett der Hemmungen aus, nachdem es jahrhundertelang die vornehme Zurückhaltung als die angemessene Lebensform geschätzt hat. Die offene Sexualität hat zugenommen, man spricht Klartext und lebt sie aus. Die Beatles kamen genau zum richtigen Zeitpunkt, um diesen Ausbruch zu befeuern.

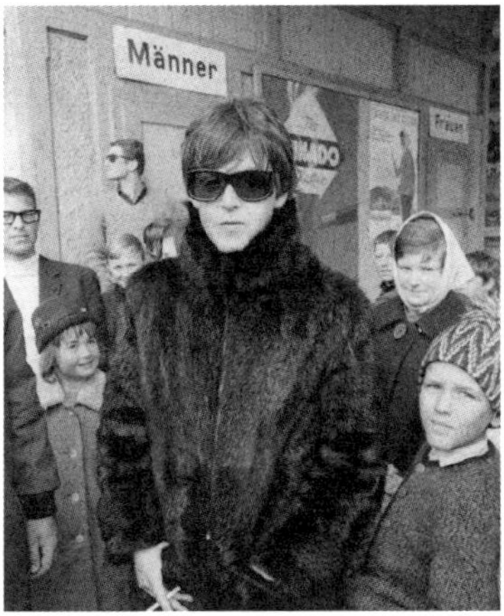

Paul im Nerzmantel

Angesichts der wenig vorteilhaften Berichterstattung der österreichischen Medien – und wenn es nur eine spöttische Bemerkung über die dicke Nase von Ringo war – war es daher nur allzu verständlich, dass nach der offiziellen Pressekonferenz im Hotel Österreichischer Hof den Beatles während der folgenden Dreharbeiten von ihrem Manager ein Maulkorb im Umgang vor allem mit österreichischen Reportern verpasst wurde. Kleine Ausnahmen machte er nur für die englischen Medien. So fand am 19. März 1965 um 20 Uhr ein kurzes Telefon-Interview mit Brian Matthew für den BBC Saturday Club statt und am 20. Jänner um 20 Uhr erhielt Chris Denning von den Beatles für Radio Luxemburg ein Stimmungsbild von den Dreharbeiten.

In Obertauern hatte man die Presseberichte aus Wien und Salzburg über die Ankunft der Beatles gelesen. Auch die Geschichte des Leibchauffeurs der Beatles, Bill Corbell, im Wiener »Kurier«, der unmittelbar vor Abflug der Beatles aus London Richtung Österreich seinen Job bei den Pilzköpfen gekündigt hatte, wurde in Obertauern registriert: Corbell hatte gekündigt, weil er es, so der Zeitungsbericht, »mit solchen Herrschaften einfach nicht mehr aushielt«. Nun schilderte er exklusiv sein Leben mit den »gefeierten, verwöhnten, beneideten und ob ihrer nicht gerade besonders tiefsinnigen Lebensführung sicherlich auch oft verachteten Pilzköpfen aus Liverpool«. Liest man dann den Bericht etwas genauer und vor allem den »O-Ton« des Chauffeurs, stellt man fest, dass er kein schlechtes Wort über die Beatles verliert, sondern schlichtweg von dem Stress, der Hysterie der Fans und den Auswüchsen der Beatlemania die Schnauze voll hatte. In Obertauern jedenfalls ließ man sich von alldem nicht verrückt machen.

DIE ROLLE DER FRAUEN – CYNTHIA, MAUREEN UND PATTIE IN OBERTAUERN UND IN DEN AUGEN DER ÖSTERREICHISCHEN PRESSE

Mehr Zeit zur Verfügung als ihre am Filmset drehenden Männer, hatten die drei Frauen, die ihre Männer nach Obertauern begleitet hatten, Cynthia Lennon, Maureen Starkey und Pattie Boyd. Sie wollten den Österreich-Aufenthalt unbedingt nutzen, um das Skifahren zu lernen – die Skischule Krallinger war zur Stelle. Als Skilehrer für die Beatles-Frauen fungierte Andi Krallinger jun., der die Beatles sogar schon in ihren frühen Tagen bei einem Konzert 1961 in Hamburg mit Stuart Sutcliffe am Bass erlebt hatte. Sein Vater, Andi Krallinger sen., war mehrfacher Salzburger Landesmeister in den Disziplinen Dreierkombination, Alpine Kombination sowie Nordische Kombination, in ersterer sogar österreichischer Meister. Er hatte 1947 in Obertauern die Skischule Krallinger gegründet und 1960 das Hotel Krallinger eröffnet. Für den Unterricht für die Engländerinnen hatte die Skischule zusätzlich noch eine Olympiateilnehmerin im alpinen Skilauf 1964 in Innsbruck im Aufgebot: Die australische Rennläuferin Christine Idris Smith, die mehrere Disziplinen beherrschte, kurierte in Obertauern eine Verletzung aus, die sie sich jüngst bei einem Rennen zugezogen hatte, und erklärte sich bereit, Cynthia, Maureen und Pattie bei ihren Gehversuchen auf der Skipiste zu unterstützen. Im Film *Help!* wurde Smith mit einer kurzen Skiszene verewigt. Die Frauen der Beatles nahmen ihren Unterricht ernst und strengten sich so richtig an. Mit der Zeit fuhren sie schon weitgehend selbständig mit leichteren Übungsliften, wofür sie von der Skischule viel Lob ernteten. Das klang dann in den österreichischen Zeitungen freilich etwas anders:

Für das Skifahren haben sie sich nach dem Modejournal eingekleidet. Skihaserln ohne Bräune – so tappen sie mit den Bretteln über die ungewohnte Unterlage. Die Mädchen wechseln auch am Abend nicht ihre Hosenuniform. Kein Mensch hat sie in einem Kleid gesehen.

Cynthia, die auf die Menschen in Obertauern laut Erzählungen den »natürlichsten Eindruck« machte, liebte es, mit Pattie und Maureen im Hotel Edelweiss einfach nur so zusammenzusitzen, die engli-

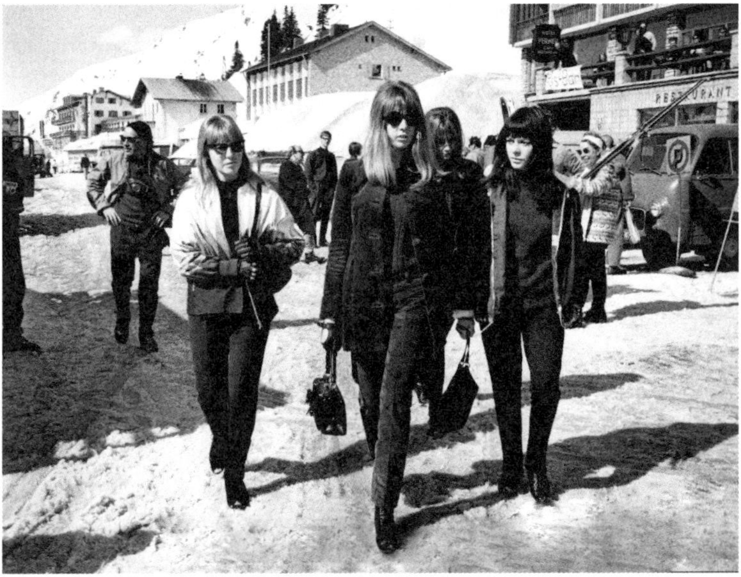

V. l. n. r.: Cynthia Lennon, Pattie Boyd, Sonny Freeman und Maureen Starkey

schen Zeitungen zu studieren oder den jüngsten Aufnahmen der Beatles zu lauschen. Vom Rezeptionschef des Hotel Edelweiss, Uwe Kohl, borgten sie sich dafür einen Plattenspieler aus. In den österreichischen Zeitungen stand später zu lesen:

[D]er Saphir [ist] ununterbrochen über die Rillen getanzt [...], bis sich ein Hotelgast aus Wien über den eigenartigen Lärm beschwerte und der Plattenspieler wieder aus den Zimmern wanderte [...]. Filmleute, die mehrere Abende mit den Beatles-Familien in den Bars von Obertauern verbrachten, können auch nicht gerade behaupten, mit den Mädchen muntere Konversation gemacht zu haben. Manchmal tuscheln sie mit ihrem Ringo, mit ihrem George oder John, meist aber sitzen sie stumm da, als überschlanker Tischschmuck.

Es heißt außerdem, dass sich die drei gegenüber ihrer Skilehrerin Christine Smith über Österreicher und Deutsche beklagt hätten, von denen sie nicht selten lauthals mit Schimpfwörtern bedacht worden seien – nicht wissend, wie gut die Beatles und ihre Mädchen Deutsch verstanden.

Für Aufsehen sorgten unter anderem auch die »Pantscherl«-Gerüchte um Paul McCartney, dessen Freundin Jane Asher nicht nach Österreich gereist war. Als Skilehrer von Paul wurde Herbert Lürzer, der sich vorrangig auf die Dreharbeiten konzentrieren musste, bald von Gloria Mackh abgelöst, deren Eltern das Hotel Marietta mit der beliebten »Skistall«-Bar führten. Sie unterrichtete Paul und manchmal auch John auf der Skipiste und wurde als Location-Scout für den Film eingesetzt. Als damals amtierende Miss Austria galt ihr darüber hinaus besondere Presse-Aufmerksamkeit. Ihre Mutter, Marietta Mackh, vermittelte ihren Töchtern Gloria und Heidi im Weiteren kleine Statistinnenrollen, so ist Gloria nicht nur hinter den Kulissen in den Dreh involviert gewesen, sondern auch in der »Curling-Szene«, gedreht am 17. März, neben den Beatles im Bild.

Da Paul, der als einziger der Beatles seine Freundin nicht an seiner Seite hatte, nun häufig mit der feschen Miss Austria von den Fotografen abgelichtet wurde, kochte die Gerüchteküche über ein Verhältnis der beiden. Aber Gloria Mackh stellte später in Interviews immer wieder klar, was es mit angeblichen »Kuschel-Fotos« mit ihr und Paul in Wahrheit auf sich hatte: »Ich bin ja so ein handfestes Mädl. Wir haben geblödelt, wenn wir draußen waren, und wir haben eine Szene im Schnee gedreht. Dann ist der Paul von hinten zu mir und hat mich geschnappt und ich habe ihm klargemacht – und das hat er auch gemerkt –, dass das nicht unbedingt erwünscht ist.« Die britische »Daily Mail« interessierte sich wiederum für andere Gerüchte, nämlich dass Paul von Harriet Davidson, der Nichte des Earl Marshal of England, Duke of Norfolk, im Skilaufen unterwiesen würde – ein Foto zeigte die beiden gemeinsam am Skilift und erfreute die britische Presse: eine britische »Adelige« so nah an dem begehrtesten Junggesellen des Landes.

In Büchern und Zeitungsartikeln wird häufig von den »vier Beatles-Frauen in Obertauern« berichtet und auf Fotos neben Cynthia Lennon, Maureen Starkey und Pattie Boyd immer wieder fälschlicherweise »Jane Asher« angegeben. Doch Jane Asher befand sich zu dieser Zeit in London. Bei der Dame, die mit den drei Beatles-Frauen in Obertauern unterwegs war, handelte es sich um Sonny Freeman, die Ehefrau des bekannten Beatles-Fotografen Robert Freeman. Dieser war für die Dreharbeiten zu *Help!* offiziell als Color-Assistant zur Filmcrew hinzugezogen worden. Der in London geborene Freeman hatte bereits mit seinen Fotos für das Titelcover der Beatles-Alben *With the Beatles*, *A Hard Day's Night* und *Beatles for Sale* gesorgt. Nun wurde er auch mit der Covergestaltung des Soundtracks von *Help!* beauftragt und beschloss, die Beatles in ihren Ski-Outfits einzelne Buchstaben des Winkelalphabets, das für die Nachrichtenübermittlung auf Schiffen verwendet wird, nachstellen zu lassen.

Für Sonny Freeman war vor allem einer der Beatles, John Lennon, bereits ein guter Bekannter. John und Cynthia waren mit den Freemans befreundet und hatten sich in den letzten Jahren gerne und oft in deren holzvertäfelter Londoner Design-Wohnung getroffen. Auf Vorschlag von Robert Freeman, der regelmäßig mit den Beatles arbeitete und sich mit ihnen angefreundet hatte, hatten John, Cynthia und ihr Sohn Julian eine Wohnung in derselben Anlage in »Emperor's Gate« in South Kensington, ein wenig abseits der Cromwell Road, bezogen. Sonny und John unterhielten sich dort oft bis spät in die Nacht über Gott und die Welt, aber auch über den bewegten familiären Hintergrund von Sonny Freeman. Sie wuchs in Großbritannien auf, war aber in Deutschland geboren. Im Jahr 1939 in Berlin, als Sonnhild Spielhagen. Der John-Lennon-Biograf Philip Norman behauptete, dass Sonny Freeman, die durch ihre Heirat mit John Drane später dessen Familiennamen annehmen würde, in den 1960er Jahren allen erzählte, sie sei Norwegerin, obwohl sie nachweislich geborene Deutsche war. Ihr Vater Wolfgang Spielhagen (1891–1945) war der Zweite Bürgermeister von Breslau, dem heutigen polnischen Wrocław. Er widersetzte sich 1945 angesichts der sowjetischen Übermacht, die als Rote Armee vor Breslau stand, dem Befehl des NS-Gauleiters Karl Hanke, die Festung Breslau mit allen Mitteln zu verteidigen. Wolfgang Spielhagen riet stattdessen zur Kapitulation, um noch mehr zivile Opfer zu verhindern. Am 20. Jänner 1945 brachte er seine Frau und die beiden Kinder in die ihm sicherer erscheinende Reichshauptstadt Berlin. Am 27. Jänner 1945 wurde Wolfgang Spielhagen auf Befehl von Gauleiter Hanke verhaftet und tags darauf um sechs Uhr morgens standrechtlich erschossen. Sein Leichnam wurde in die Oder geworfen.

John Lennon wurde eine Affäre mit Sonny Freeman nachgesagt, die auch die Inspiration für die Frau aus dem Song »Norwegian Wood (This Bird Has Flown)« gewesen sein soll, an dem er während seines Ski-Aufenthalts in der Schweiz zu arbeiten begonnen hatte. Die bald darauf folgende Scheidung von Robert und Sonny Freeman bestärkte nur die Gerüchte. Das letzte Albumcover, das Robert Freeman für die Beatles gestalten durfte, war ausgerechnet jenes zu »Rubber Soul« (1965). Der zweite Song auf der Platte ist »Norwegian Wood (This Bird Has Flown)«. Auf »Rubber Soul« erschienen außerdem einige der Songs, an denen die Beatles zum Zeitpunkt der Dreharbeiten zu *Help!* bereits arbeiteten, die aber erst nach dem Album »Help!« herausgebracht wurden.

AUF TUCHFÜHLUNG MIT DEN SUPERSTARS

Die Dreharbeiten liefen nicht immer nach Plan und keineswegs ohne ständige Unterbrechungen. Eine deutsche Touristin, Anneliese Müller, soll von Journalisten dafür bezahlt worden sein, absichtlich eine Filmszene auf der Piste durch einen scheinbar zufälligen Zusammenstoß mit den Beatles zu »crashen«. Sie streifte John Lennon mit ihren Skiern und brachte ihn zu Sturz, sie selbst fiel dabei auch. Ringo Starr war sofort zur Stelle und half beiden fluchend wieder auf die Beine. Die Fotografen hatten ein spektakuläres Foto im Kasten und waren zufrieden. Durch diese und ähnliche Aktionen rücksichtsloser Fans mussten viele Aufnahmen wiederholt werden. Regisseur Richard Lester war an die Bahamas erinnert und an all jene Vorfälle, die er in Obertauern zu verhindern geplant hatte – die Sorgenfalte auf seiner Stirn trat noch deutlicher hervor. Und der Zeitfaktor stresste zusätzlich. Lester arbeitete meist mit drei Kameras gleichzeitig, um Szenen aus den verschiedensten Blickwinkeln zeigen zu können. Immer wieder musste er die Kameras neu ausrichten – im Schnee. Das kostete Zeit. Auch die regelmäßigen Unterbrechungen für Tea-Time oder Coffee-Break mit Sandwiches sorgten für weitere Wartezeiten für Doubles, Film-Crew und mitwirkende Schauspieler.

Die Beatles schienen dennoch mit Begeisterung dabei zu sein. Ringo Starr: »Wir waren zum ersten Mal in Österreich, standen zum ersten Mal auf Skiern. Ich liebe es. Dick Lester wusste, dass nach dem Mittagessen kaum noch etwas vorwärtsgehen würde. Nachmittags kamen wir selten über die erste Textzeile hinaus. Wir hatten solche Lachkrämpfe, dass niemand etwas dagegen tun konnte.« Auch wenn der junge freischaffende Fotograf Christian Skrein, der eine freundschaftliche Nähe zu den Beatles aufgebaut hatte, bei so manchem Umtrunk im Lokal Taverne dabei war und nicht den Eindruck hatte, dass John, Paul, George oder Ringo neben Alkohol noch andere Substanzen zu sich nahmen, wissen wir heute, dass dem nicht ganz so war.

Zumindest für John Lennon stimmte nicht, dass er in Obertauern das erste Mal auf Skiern stand. Er kam nicht ganz unvorbereitet zum Drehtermin in den Alpen. Am 25. Jänner 1965 war er gemeinsam mit seiner Frau Cynthia nach Zürich geflogen, um in Sankt Moritz mit Beatles-Produzent George Martin und dessen künftiger Frau Judy Lockhart Smith das Skifahren zu erlernen. Der zweijährige Sohn Julian war in der Obhut der Haushälterin der Lennons, Dot Jarlett, geblieben. Ein übereifriger Schweizer Zöllner hatte John zunächst an der Einreise gehindert, da er zwei Flaschen seines bevorzugten schottischen Whiskys mit über die Grenze nehmen wollte – es heißt, dass John später ein Veto eingelegt hätte, als es darum ging, ob die Beatles die Skiszenen in der Schweiz drehen sollten, was ein Zünglein an der Waage bei der Entscheidung für Österreich war. Doch das kann nur ein böses Gerücht sein, denn die Lennons genossen ihren Aufenthalt in den Engadiner Bergen in vollen Zügen, wie auch Korrespondenzen von Cynthia Lennon belegen. Der Skilehrer Hans Haas versuchte, ihnen bei ihren ersten Gehversuchen auf Skiern behilflich zu sein, wenn auch mit überschaubarem Erfolg. George Martin verletzte sich bereits am zweiten Tag in der Schweiz an der Zehe. Bei einem Tänzchen im Hotelzimmer und nicht etwa beim Skifahren.

Zum Frühstück einen Joint

Dass John Lennon die Aufnahmen unbeschwert in Erinnerung hat, lässt sich aus seinem letzten großen Interview zitieren, das er 1980 gab: »Erst im Rückblick erkenne ich, wie fortschrittlich es war – ein Vorläufer für *Batman – Pow! Wow!* im Fernsehen. Dies hat aber auch damit zu tun, dass wir gelegentlich schon beim Frühstück einen Joint rauchten, es war generell schwer, mit uns zu kommunizieren. Wir hatten fast immer glänzende Augen und kicherten die ganze Zeit. Aber ich habe das Filmen genossen – es gibt wirklich gute Aufnahmen darin. Als es nach den Szenen im Schnee dann im Film zu den Bahamas geht, wirkt der Film etwas lieblos.«

Ringo erinnert sich, dass die Curling-Szene mit Victor Spinetti und Roy Kinnear, für die eigens eine Curlingbahn gebaut wurde, beinhaltete, dass sie sich vor der planmäßigen Explosion in Sicherheit bringen mussten; in den Curlingstein war eine Bombe eingebaut, die tatsächlich explodierte, um als Teil der Szene ein Loch ins Eis zu sprengen. Sie liefen bei dieser Gelegenheit allerdings so weit weg, dass sie sich irgendwo ungesehen hinsetzen und einen Joint rauchen konnten. Danach schlenderten sie langsam und mit einem breiten Grinsen zurück. Richard Lester wusste, dass nach Mittag nicht mehr viel mit ihnen anzufangen war und sie meist nicht über die erste Zeile des Drehbuchs hinauskamen. Entsprechend kurz sind auch die Dialoge im Film, die meist nicht über zwei bis drei kurze Sätze hinausgingen. Etwas diplomatischer äußerte sich Paul McCartney: »Das Drehbuch haben wir uns immer sehr spontan angesehen und erst auf dem Weg zum Set gelernt. Bei *Help!* waren wir da schon viel lockerer als etwa beim ersten Film, wo wir uns wirklich Mühe gegeben haben, das Drehbuch zu studieren.« In den »Anthology«-Interviews war allerdings auch er expliziter: »Wir waren bereits leicht stoned, grinsten und hofften, dass wir damit durchkommen. Das Kichern ist ja grundsätzlich in Ordnung, aber eben nicht beim Drehen, denn die Techniker und Kameraleute werden dadurch wirklich ärgerlich. Sie hielten uns für wenig professionell. Und genau das dachten wir von uns selbst, aber immerhin hatten wir einen Riesenspaß.« Am Ende der Curlingbahn hatte auch der persönliche Assistent der Beatles und Roadie Mal Evans seinen großen Auftritt. Dort wurde ein Loch gegraben und zusätzlich mit Wasser gefüllt. Evans taucht als Langstrecken-Schwimmer auf, der nach dem »Weg nach Liverpool« – im englischen Original nach den »White Cliffs of Dover« – fragt. Der Roadie blieb bis zum Ende der Beatles und sogar darüber hinaus, bis zu seinem tragischen Tod 1976, ein treuer Weggefährte der Beatles. Kurz nachdem die Curling-Szene im Kasten war, fing sich Victor Spinetti durch die langen Stehzeiten am Set eine starke Erkältung ein und musste sich ins Bett legen. Spinetti:

Jeder der vier Beatles besuchte mich einzeln in meinem Hotelzimmer. Der Erste, der hereinkam, war George Harrison, der anklopfte, dann eintrat und meinte: »Ich muss dein Kissen aufschütteln. Immer wenn man krank ist, muss man das Kissen aufschütteln.« Genau das tat er dann und ging wieder hinaus. Dann kam Ringo herein, setzte sich an die Bettkante, nahm die Speisekarte des Hotels in die Hand und begann dem Patienten laut vorzulesen: »Vor vielen Jahren gab es einmal drei Bären, den Mama-Bären, den Papa-Bären und den Baby-Bär …« Und dann ging er wieder weg. Sodann kam John Lennon herein und grölte eine Nazi-Persiflage: »Sieg Heil, Schweinehund! Die Ärzte sind bereits hier und sie werden an dir experimentieren. Sieg Heil! Heil Hitler!«

Spinetti war sofort klar, dass John dies nur tat, weil sie sich gerade in Österreich aufhielten, und damit die Provokation auf die Spitze treiben wollte. Er schrie so laut, dass es auch die anderen Gäste hören mussten. Schließlich klopfte noch Paul an die Tür, öffnete sie einen Spalt und fragte mit seinen kullernden Augen: »Ist es ansteckend?« Als Spinetti bejahte, schloss Paul die Tür und ward nicht mehr gesehen.

Wenn sich Spinetti an die gemeinsame Zeit mit den Beatles erinnert, schweift sein Blick in die Ferne. »Das Außergewöhnliche an ihnen war, dass sie so normal gewesen sind. Sie wollten immer alles einfach haben. Keep it simple. Nie haben sie ein Hotelzimmer zertrümmert oder sind mit einem Rolls-Royce in einen Swimmingpool gefahren.« Auch Gerhard Berger sollte später bei George Harrison und dessen Familie gerade dieser Wesenszug auffallen.

Ein Winterwunderland und Gastfreundlichkeit für die Beatles

Von dem Besuch der Beatles erhofften sich die Bewohnerinnen und Bewohner des damals noch unentdeckten Obertauern, darunter vor allem die Wirte und Hoteliers, eine starke Werbewirkung für den Ort, trotz oder gerade wegen der Befürchtungen, dass der Ruf des gerade erst aufsteigenden Wintersportorts durch die Lawinenkatastrophe massiv gelitten haben könnte. Die Beatles und ihre Entourage wurden daher gehegt und gepflegt.

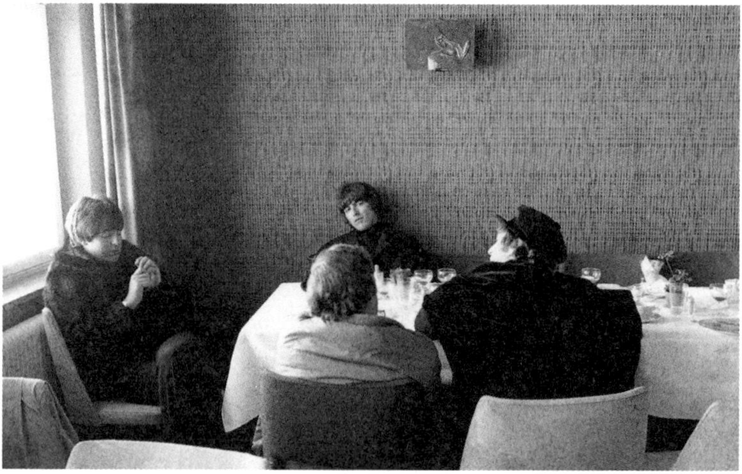

Der Rückzugsort der Beatles im Hotel Edelweiss

Während ihres Aufenthalts im Hotel Edelweiss sorgte Hoteldirektor Franz Löschenkohl dafür, dass die Privatsphäre der Beatles strikt gewahrt wurde und keine unbefugten Personen in die Gänge zu den Zimmern der Beatles gelangen konnten. Im Speisesaal gab es einen speziellen VIP-Bereich, damit die prominenten Gäste dort ungestört essen konnten. Dort konnte somit niemand Anstoß daran nehmen, dass die Beatles während des Essens gerne ihre Kappen aufbehielten – im Falle von George Harrison gelegentlich seinen während der Filmszenen getragenen Zylinder.

Für das leibliche Wohl der Beatles war bestens gesorgt. Das war auch am 14. März so, als der rührige Direktor zu Mittag ein gediegenes Menü für seine Gäste von Welt vorbereitet hatte: Spargelcremesuppe, Paprikahuhn mit Nockerln und grünem Salat sowie als Dessert gemischtes Eis – und für den Abend dann italienische Kraftbrühe, Hühnerleberragout im Reisring, kalte Platte fein garniert, sowie Biskuitroulade und Weinchaudeau. Die Bemühungen und Freundlichkeiten der Einheimischen wurden von den Beatles erwidert. Ulrike Meyer, Quartiergeberin in der »Alpenrose«, deren Tante die lokale Greißlerei betrieb, schwärmt davon, dass Paul McCartney jeden Tag den »Daily Mirror« kaufte und dabei immer ein nettes Wort gegenüber den Anwesenden fand. »Beatles in Winter

Wonderland«, titelten die englischen Zeitungen, sehr zur Freude der einheimischen Beherbergungsbetriebe.

Es heißt, gegenüber ihren Doubles verhielten sich die Beatles zunächst noch reservierter. Als Paul McCartney in den Drehpausen unter der Anleitung von Herbert Lürzer seine Skikünste verbessern wollte und dabei meist am glatten Schneeboden landete, sagte Paul zu ihm: »Pick me up!«, worauf der Skilehrer entgegnete: »Aufstehen musst schon selber. Ich helfe dir nicht!«, was ihm allerdings Respekt bei Paul und den anderen verschaffte. Als die Beatles noch dazu merkten, dass sich die Doubles nicht aufdrängten – ja nicht einmal um ein Autogramm baten –, wurden sie zutraulicher. Irgendwann wollten sie sogar ausschließlich mit den Doubles am Tisch sitzen. An den Beatles selbst seien sie eigentlich gar nicht so interessiert gewesen, sondern vor allem an den Skiszenen, bekannte Herbert Lürzer später freimütig, »doch sie waren wirklich nette Burschen, und es hat sich eine Art Kameradschaft zwischen ihnen und uns entwickelt. Es gab genug zu essen und zu trinken, und wenn beispielsweise Paul merkte, dass wir etwas haben wollten, so rief er gleich einen Assistenten herbei, und wir bekamen es. Ich habe mit Paul sogar öfter die Jacken getauscht. Er gab mir seine schwarze Nerzjacke.«

Beatles-Double Gerhard Krings führte damals in Obertauern die Römerbar, wo die Beatles ihn mehrmals besuchten – maximal zu zweit, wie Brian Epstein, vermutlich aus Sicherheitsgründen, entschieden hatte. Krings spendierte ihnen Drinks und sie gaben bereitwillig Autogramme. Er ließ die in Radstadt gekaufte Platte von allen vier Mitgliedern der Beatles signieren und kaufte viele Jahre später auf einem Flohmarkt noch eine weitere signierte Ansichtskarte der Römerbar mit zwei Original-Autogrammen und eine von den Beatles signierte Menükarte vom 15. März 1965 vom Mittagessen im Alpenhotel Römerhof in Obertauern.

»Jeder damals wollte die Beatles fotografieren oder sich ein Autogramm holen«, meinten die Doubles später. Die Beatles taten ihnen bald leid, empfanden sie das Gedränge doch als wirklich unangenehm. Gelegentlich mussten sie es sogar selbst über sich ergehen lassen. Wenn sie irgendwo verkleidet herumliefen, dachten die Leute manchmal, sie seien die echten Beatles. »Dann hatten wir den Löffel noch nicht im Kaffee und jemand bettelte bereits um ein Autogramm«, erinnern sie sich. Dennoch gaben die Beatles weiterhin bereitwillig und geduldig Autogramme. Im Vergleich zu dem Trubel auf den Bahamas hatten sie in Obertauern eine beinahe heilige Ruhe. Auf den Bahamas hatten nicht nur die Fans Kopf gestanden, sondern auch das Wetter. Es war saukalt gewesen und die Beatles mussten dennoch kurzärmelig am Filmset erscheinen. In Obertauern jedoch gab es viel Sonne.

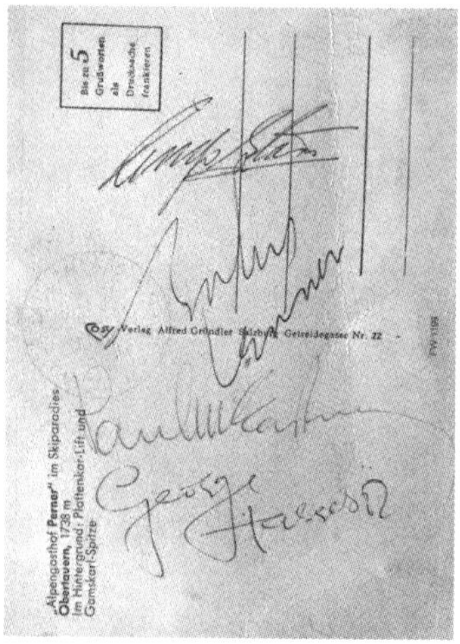

Original Beatles-Autogramme aus Obertauern

Den Beatles eilte ihr freundlicher, aufgeschlossener Ruf also voraus. Beste Bedingungen für die gute Basis mit den Einheimischen, die in dem damals noch relativ abgeschiedenen Salzburger Schneeort einen freundlichen und positiv öffentlichkeitswirksamen Eindruck schaffen wollten. So schienen beide Seiten Glück mit der Begegnung gehabt zu haben. »Verwöhnte und verachtete« Stars, wie der Wiener »Kurier« dieser Tage über die Beatles urteilte, schauen jedenfalls anders aus. Dass die Beatles nicht überheblich waren, auch nicht österreichischen – oder Schweizer – Musikerkollegen gegenüber, hatte sich schon früher herumgesprochen: In dem Nobelskiort Sankt Moritz war John Lennon mit Produzent George Martin ohne Bodyguards unterwegs gewesen und hatte großzügig Autogramme gegeben. Als Nachtmensch hatte er auch das hoteleigene »Dancing« besucht, wo damals gerade die Luzerner Tanz- und Beatband The 5 Dorados engagiert war. Mit Beatles-Songs im Repertoire. Lennon war erfreut, »Wonderful!«, rief er der Band zu. Bei seinem Urlaubsbegleiter George Martin setzte er sich dafür ein, die Schweizer Band nach England zu holen, so wurde das jedenfalls von einigen Schweizer Zeitungen kolportiert. Die »Beatles-Karriere« der Dorados scheiterte jedoch an fehlenden Arbeitsgenehmigungen.

Auch in Obertauern gab es keine Bodyguards oder spezielle Security-Leute, ohne die heute keine Hollywood-Produktion mehr auskommt. Durch den Erhalt einer der limitierten Akkreditierungen konnte sich Christian Skrein, der damals erst 20-jährige österreichische Fotograf, nahezu überall rund um die Beatles ungehindert aufhalten und die Band, ihre Frauen oder das Filmteam vor, während oder nach den Dreharbeiten ungekünstelt und spontan ablichten. Die bekanntesten Fotos anlässlich des Beatles-Besuchs stammen von Skrein. Der junge Fotograf, der als Freischaffender die einmalige Gelegenheit erhielt, die *Help!*-Dreharbeiten fotografisch zu dokumentieren, wurde von den »Fab Four« nicht nur geduldet – sie verhielten sich ihm gegenüber ausgesprochen aufmerksam und nahmen ihn etwa zu ihren Ausflügen in die Römerbar mit.

Fotos von den Dreharbeiten in Obertauern sind auch heute noch begehrt. So tauchten 2018 insgesamt 124 bislang unbekannte Schwarz-Weiß-35-mm-Negative des deutschen Fotografen Bernd Kappelmeyer auf, die dieser am Set von *Help!* aufgenommen hatte. Bereits 2017 war ein anderer besonderer Fund, ein Privatfilm des Schauspielers Leo McKern, der in *Help!* die Rolle des Bösewichts Clang spielte und 2002 verstorben ist, vermeldet worden. Das Material in einem Filmkanister mit dem Vermerk »Snow Scenes« lag mehr als 50 Jahre unbeachtet in der Garage der Familie des Charakterdarstellers und zeigt Szenen der Beatles in Obertauern am Set und während der Drehpausen – entspannt, ausgelassen, mit den Doubles scherzend und kichernd. Am Beginn und am Ende der Aufnahmen ist die damals zehnjährige, im Schnee spielende Tochter Abigail McKern zu sehen, die sich noch lebhaft an die kreischenden Fans beim Abflug nach Österreich erinnern kann. Diese hätten sie zunächst elektrisiert, ihr dann aber Angst eingejagt, zumal sie – die sich mitten unter den Beatles aufhielt – von einem eifersüchtigen österreichischen Fan plötzlich angespuckt wurde. Der unveröffentlichte 8-mm-Film wurde 2017 mit einem Ausrufungspreis von 35.000 Pfund angeboten.

Die Beatles fühlten sich in Obertauern mehr und mehr wohl. Ray Coleman, britischer Musikjournalist und Lennon-Biograf, sprach davon, dass er in Österreich einen überschwänglichen John Lennon antraf, der zwar die Filmhandlung zunächst als lächerlich empfand, aber dennoch viel Spaß hatte. Coleman (»Lennon: The Definitive Biography« sowie »McCartney: Yesterday & Today«) erzählt etwa von feuchtfröhlichen »Spieleabenden« in den Hotelräumlichkeiten. Diese Erzählung wird so auch von George Harrison bestätigt, der noch in den 1990er Jahren im Zuge der Arbeiten am »Anthology«-Projekt von den Dreharbeiten in Obertauern schwärmte: »Es hat unglaublich viel Spaß gemacht, an diesen Orten zu drehen. Wie bei allen Film-Drehs hatten wir viele Wartezeiten, die wir uns aber an diesen tollen Locations vertreiben konnten.« Ringo legt nach: »Es war das erste Mal, dass wir in Österreich waren, und für mich erst recht das erste Mal auf Skiern. Ich habe es geliebt! Wir hatten so unglaublich viel Spaß in diesen Tagen!«

Entsprechend verrät das Lennon-Double Franz Bogensperger, wer von den Beatles in Obertauern am besten nach den Dreharbeiten die Nacht zum Tage machen konnte: »Der wildeste Hund war der Ringo! Der war bei jeder Gelegenheit auf dem Tisch oben.« Als der Beatles-Drummer einmal gegenüber seinem Hotel das Lokal Taverne besuchte, wollte ihm eine Touristin während des Tanzens einige Haare als Erinnerung abschneiden. Zunächst wollte er sie einfach abschütteln, doch sie ließ nicht locker. Ringo wusste sich nur noch damit zu helfen, dass er der Souvenir-Jägerin kurzerhand in einen der Finger biss, die die Schere hielten. Sichtlich genoss er den Umstand, dass er im Mittelpunkt des Filmgeschehens stand. Sein Enthusiasmus und sein Ehrgeiz bei den Dreharbeiten zum ersten Film *A Hard Day's Night* hatten sich bezahlt gemacht. Ringo galt vielen als der eigentliche Schauspieler unter den vieren.

Ein White Star für Ringo Starr

Pro Drehtag, der von 8 bis 17 Uhr dauerte, erhielten die Doubles 1.000 Schilling, oder 1.500 Schilling, wenn in der Nacht gedreht wurde. Auch an drehfreien Tagen erhielt jeder 700 Schilling – pro Tag. Damals verdiente ein Skilehrer zwischen 2.000 und 3.000 Schilling – im Monat. Vom Skibrillenhersteller Carrera bekamen die Doubles jeweils 500 Schilling, wenn sie mit seinen Erzeugnissen fuhren. Außerdem standen sie den Touristinnen und Touristen für

Fotos mit und ohne Beatles-Perücke zur Verfügung – gegen ein entsprechendes Aufgeld, versteht sich.

Luxusausrüstung gab es auch hinsichtlich der Schneebretter selbst: Für die Filmaufnahmen stellte die österreichische Skifirma Kneissl leihweise ihre gerade erst ausgelieferten, brandneuen »White Star«-Rennskier zur Verfügung. Mit dem Premium-Modell der österreichischen Weltmarke sollten später auch James-Bond-Darsteller George Lazenby und der junge Prinz Charles Bekanntschaft schließen, die allerdings beide einen Ruf als exzellente Skiläufer hatten. Die Skilehrer brillierten auf den teuren Brettern selbstverständlich ebenso. Die Beatles hingegen wurden, mit ihren Rennskiern und in Profi-Montur, mit zitternden Knien am Kirchbühelhang gesichtet. Dort stehen sie auch heute, diesmal jedoch stabil, aufgereiht Seite an Seite, in Form von überlebensgroßen Figuren mit ausgestreckten Armen – eine Nachbildung des Covers der Platte »Help!« vom Metallkünstler Max Sendlhofer. Vor dem Hotel Edelweiss in der Römerstraße 75 steht das zweite Beatles-Denkmal in Obertauern, dieses wurde vom Hotelier selbst in Auftrag gegeben und stammt von einem namentlich nicht erwähnten Künstler.

Die Fotoaufnahmen für das Albumcover für »Help!«, das von Robert Freeman gestaltet wurde und die Beatles in Obertauern zeigen sollte, wurden seinerzeit auf einem Parkplatz in Twickenham in London gemacht. Ursprünglich sollten die Beatles mit ihren Armen die Buchstaben H, e, l, p darstellen, diese Idee wurde jedoch wieder verworfen. Auch die finale Coverfoto-Version blieb nicht die einzige: Für die amerikanische Veröffentlichung auf Capitol wurden die Positionen leicht verändert, George blieb ganz links, die anderen Beatles tauschten ihre Positionen.

Der Flügel auf der Skipiste

Ein drittes Denkmal gibt es in Obertauern zu entdecken, an einem ungewöhnlichen Ort: Auf beinahe 2.000 Meter Seehöhe, bei der Bergstation der Grünwaldkopfbahn, glänzt auf einem hölzernen Podest mitten in der Wiese ein Konzertflügel aus Stahl mit dem eingravierten Wort »Help!«. Eine Erinnerung an jenen Flügel, der für einige Filmszenen aus dem Hotel Marietta zur Skipiste transportiert wurde. Richard Lester war der Flügel im Saal des Hotels ins Auge gestochen und er hatte eines Tages die Idee, ihn als Requisite für die »Ticket to Ride«-Szene zu verwenden. Am 20. März 1965 wurde daher der von der Wiener Neustädter Firma Bösendorfer hergestellte Flügel von einem Helikopter aus dem Hotel Marietta auf eine Wiese in den Schnee gesetzt. Die Beatles hämmerten darauf zum Playback von »Ticket to Ride« in die Tasten oder saßen am Klavier, posierend für Promo-Fotos. Das Klavier der Hoteliersfamilie Mackh wurde damit plötzlich von einer Requisite zu einem Hauptdarsteller der durch die Beatles ausgelösten popkulturellen Entwicklung der 1960er Jahre. Hervorgehoben wurde von den Kritikern vor allem die bahnbrechende Montage der »Ticket to Ride«-Sequenz, welche – der späteren Praxis vorauseilend – während der Postproduktion im Rhythmus der Musik geschnitten wurde. Der erste Video-Clip der Geschichte war geboren – und dies lange vor MTV.

Nach dem Rücktransport war das Klavier durch Feuchtigkeit und Kälte unbrauchbar geworden. Auf Schadenersatz für den kaputten Flügel, die bei einem Privatkonzert außer Gefecht gesetzte Tonanlage und die Schäden am Schlagzeug angesprochen, meinte der Manager der Beatles Brian Epstein zum Hotelbesitzer Mackh: »Okay. Wir ersetzen den Schaden, aber dann müssen Sie für zwei Stunden Beatles-Livemusik bezahlen!« Schade, dass der Flügel heute in keinem Museum oder in den Räumlichkeiten eines Privat-Sammlers bewundert werden kann. Der Hotelier ließ ihn zu Werbezwecken in die Marietta-Bar in Reifnitz am Wörthersee stellen, wo er langsam zerfiel.

DAS EINZIGE BEATLES-KONZERT IN ÖSTERREICH

Zahlreiche Mythen ranken sich um das einzige Konzert der Beatles in Österreich, eine private Session im Hotel Marietta in Obertauern am Rande der Dreharbeiten zu *Help!*. Es existieren keinerlei Tonaufnahmen davon. Brian Epstein hatte jegliche Aufzeichnungen des Abends untersagt. Nur ein paar versteckte Schnappschüsse dienen als Beweismaterial für eine unvergessliche Nacht im Hotel Marietta. Die historische Bedeutung dieses Auftritts zeigte sich erst im Rückblick, dafür aber umso eindrucksvoller.

Selten sah man sie in den letzten beiden Jahren seit Ausbruch der *Beatlemania* so ausgelassen und natürlich: Die Beatles erfuhren in etwas mehr als zwei Stunden auf der selbstgezimmerten Bühne in der rechten Ecke des Saales des Hotel Marietta noch einmal das unbeschwerte Lebensgefühl ihrer Anfangsjahre auf den Rock-'n'-Roll-Bretterböden der Hamburger Clubs, die sie erst zu dem machten, wofür sie bis heute bewundert werden. »Ich bin zwar in Liverpool geboren, aber erwachsen wurde ich in Hamburg«, meinte John Lennon einmal. Von August 1960 bis Dezember 1962 standen die Beatles 1200 Stunden auf Hamburger Bühnen und spielten in dieser Zeit über 280 Konzerte in unterschiedlichen Clubs. Ein alle Grenzen sprengendes Repertoire an Songs hatten sie sich in dieser Zeit zugelegt. Wer hätte gedacht, dass sie dieses – Jahre später, am Höhepunkt der Beatlemania – mitten in einem Bergdorf in den österreichischen Alpen noch einmal spontan abrufen würden?

Nach Abschluss der täglichen Dreharbeiten ging abends in der Konzert-Bar des Hotels, dem »Skistall«, die Post ab. Marietta Mackh legte als bekannte Sängerin und Pianistin großen Wert auf niveauvolle Unterhaltung der Hotelgäste. Dafür stand ihr im Hotel immer der hauseigene Bösendorfer-Flügel zur Verfügung. Bevor Marietta Mackh mit ihren Töchtern nach Obertauern gezogen war, hatte sie in der Wiener Innenstadt die legendäre Marietta-Bar in der Spiegelgasse 2 geführt. Unter den Künstlerinnen und Künstlern, die dort regelmäßig für Unterhaltung sorgten, war auch Gerhard Bronner, der das Lokal übernahm, als Marietta Wien hinter sich ließ. Bronner ließ an diesem Ort das Cabaret Fledermaus der Jahrhundertwende wieder aufleben. Er war den Beatles übrigens ein Leben lang verbunden – wenn auch in inniger Ablehnung.

An jenem Abend des 18. März 1965 war der Saal des Marietta exklusiv für das Filmteam reserviert, um den 33. Geburtstag des Regie-Assistenten Clive Reed zu feiern. Reed war in der Branche kein Greenhorn mehr, vor drei Jahren hatte er als Aufnahmeleiter beim Film *James Bond 007 jagt Dr. No* fungiert, in dem Geheimdienstchef M den Geheimagenten nach Jamaika schickt, um dort den Mord an einem britischen Kollegen aufzuklären. Bei ihrem Wunsch, für den Film *Help!* auf den Bahamas zu drehen, hatten die Beatles in Clive Reed somit einen eifrigen Unterstützer, denn ihm hatte das Drehen unter Palmen bereits für *Dr. No* (so der Originaltitel) großen Spaß gemacht. Für *Help!* war Clive Reed als Erster Regieassistent dafür verantwortlich, dass die Beatles pünktlich und vollständig am Set erschienen. Anhand der Dezibelstärke des Geschreis der Fans konnte er feststellen – so heißt es –, in welcher Entfernung sich der Wagen der Beatles gerade befand. Zum Beispiel hätte er gesagt: »Jetzt sind sie erst am Kreisverkehr« oder: »Jetzt fahren sie über die Brücke«, berichteten seine Weggefährten.

Am Abend von Reeds Geburtstagsfeier stand die Drei-Mann-Combo Jacky and his Strangers auf dem Abendprogramm des Hotel Marietta: Für den März 1965 hatte Marietta Mackh die Berliner Rock-'n'-Roll-Band mit ihrem Lead-Sänger und Gitarristen Jakob »Jacky« Spelter als Hotel-Combo engagiert. Jacky war kein Unbekannter in der Musikszene, er hatte 1958 das Set für Bill Haley Haley & His Comets auf der Waldbühne in Berlin eröffnet. Im Marietta spielten Jacky und seine Bandkollegen mit geringerer Lautstärke, darauf achtete Hotelbesitzer Kurt Mackh, denn über der Bar lagen Gästezimmer und seine Gäste waren ihm heilig. Die Feier war bereits in vollem Gange, als zwischen 21 und 22 Uhr auch die Beatles und ihre Frauen im gut gefüllten »Skistall« eintrafen. Aus etwa 100 Gästen, die sich an der Bar drängelten, wurde bis Mitternacht fast die doppelte Zahl. In wenigen Stunden wurden die Whisky- und Cognacvorräte des Marietta beinahe vollständig geleert.

Kurz vor ein Uhr früh ging ein Raunen durch den Hotelsaal. John Lennon hatte sich die Fender-Jazzmaster-Gitarre von Jacky Spelter geschnappt, der ihn verdutzt gewähren ließ. Die beiden waren einander in Hamburger Tagen auf der Reeperbahn einige Male über den Weg gelaufen. Seine Fender Jazzmaster hatte Jacky noch als Kriegsgefangener der US-Truppen in Texas Anfang der 1950er Jahre erworben und nach Deutschland mitgenommen. Nie zuvor war dieses Instrument in Europa gesichtet worden. Paul McCartney sah die Gelegenheit gekommen, sich der Drums zu bemächtigen – seit Hamburger Tagen war er auf den Geschmack gekommen und nutzte Bandpausen dazu, in die Rolle des Schlagzeugers zu schlüpfen, sehr zum Missfallen von Ringo Starr. An jenem Abend hatte Paul keine Konkurrenz am Schlagzeug – Ringo saß mit Drinks und seinen Freunden von der Filmcrew an der Hotelbar. Außerdem hatte er sich vor wenigen Tagen ans Schlagzeug des Spelter-Drummers gesetzt und dabei gleich einmal das Fell der großen Trommel zum Platzen gebracht. Heute war also für Ringo Zurückhaltung angesagt. Nicht so bei Paul, der den Schlagzeuger der Strangers kurzerhand verscheuchte. John forderte spontan den Chef des Geburtstagskindes, Richard Lester – in Obertauern von den Einheimischen aufgrund seiner Halbglatze »Beatle mit dem Schiebedach« genannt –, auf, ihn und Paul am Klavier zu begleiten.

John-Lennon-Double Franz Bogensperger hat noch viele Jahre danach bitter bereut, an diesem Tag bereits direkt nach Drehschluss Obertauern in Richtung Radstadt verlassen zu haben. Ganz im Gegensatz zu seinen Kollegen Krings, Pretscherer und Lürzer, die neben wenigen anderen Einheimischen Zeugen dieses denkwürdigen Abends wurden.

Summertime in winter

Paul zählte laut ein paar Takte auf Deutsch ein und dann erklang ein vertrauter Klassiker, das meistinterpretierte Lied der Welt – freilich nicht ohne Ironie gewählt, an diesem Ort in den tiefverschneiten österreichischen Alpen. Die Melodie entstand einst als Opernarie und verheißt das schöne Gefühl eines Sommeranfangs: »Summertime, and the living is easy…« Das Lied kennen Menschen weltweit. In Kopenhagen stand es 1943 für Freiheit, die Komposition von George Gershwin wurde zum Widerstandslied gegen die deutschen Truppen, die Dänemark drei Jahre zuvor überfallen hatten. Aber auch für die Beatles hatte »Summertime« eine ganz spezielle Bedeutung: Am 15. Oktober 1960 waren sie erstmals in ihrer späteren Besetzung mit Ringo Starr, wie er sich seit Ende der 1950er Jahre nannte, zu einer gemeinsamen Aufnahme zusammengekommen, auch wenn Ringo damals noch nicht Mitglied der Beatles war. Als Backing-Band von Lu »Wally« Walters, dem Bassisten der Hurricanes, der Gruppe des Liverpooler Sängers Rory Storm, der damals auch Ringo Starr angehörte, nahmen sie mit Wally als Sänger in dem kleinen Akustik-Studio in der Nähe des Hamburger Bahnhofs in der Kirchenallee 57 Gershwins »Summertime« auf. Keine der von dieser Aufnahme gepressten, insgesamt sechs Acetat-Schallplatten dürfte erhalten sein.

Überlebt hat jedoch die Erinnerung in den Köpfen der Bandmitglieder an dieses Ereignis, das erstmals John, Paul, George und Ringo für Zwecke einer Tonaufnahme zusammenkommen ließ. Und diese Erinnerung ließen sie jetzt – inzwischen weltberühmt geworden – auf der kleinen Bühne des Hotelsaals im Marietta noch einmal aufleben. Über 20 Jahre danach spielte Paul McCartney als Hommage an die gemeinsame Zeit, aber auch an jenen Abend im Hotel Marietta in Obertauern, seine eigene Version von »Summertime« ein und veröffentlichte sie 1991 auf der internationalen Ausgabe seines Albums »Choba B CCCP«. Zu diesem Zeitpunkt war John Lennon, Pauls kongenialer musikalischer Partner und Freund, schon mehr als zehn Jahre nicht mehr am Leben.

Nach »Summertime« spielten die Beatles für ihr begeistertes Publikum »Fly Me to the Moon« und entführten es dann mit »My Bonnie« in die Aula des Friedrich-Ebert-Gymnasiums des Jahres 1961 in Hamburg-Harburg, in der ihre Aufnahmen mit Tony Sheridan entstanden waren. »Wir sind die Beat Brothers!«, schrie John in den Hotelsaal, bevor er den Song anstimmte. Gerhard Krings strahlte, nickte wissend mit dem Kopf. Da es in Obertauern selbst kein Plattengeschäft gab, war Krings erst wenige Tage vor dem spontanen Hotel-Konzert in einer Drehpause nach Radstadt gefahren und hatte sich die einzige dort lagernde Beatles-Schallplatte, »Ain't She Sweet«, gekauft: darauf die bekannte Aufnahme »If You Love Me, Baby« aus dem Jahr 1961; Vocals von Tony Sheridan mit den Beatles als Begleitband, auf der Platte als »The Beat Brothers« bezeichnet. Abgesehen von diesem Kauf besaß bis dahin keines der Beatles-Doubles Beatles-Schallplatten, auch sonst wussten sie herzlich wenig über die weltberühmten Pilzköpfe.

Bereits während der letzten Takte von »My Bonnie« musste John plötzlich an einen anderen Song denken, den er und die anderen ebenfalls schon seit Hamburger Tagen im Repertoire hatten: Das Harry-Lime-Thema der Wiener Zither-Legende Anton Karas aus dem Film *Der dritte Mann* mit Orson Welles. Lennon liebte, so wie es der Regisseur des Kult-Films Carol Reed ausdrückte, den »seltsam abrupten, metallischen Klang des Saiteninstruments«, dessen Namen er nicht mal wusste, der die wehmütig-melancholische und gleichzeitig unerbittliche Stimmung seines Films am besten ausdrückte. Ende 1963 hatten die Beatles das Stück für ihr BBC-Special *It's The Beatles* im Empire Theatre in Liverpool in eine Instrumentalversion von »From Me To You« gemischt und noch Jahre später, 1969, jammten sie dazu im Zuge der Dreharbeiten zum Film *Let It Be* und der »Get Back«-Sessions, festgehalten in der dreiteiligen Doku *The Beatles: Get Back* von Peter Jackson aus dem Jahr 2021. Dieses Stück wollte er gerade hier in Österreich seinem Publikum an jenem Abend im Hotel Marietta keinesfalls vorenthalten. John blickte in Richtung Paul, zählte ein paar Takte ein und verkniff sich dabei angesichts seines Späßchens das Grinsen nicht. Sie legten los, gekonnt ahmte John mit der Gitarre die markanten Zitherklänge des langjährigen Heurigenmusikers nach, während Paul routiniert die Basslinien dazu lieferte.

George stand bis zu diesem Zeitpunkt noch etwas abseits der Bühne und unterhielt sich mit Pattie und Mal Evans. Doch nach dem Auftakt von John und Paul schnappte er sich die Ersatzgitarre von Jacky Spelter, der zuvor noch John und Paul begleiten durfte. Spelter blickte einmal mehr verdutzt, aber die Show ging in hohem Tempo weiter. Die »Liverpooler Sängerknaben«, wie sie von der heimischen Presse auch genannt wurden, tauschten zwischendurch immer wieder untereinander Instrumente. Einmal spielte Paul Gitarre bzw. Bass, dann wieder Schlagzeug oder er übernahm gemeinsam mit John den Gesangspart. Auch George wechselte zwischen Gitarre und Bass.

Die Verstärker der Hausanlage wurden indes immer weiter strapaziert und die Lautstärke im »Skistall« derart in die Höhe getrieben, dass im ersten Stock einquartierte Gäste aus ihren Zimmern kamen, um sich über den Krach zu beschweren. Als der Vater von Gloria Mackh daraufhin das Konzert beenden wollte, gelang es ihm nicht, überhaupt in den komplett überfüllten Saal zu gelangen. Eine ältere Dame, die im Schlafrock nach unten gekommen war, drohte die Polizei zu holen, da ihr kranker Mann und sie diesen Wirbel nicht mehr aushielten. Marietta Mackh beschwichtigte sie mit den Worten: »Gnädige Frau, würden Sie sich doch bitte beruhigen, alles geht vorbei, auch die Beatles werden bald vorbei sein.« Die »Gnädige Frau« erlag an jenem Abend noch dem Charme der Beatles und blieb, so wollen sich einige Gäste erinnern, bis fast vier Uhr im Saal.

Gegen halb vier Uhr morgens gab die Tonanlage den Geist auf, nachdem sie immer weiter aufgedreht worden war und die Beatles den musikalischen Bogen zumindest kurz noch zu ihren eigenen Liedern gespannt hatten, darunter der Titel »Love Me Do«. Einige Klaviersaiten des Bösendorfer-Flügels waren gerissen und das Schlagzeug-Fell neuerlich durchstoßen. Die Gitarre von Jacky Spelter, von ihm liebevoll auf den Namen »Jenny« getauft, überlebte den Abend und viele weitere Jahre und kann heute in einem Berliner Museum bestaunt werden.

Das erste und letzte Beatles-Konzert auf österreichischem Boden – auch wenn zur selben Zeit in Wien schon Plakate für insgesamt vier offizielle Konzerte der »Fab Four« affichiert waren – fand ein abruptes Ende. Bevor die Beatles erschöpft, glücklich und ziemlich betrunken in Richtung Hotel Edelweiss aufbrachen, wollte Paul unbedingt von einigen Zuhörern wissen, wie ihnen das Konzert gefallen hatte. In Verlegenheit brachte er mit dieser Frage Herbert Lürzer, für den die Musik der Beatles generell »nicht unbedingt nach dem eigenen Geschmack war«. Dem treibenden Rhythmus der Songs an diesem Abend hatte jedoch auch er sich nicht ganz entziehen können. Das Wiedersehen der Beatles mit der Berliner Schnauze Jacky Spelter hatte dazu beigetragen, dass sich bei den Liverpoolern ein Schalter umlegte und sie ohne jede Zurückhaltung in der Musik aufgingen.

Für den anwesenden Beatles-Fotografen Henry Grossman hatte dieser Abend des 18. März 1965 im Hotel Marietta etwas Magisches: »Die Beatles an diesem Abend zu sehen, wie sie von einem Rock-'n'-Roll-Klassiker zum nächsten fegten, berauscht von der eigenen Spielfreude und unzähligen Gläsern Bier und Cognac, war so, wie sie in Hamburg auf der Reeperbahn zu erleben.«

DIE NIEMALS STATTGEFUNDENEN KONZERTE DER BEATLES IN ÖSTERREICH

Der »Beatles-Virus« verbreitete sich mittlerweile unaufhaltsam und viele junge »Beatlemaniacs« fieberten dem Moment entgegen, ihre Lieblingsgruppe endlich auch einmal live zu erleben. Die österreichischen Medien, die von dem Privatkonzert in Obertauern kaum etwas mitbekamen, berichteten kurze Zeit danach: »Ob die Beatles nach Wien kommen, steht noch nicht fest. Die Stadthallendirektion verhandelt nicht mit ihnen. Andererseits ist nach wie vor ein Termin in der Stadthalle von anderer Seite für sie vorgemerkt worden. Schrecklich, diese Ungewissheit!«

Bereits am 27. Juni 1964 hatte es die Ankündigung auf der Titelseite des »Wiener Wochenblatts« gegeben: »Beatles in Wien!« Im dazugehörigen Artikel wurden Engagement-Verhandlungen mit den englischen »Mop-Köpfen« bestätigt, die Band aus Liverpool für eine Gage von 600.000 Schilling pro Abend in die Wiener Stadthalle zu holen. Doch die Sache war bald darauf wieder eingeschlafen.

Bis sich zu Beginn des Jahres 1965 die Austria Wochenschau einen typischen Aprilscherz geleistet hatte: Unter dem Aufmacher »Beatles retten Wiener Staatsoper« berichtete ein Journalist darüber, dass die

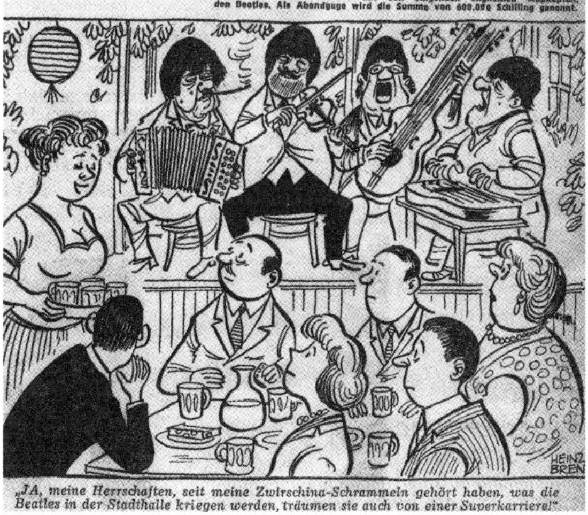
Wien im Beatle-Fieber
Die Wiener Stadthalle führt Verhandlungen mit den singenden englischen Mopköpfen, den Beatles. Als Abendgage wird die Summe von 600.000 Schilling genannt.

„JA, meine Herrschaften, seit meine Zwirschina-Schrammeln gehört haben, was die Beatles in der Stadthalle kriegen werden, träumen sie auch von einer Superkarriere!"

Zeitungskarikatur 1964

berühmt-berüchtigte »Heulgruppe The Beatles« am 1. April 1965 in der Wiener Staatsoper gastieren würde. Unter der Regie von Franz Antel, dem Regisseur von *Hallo Dienstmann* oder *Oberst Redl*, sollten die Beatles mit ihren »Pudel-Frisuren« und ihrer »mädchenmordenden Musikalität« einen Benefiz-Abend zugunsten der defizitären Staatsoper geben. Die Schuld an dem Defizit schob man gleich einmal ihrem Direktor Herbert von Karajan in die Schuhe.

Dann ging es Schlag auf Schlag. Die heimischen Beatles-Fans erlebten ein Wechselbad der Gefühle. Während von 13. bis 21. März 1965 in Obertauern die Dreharbeiten für den Film *Hi, Hi, Hilfe!* stattfanden, wurden in ganz Wien Plakate für gleich vier Beatles-Konzerte im ehrwürdigen Wiener Konzerthaus geklebt. Die österreichischen Fans konnten ihr Glück kaum fassen. Die Wiener Stadthalle hatte ein Engagement der »britischen Heulbojen«, wie sie die heimische Presse auch nannte, zuvor als »zu teuer« abgelehnt.

Der Wortlaut »The Original Beatles« auf dem Plakat des Veranstalters »Musikalische Jugend Österreich« räumte für viele die Befürchtung aus, dass nur eine Coverband und nicht die echten Beatles im Rahmen der Konzert-Reihe »Stars von Heute« auftreten würden. »An vier aufeinanderfolgenden Abenden von 23. bis 26. Oktober 1965 werden John, Paul, George und Ringo das heimische und internationale Publikum in Entzücken und Raserei versetzen«, prophezeiten österreichische Tageszeitungen.

Der offizielle Kartenverkauf startete am 5. Juli 1965 und die Veranstalter stellten – für den Fall starker Nachfrage – noch drei zusätzliche Konzerte im Oktober in Aussicht. Der Reingewinn dieser Veranstaltungen sollte der Organisation Jeunesses Musicales zukommen, um Musikinstrumente aus dem Mittelalter für das Ensemble Musica Antiqua anzuschaffen. Die Gage der Beatles wurde vorerst, trotz noch laufender Vertragsverhandlungen, mit 150.000 Schilling pro Auftritt im Wiener Konzerthaus angegeben.

Bereits am 6. August 1965 sprach die Zeitung »Express« von einem schlechten Kartenverkauf, obwohl die Ticketpreise zwischen 20 und 150 Schilling durchaus erschwinglich gewesen waren, und verkündete das endgültige Aus der Beatles-Konzerte. Nur zwei Tage danach bestätigte auch »Neues Osterreich« die Absage der Pilzköpfe,

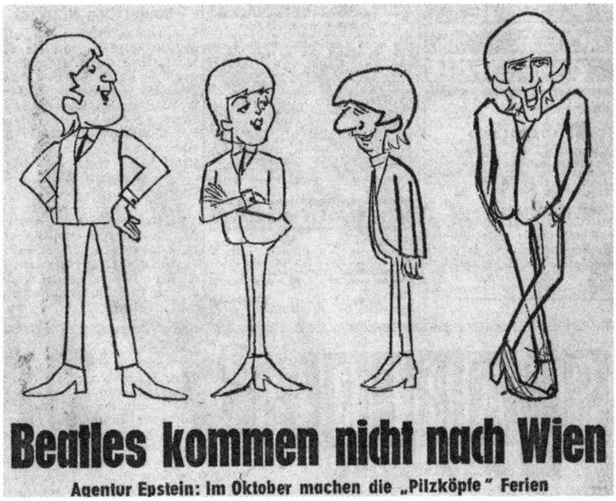

Karikatur vom 08.08.1965

da ihr Manager Brian Epstein im Vorfeld eine wesentliche Bedingung gestellt hätte: Er würde seine Gruppe in Wien nur auftreten lassen, wenn bis zum 10. August mehr als die Hälfte der Konzert-Karten bereits verkauft wären. Epstein wollte damit einer möglichen schlechten Auslastung mit halbleeren Rängen wie bei den vorangegangenen Konzerten in Italien und Spanien entgegenwirken. Berichtet wurde schließlich von nur 19 Prozent verkaufter Tickets für die vier angekündigten Wiener Konzerte und von der Rückerstattung des Geldes nach der offiziellen Absage der Veranstaltungen.

Die »Kronen Zeitung« lieferte ihren Leserinnen und Lesern eine für manche plausiblere Erklärung für die Absage: Die »Fab Four« wären im Oktober auf Urlaub und deswegen fänden in diesem Monat keine Beatles-Konzerte statt. Der Manager von Jeunesses Musicales, Joachim Lieben, räumte am 19. August 1965 jedoch kleinlaut ein: »Wir haben nie persönlich mit den Beatles verhandelt. Die Beatles werden heuer nicht in Österreich spielen.« Die Schuld für die erfolglosen Verhandlungen würde der Sub-Manager für Europa, Paul Otis, tragen, den man mit der Sache beauftragt hatte. Den Schlusspunkt des Verwirrspiels setzte am 15. September 1965 das »Linzer Volksblatt« mit den Mutmaßungen, dass der Kabarettist Gerhard Bronner mit seinem Kommentar in einem Beitrag über die Beatles im österreichischen Fernsehen schuld an der Absage gewesen wäre. Bronner hatte damals über die Beatles wörtlich gesagt: »Der Untergang des Abendlandes hat viele Gesichter. Das hier sind die vier markantesten!«

Somit blieb der Spontan-Liveauftritt von Mitgliedern der Beatles am 18. März 1965 im »Skistall« des Hotel Marietta in Obertauern das einzige Konzert in Österreich. In England erhielten die Beatles unterdessen am 26. Oktober 1965 aus den Händen von Queen Elizabeth den Orden »MBE – Member of the Order of the British Empire«. Für diese Ehrung hatten sie andere geplante Aktivitäten selbstredend verschoben.

EIN LETZTER GRUSS

Am Ende der Dreharbeiten in Obertauern wurden noch rasch einige Filmszenen in der Ortsmitte gedreht, in der sich die Beatles verkleideten und vor ihren Verfolgern versteckten. Dieser letzte Gruß aus Obertauern auf Filmmaterial schaffte es jedoch nicht in den fertigen Film. Am 21. März 1965 reiste das Filmteam schließlich aus Obertauern ab, auf dem Drehplan standen noch die allerletzten Szenen mit den Beatles-Doubles, die im Hotel Post ein letztes Mal eingekleidet und geschminkt wurden. Die Band fuhr am nächsten Tag um acht Uhr morgens zurück nach Salzburg. Die Doubles erinnern sich mit Wehmut an den Tag der Abreise der vier: Herbert Lürzer gesteht, dass er gerne einige der Requisiten und Kleidungsstücke, wie etwa die Jacke oder die Mütze, als Erinnerung an die außergewöhnlichen Tage im Leben eines Skilehrers behalten hätte.

Angekommen in Salzburg, checkten die Beatles für einige Stunden im Hotel Österreichischer Hof ein, von wo sie am Nachmittag direkt von der Tiefgarage auf das Rollfeld des Flughafens Salzburg-Maxglan gebracht wurden. Zum Abschied der Beatles von Österreich an jenem 22. März 1965 hatten sich 150 Fans und Schaulustige am Salzburger Flughafen versammelt. Kurz nach 16 Uhr hob die Maschine mit den Beatles an Bord Richtung England ab.

Obertauern entwickelte sich nach der Abreise der Beatles zu einer der beliebtesten Skiurlaubsdestinationen Österreichs. Nach dem Abflauen der Beatlemania hatten auch Herbert Lürzer und Gerhard

Krings mit ihren Appartements, Restaurants, Hotels, Shopping-Centern und einer Bergbahn maßgeblichen Anteil am Aufstieg des Ortes. Bis heute werden in Obertauern alle zehn Jahre Sonderveranstaltungen zum Thema Beatles abgehalten, um die Ereignisse des März 1965 nicht in Vergessenheit geraten zu lassen. Einen Höhepunkt stellte das Ski-Opening-Konzert »A Tribute to The Beatles« von Andreas Gabalier mit der Beatles-Tribute-Band The Backwards am 29. November 2014 dar. Ja, auch der »Volks-Rock-'n'-Roller« zählt die Beatles zu seinen musikalischen Vorbildern.

Der Versuch von Herbert Lürzer, Paul McCartney für die regelmäßigen Feierlichkeiten nach Obertauern zu bringen, scheiterte: »Ich habe Paul brieflich kontaktiert, aber er hat nie geantwortet. Wahrscheinlich hat er meinen Brief nie erhalten«, erzählt er. 1999 erwarb Lürzer das Hotel Edelweiss und enthüllte höchstpersönlich am 14. März 1999 vor seinem Hotel das Beatles-Monument, die überlebensgroßen »Fab Four« in den *Help!*-Outfits. Die den Beatles gesetzten Denkmäler ziehen laufend neue Touristinnen und Touristen nach Obertauern und in Lürzers Hotel.

In der 50-Jahre-Jubiläumswoche vom 14. bis zum 21. März 2015 wurden weder Kosten noch Mühen gescheut, einige schillernde Persönlichkeiten nach Obertauern einzuladen. Darunter Freda Kelly, Mitarbeiterin von Beatles-Manager Brian Epstein und in den 1960er Jahren Leiterin des englischen Beatles-Fanclubs, die österreichische Sängerin und Beatles-Interpretin Monika Ballwein, die Mitwirkenden des Beatles-Musicals *All You Need Is Love*, The Cavern Beatles und die Magical History Tour mit Ruth und Angie McCartney, Stiefschwester und Stiefmutter von Paul McCartney. Und, last but not least, den legendären Musiker, persönlichen Freund der Beatles sowie Urheber des »Revolver«-Plattencovers, Klaus Voormann.

DER FILM *HELP!*

[S]o recht ein Film für die übermütige Faschingszeit, bei dem man sich keinerlei Erbauung oder Sinnhaftigkeit erwarten darf, sondern eben eine Konfrontation mit einer übermütig auf den Kopf gestellten Wirklichkeit.

»Die Furche« vom 20 Jänner 1966 über den Beatles-Film *Help!*

Ursprünglich sollte der zweite Film der Beatles nach *A Hard Day's Night* ein Western werden. Ein loses Skript gab es bereits: Die vier Pilzköpfe sollten sich um die Tochter eines Viehbarons zanken. Erste Promofotos zeigten die Beatles in Westernkluft hoch zu Ross, aufgenommen während ihrer US-Tournee, als sie sich für einen Tag auf der Pigman Ranch in Alton, Missouri, von den Strapazen der Auftritte erholten. Einen Titel gab es auch schon: »A Talent for Loving«, basierend auf einem Roman von Richard Condon. Doch der Filmproduzent Walter Shenson aus Hollywood, der die Filmprojekte für die Beatles einfädelte, sah den Western, der an der kalifornisch-mexikanischen Grenze in den 1860er Jahren spielen sollte, erst als dritten Film der Beatles vor. Obwohl die Rechte daran bereits gesichert waren, wurde das Projekt also nicht umgesetzt – zumindest nicht bis 1969. Als der Film letztendlich doch noch realisiert wurde, waren die Beatles allerdings längst nicht mehr an Bord. Sie hatten Zweifel an dem Skript, aber auch ihr dichter Terminkalender, Mitte der 1960er Jahre vollgepfropft mit Tourneen, Aufnahmesessions und PR-Terminen, mag daran schuld gewesen sein. Die später auftauchenden Beatles-Film-Ideen »Die drei Musketiere« und »Herr der Ringe« wurden ebenfalls verworfen.

VOM VIEHBARON ZUR INDISCHEN GÖTTIN: DER STOFF FÜR *HELP!*

Der Drehbuchautor Alun Owen hatte für den ersten Beatles-Film *A Hard Day's Night* die Persönlichkeiten der Band und ihren Humor perfekt eingefangen und mit seinem Text auch die Beatles selbst überzeugt. Diese brauchten im Film nur sich selbst zu spielen, wenn auch in überdrehter Weise, was ihnen aber sichtlich nicht schwerfiel. Nicht restlos überzeugt hatte Owen jedoch einen Mann: Brian Epstein. Der Beatles-Manager fand, dass Owen voreingenommen war und den Beatles kritisch gegenüberstand. Das Vertrauen war seit damals daher gestört, und für den Folgefilm verzichtete man auf ein Engagement des erfolgreichen Drehbuchautors. Diese Entscheidung war wiederum in den Augen mancher ein Fehler.

Die Wahl für den zweiten Film fiel nun auf Marc Behm aus New Jersey. Der Amerikaner hatte seinen Text ursprünglich nicht für die Beatles geschrieben, sondern das Script Peter Sellers angeboten. Als der britische Komiker und Filmschauspieler sich jedoch für den Stoff von »What's New, Pussycat?« entschied –, umgesetzt als Filmkomödie von Clive Donner, neben Sellers wirkten Woody Allen und die junge Romy Schneider mit – war die Wahl getroffen: Auf Bitte von Richard Lester wurde Behms Text daraufhin von dem Dramatiker Charles Wood umgeschrieben, um ihn auf die Beatles und die Bedürfnisse des britischen Publikums zuzuschneiden.

In den Antagonisten, die den Beatles im Film nach dem Leben trachten, wurde ein Abbild der außer Kontrolle geratenen Fans gesehen: Eine indische Kultgemeinschaft will ihrer Göttin Kaili ein Menschenopfer darbringen. In dem Moment, als die als Opfer bestimmte Frau getötet werden soll, bemerkt Ahme, die Hohepriesterin des Kultes, dass der Opferring nicht an ihrem Finger steckt. Den trägt inzwischen Ringo, der ihn von der Frau in einem Fanbrief als Geschenk erhalten hat. Entschlossen, den Ring zurückzuholen und den weiblichen Beatles-Fan doch noch zu opfern, reisen der Swami Clang, sein persönlicher Assistent Bhuta, Ahme und mehrere Kultmitglieder nach London, um Ringo nachzustellen und ihm den Ring zu entwenden. Nach fünf gescheiterten Versuchen treten sie den Beatles in einem indischen Restaurant gegenüber. Ringo erfährt, dass er das nächste Opfer wird, wenn er den

Ring nicht bald zurückgibt, realisiert daraufhin aber mit Entsetzen, dass der Ring an seinem Finger feststeckt. Danach entspinnt sich eine wilde Verfolgungsjagd um den halben Erdball – in England, auf den Bahamas und in den österreichischen Alpen. Inzwischen haben sich auch einige verrückte Wissenschaftler der Verfolgung angeschlossen, um mit Hilfe des heiligen Opferringes die Weltherrschaft zu erlangen.

EIGHT ARMS TO HOLD YOU

In den Presseankündigungen, die zu Beginn der Dreharbeiten an Zeitungsredaktionen im In- und Ausland verschickt wurden, stand als vorläufiger Filmtitel »Beatles Two«. Den Drehbuchautoren und Lester schwirrte zwar schon damals der Name »Help« im Kopf herum, die Rechte daran waren jedoch bereits vergeben und der Titel somit geschützt. Auf der Suche nach einem passenden Filmtitel griff die Crew während der Dreharbeiten in Obertauern ein Ringo-Zitat auf. »A Hard Day's Night« als Titel für den ersten Film war ebenfalls aus Ringos spontanen Äußerungen geboren worden, für den zweiten Film bediente man sich wieder seiner Sprachschöpfungen: Am 17. März 1965 wurde das baldige Erscheinen des Beatles-Films mit dem Namen »Eight Arms to Hold You!« verkündet, benannt nach der achtarmigen indischen Statue und Filmrequisite. Vier Beatles, das sind bekanntlich acht Hände.

Echte Begeisterung wollte unter den Beatles für diesen Titel nicht aufkommen, mangels Alternativen blieb er für einige Wochen dennoch in Gebrauch. Als der Beatles-Hammer »Ticket to Ride« in den USA via Capitol Records erschien – der Mono-Mix des Songs war speziell für den US-Markt von dem Toningenieur Norman Smith neu abgemischt worden, während die Beatles in Obertauern drehten –, prangte auf dem Cover noch der Zusatz »From the Movie Eight Arms to Hold You«. Die Anwälte von Walter Shenson hatten schließlich den Einfall, noch ein Rufzeichen hinter das Wort »Help« zu setzen, womit das bestehende Film-Copyright ausgehebelt wurde. Das Filmteam atmete auf – der Filmtitel *Help!* war perfekt.

Im Rückblick schien der Titel noch eine zusätzliche Bedeutung zu bekommen. Ein Gefühl der Hilflosigkeit hatte sich gerade zur Entstehungszeit ihres zweiten Films in die Hochstimmung der Beatles eingeschlichen. Sie fühlten sich von der Beatlemania gezeichnet. Die »Mania« als weltweite Begeisterung machte vor nichts Halt, schon gar nicht vor den Beatles. Das unaufhaltsam gewordene »Überschwappen« von britischen Musikproduktionen in die amerikanischen Charts bezeichneten die US-Medien als »British Invasion«, ein kulturelles Phänomen der 1960er Jahre, das Popmusik und vor allem das Beatgenre betraf. Umgekehrt schwappte auch die Euphorie der Fans unkontrolliert den Bands entgegen. Allmählich wurde den Beatles unheimlich zu Mute. Zum ersten Mal erkannten sie, dass sie schon lange kein normales Leben mehr führen konnten. Paradoxerweise hatten sie gleichzeitig die Sorge, dass Erfolg und Beliebtheit jederzeit schwinden könnten, was ihre Hilflosigkeit noch verstärkte. Vor allem John Lennon wies bis zu seinem Tod immer wieder auf diese schwierige Phase in seinem Leben hin.

Entgegen diesen Sorgen rollte die Beatles-Marketing-Dampfwalze weiter. In Deutschland und Österreich sollte der neue Film in Anlehnung an den deutschen Titel *Yeah-Yeah-Yeah* für *A Hard Day's Night* unter dem ein wenig dümmlich anmutenden Titel *Hi-Hi-Hilfe!* veröffentlicht werden. Den Titelsong des Albums komponierten John und Paul eines Tages im April am Klavier, schon am nächsten Tag mussten sie ihn liefern, und am Abend des 13. April 1965 wurde der Song »Help!« im Studio in seiner fertigen Version eingespielt.

EINE FARBIGE POP-ART FANTASY

Mit der künstlerischen Umsetzung des Streifens 1965 wurde von der Produktionsfirma Walter Shenson Films Ltd. erneut Regisseur Richard Lester beauftragt. Schon einmal hatte er erfolgreich die Geschicke eines Beatles-Films gelenkt und *A Hard Day's Night* 1964 zu weltweitem Erfolg verholfen. Lester war von Charles Wood und dessen Bearbeitung des Stoffs überzeugt. Später würde Wood daher auch noch die Drehbücher zu weiteren Lester-Filmen schreiben, darunter *How I Won the War* mit John Lennon, dessen Schauplatz Almería in Spanien den österreichischen Popstar Der Nino aus Wien viele Jahrzehnte später zu einer außergewöhnlichen Reise inspirierte.

1965 war die Welt bunt geworden. Schwarz-Weiß-Fotos in den Zeitungen und Magazinen verwandelten sich in schillernde, leuchtende Bilderwelten. Viele Teenies blickten erstmals in Ringos strahlend blaue Augen oder starrten fasziniert auf Georges weinrote »Country Gentleman«-Gitarre, ein Erzeugnis des US-Gitarrenherstellers Gretsch mit Mannheimer Wurzeln. Das US-Fernsehen sendete immer häufiger in Farbe. Der Übergang vom Schwarz-Weiß-Film *A Hard Day's Night* zum Farbfilm *Help!* wurde nicht nur dem Trend gerecht, sondern war auch finanziell argumentierbar. Die hervorragenden Einspielergebnisse von *A Hard Day's Night* führten dazu, dass für *Help!* im Vergleich zum Vorgängerfilm das Budget von damals 200.000 Pfund (heute ca. 4 Mio.) auf 470.000 Pfund (heute ca. 9,3 Mio.) erhöht wurde, wodurch sich wiederum das deutlich kostspieligere Farbformat verwirklichen ließ.

Richard Lester wollte mit *Help!* nicht bloß eine Farbfilm-Version der zuvor realisierten fiktiven Dokumentation über die Beatles liefern, als die der erste Film galt. Er entschied sich für eine »Pop-Art Fantasy« mit einer narrativen Handlung, die die Stimmung im damaligen Großbritannien einfangen sollte: Dazu gehörte die von Premierminister Harold Wilson hochgehaltene Vision einer modernen und von technologischem Wandel geprägten Gesellschaft. Die Labour-Regierung propagierte damals die »white-heat, modern society«.

Walter Shenson bezeichnete den Film in einer ersten Ankündigung am 30. Oktober 1964 etwas weniger pompös als »Comedy Thriller«. Obwohl die Geschichte lose an William Wilkie Collins' viktorianischen Roman »The Moonstone« aus 1868 angelehnt ist, war Walter Shenson bereit, auf Wunsch von Richard Lester und den Beatles Handlungselemente aus James-Bond-Filmen einzubauen, die damals erste Popularitätswellen erlebten. Die Jagd auf Ringo und seinen Diamantring, die Verfolgungsjagd durch die Bösewichte Clang und Bhuta in einem Harrods-Laster, von dem aus Reißnägel auf die Straße gestreut werden, und vor allem die zahlreichen in

Österreich gedrehten Skiszenen – das war James-Bond-Stoff pur. Freilich als Parodie und in der Aufmachung des typisch britischen Nachkriegshumors, inspiriert durch den britischen Komiker Spike Milligan und seiner »Goon Show« sowie den daran mitwirkenden Schauspieler Peter Sellers. Milligan und Sellers sollten später starken Einfluss auf die Komikertruppe von Monty Python ausüben, deren Produktionen von George Harrison unter beachtlichem finanziellen Einsatz gefördert wurden. Das musikalische James-Bond-Thema wurde Teil des Film-Soundtracks von *Help!* und erschien via Capitol Records auf der amerikanischen Pressung des Albums »Help!«. Der Film *Help!* teilt mit den frühen Bond-Filmen auch einige sexistische Untertöne, indem Frauen als Lustobjekte und reine »Behübschung« der Filmszenen ins Bild gerückt werden.

Die Beatles ließen mit den in Obertauern gedrehten Verfolgungsszenen im Schnee einen sehnlichen Wunsch des Bond-Autors Ian Fleming wahr werden, dem es aber nicht mehr gegönnt war, dies selbst zu erleben. Die Erfolge der Beatles und den sensationellen Aufstieg bis an die Spitze der englischen Charts und Unterhaltungsindustrie hatte Fleming miterlebt. Die Beatles-Musik faszinierte ihn und ihre Frische und Lebendigkeit erinnerten ihn an seine Jugendjahre in Kitzbühel, als er, so wird behauptet, die Frauenherzen im Sturm eroberte. Seine Tiroler Geliebte Lisl Popper schwärmte damals: »Not like an Englishman at all!« Genau diesen Eindruck hatte Fleming von den Beatles – sie waren so anders, so ganz anders als alles, was bisher da war. Häufig musste er daran denken, dass am 5. Oktober 1962 nicht nur die erste Bond-Verfilmung *James Bond – 007 jagt Dr. No* mit Sean Connery in der Hauptrolle Premiere feierte, sondern die Beatles ihre erste Single »Love Me Do« veröffentlicht hatten. Fleming kaufte sich alle Beatles-Platten und wähnte seine Karriere schicksalhaft mit jener der Beatles verbunden. Als dann 1964 der Bond-Film *Goldfinger* in die Kinos kam, hörte man darin James Bond zu seiner Begleiterin Jill Masterson sagen: »Meine Liebste, einen 53er Dom Pérignon ungekühlt zu trinken, geht gar nicht. Es ist so, als ob man den Beatles ohne Ohrenschützer zuhört.« Erstaunlich zwar, dass ein britischer Exportschlager einen anderen verunglimpft, aber der Werbewirkung auch für die Beatles hat diese Szene keinen Abbruch getan – wohl ganz im Gegenteil. Vielleicht war genau dies beabsichtigt, denn Fleming liebte die Beatles – man könnte sagen, sie waren seine letzte große und unerfüllte Liebe: Nachdem er 1964 verstorben war, schufen die Beatles bekanntlich noch ein ganzes musikalisches Universum.

DIE LANGZEITWIRKUNGEN DER DREHARBEITEN

Ich denke, sie waren die Ersten, die der Jugend des Landes Selbstbewusstsein verliehen und damit den Typus des »angry young man« zum Verschwinden brachten. Die Beatles haben das mit der Klasse einfach ausgehebelt. Sie haben es weggelacht. Sie haben das britische Klassensystem praktisch im Alleingang ausgehebelt, auch wenn sie stärker der Mittelschicht verpflichtet waren, als es sich die meisten Leute eingestehen wollten.

Regisseur Richard Lester formulierte seine Faszination über die Wirkung der Beatles auf die damalige britische Gesellschaft und ihr Klassensystem; von Beginn an hatte er dieses Phänomen staunend beobachtet. Es waren immerhin vier »ungebildete junge Männer aus der Unterschicht«, deren Erfolge von den Briten gefeiert wurden. Nicht immer jedoch: Bei einer Party während der Dreharbeiten in Nassau wurden sie von den dort anwesenden britischen Honoratioren und Vertretern des Establishments – so erinnern sich die Beatles später nicht ohne Bitterkeit – gleichzeitig gönnerhaft und verächtlich behandelt. Sie konnten weder ihre Neugier noch ihren Groll darüber zügeln, dass diese vier derartigen Erfolg hatten.

Am Set mit Eleanor und dem Mann, der die Wolken verschwinden lässt

Gedreht wurde für den Film *Help!* an verschiedenen Outdoor-Locations in London sowie in den Twickenham Studios, am Kreideplateau im südenglischen Salisbury, in Obertauern und auf den Bahamas-Inseln New Providence Island und Paradise Island. Bei allen im Film Mitwirkenden genossen die Beatles ungeteilte Sympathie. Dass die Chemie zwischen Schauspielerinnen, Schauspielern und den Beatles stimmte, sah Regisseur Richard Lester als seine Aufgabe, er kümmerte sich penibel um Qualität und Erfahrung des Cast. Er engagierte den Australier Leo McKern als Bösewicht Clang, Roy Kinnear als tollpatschigen Assistenten Algernon oder John Bluthal als Clangs loyalen Stellvertreter Bhuta. Die Beatles teilten ihre Sets mit Profis und Freunden.

Jahrzehnte nach den Dreharbeiten sollte Paul McCartney noch gelegentlich mit dem Auto allein und ohne Chauffeur von London nach Brighton fahren, wo Victor Spinetti, der in *Help!* den verrückten Wissenschaftler Dr. Foot gespielt hatte, wohnte. Einfach nur, um zu schauen, ob er zu Hause war. Paul wollte mit ihm über alte Zeiten und die Menschen reden, die ihnen nahestanden und nicht mehr unter ihnen weilten: John, Linda, George und andere. Spinetti, der als früheres Mitglied der Royal Shakespeare Company auch Preise am Broadway einheimste, hatte Rollen in Filmen mit Elizabeth Taylor, Richard Burton, Faye Dunaway und sonstigen Größen. Seine Arbeit mit den Beatles füllt Bände, darunter sein Engagement für drei Filme mit der Band. Die Verbindung mit den Beatles ging so weit, dass er 1969 eine Bühnenversion von John Lennons Buch »In His Own Write« verwirklichte.

Spinetti schaffte es, die Menschen zum Lachen zu bringen. Paul nannte ihn bei einem Wiedersehen in Brighton »den Mann, der die Wolken verschwinden lässt«. Und Spinetti erinnerte sich in diesem Moment an jenen Tag im Jahr 1963 zurück, als John Lennon und George Harrison ihn nach seinem Bühnenauftritt in »Oh! What a Lovely War« nach der Vorführung in der Umkleidekabine besuchten, um zu fragen, ob er in ihrem ersten Spielfilm mitmachen wolle. George damals: »Meine Mutter will sich unseren Film erst gar nicht anschauen, wenn Sie nicht mitmachen!« Damals hatte sich Victor Spinetti nach eigenem Bekunden in die Beatles verliebt.

Auch Eleanor Bron, in der Rolle der Ahme das »Bond-Girl« in *Help!*, blieb den Beatles nach den Dreharbeiten eng verbunden. Sie besuchte sie schon im August 1965 in Los Angeles, während ihrer US-Tournee. Im Jahr darauf veröffentlichten die Beatles den Song »Eleanor Rigby«. Paul McCartney, der Titel und Text dazu entwickelte, dachte dabei an Eleanor Bron und machte sie mit diesem Song ein Stück weit unsterblich.

Der Swami in orangen Roben
Ein scheinbar unbedeutendes Ereignis während der Dreharbeiten auf den Bahamas sollte vor allem für George Harrison folgenreich werden. Eines Tages näherte sich ihnen ein Swami in orangen Roben und gab jedem der Beatles ein persönlich signiertes Exemplar seines Buchs »The Complete Illustrated Book of Yoga«. Wie sich herausstellte, handelte es sich um Swami Vishnu Devananda, den Begründer des Sivananda Yoga. Die Beatles maßen diesem Ereignis damals keine besondere Bedeutung bei. Dennoch begründete sich in diesem Moment eine lebenslange Faszination George Harrisons für die indische Spiritualität und Philosophie.

Am 5. April 1965, als in den Londoner Twickenheim Studios die *Help!*-Sequenz im indischen Restaurant Rajahama aufgenommen wurde, bemerkte George im Hintergrund einige indische Musiker mit ihren traditionellen indischen Instrumenten. Er ging auf sie zu, setzte sich zu ihnen, und sie legten ihm den unförmigen Holzkörper mit langem Hals, »Sitar« genannt, in die Hand. Der merkwürdige Klang brachte etwas in ihm zum Schwingen, er wusste nur nicht, was. Als er danach öfter den Namen von Ravi Shankar aufschnappte und letztlich ein Treffen mit dem weltberühmten indischen Sitar-Virtuosen und Komponisten organisiert wurde, war es endgültig um ihn geschehen.

In England drehten die Beatles gegen Ende der Filmarbeiten auch noch Szenen in der »Sam Ahab School of Transcendental Elocution«, die aber letztlich im Film nicht verwendet wurden. »Sam Ahab« ist »Bahamas« verkehrt gelesen und »Transcendental Elocution« scheint ein früher Fingerzeig in Richtung der Transzendentalen Meditation und ihres Gurus Maharishi Mahesh Yogi gewesen zu sein, der ihnen erst zwei Jahre später über den Weg laufen würde. Mit seiner Hilfe wollten sie die Beatlemania endgültig abschütteln und ihren Geist in einen »ausgeglichenen Zustand der stillen Wachsamkeit im Einklang mit den Naturgesetzen bringen«.

Dass die Entscheidung für die Bahamas als eine der Dreh-Locations gefallen war, hatte übrigens sehr pragmatische Gründe. Auch wenn sich die Beatles nach Sommer, Sonne und Strand sehnten, ging es vor allem deshalb in den erst seit 1973 von Großbritannien unabhängigen Inselstaat, weil damit die Steuerlast geringer gehalten werden konnte. Auf Empfehlung des Finanzberaters der Beatles und persönlichen Freundes von Brian Epstein, Dr. Walter Strach, wurde auf der mittelamerikanischen Insel eigens die Filmproduktionsfirma Cavalcade Productions gegründet. Strach hatte die Beatles zuvor auch beim Erwerb ihrer privaten Domizile unterstützt. Die finanzielle Rechnung ging auf, nicht jedoch die meteorologische. Es war kalt auf den Bahamas und die Beatles froren in ihren kurzen Leibchen und Shorts, die sie laut Drehbuch während der Filmszenen zu tragen hatten.

John, Paul, George und Ringo hatten an den verschiedenen Drehorten insgesamt nicht einmal 20 Tage am Set zur Verfügung. Die letzte Film-Klappe für *Help!* fiel am 14. April 1965 in den englischen Twickenham Studios und bereits am 29. Juli fand in Anwesenheit von Prinzessin Margaret und Lord Snowdon im London Pavilion am Piccadilly Circus die vielumjubelte *Help!*-Premiere statt. In Deutschland feierte der Film *Hi, Hi, Hilfe!* um einiges verzögert, am 16. Dezember 1965, Premiere, und in Österreich startete der Streifen sogar erst am 7. Jänner 1966 mit einer Vorführung im Wiener Kosmos Kino.

»90 MINUTES OF GOOD, CLEAN INSANITY«

Die neuen Songs im Film sowie die Filmmusik-Versionen von »A Hard Day's Night«, »I'm Happy Just to Dance With You« sowie »You Can't Do That« lockten die Fans in Scharen in die Kinos.

International war der Film *Help!* an den Kinokassen ähnlich erfolgreich wie *A Hard Day's Night*. Der Filmkritiker der »New York Times«, Bosley Crowther, beschrieb *Help!* als »90 crowded minutes of good, clean insanity«. Für Charles Brinkman, damals DJ der Top-40-Radiostation KQV-AM in Pittsburgh, war die Kinopremiere in dem hoffnungslos überfüllten Theatersaal eine Wiederholung jener Szenen, die sich anlässlich des Beatles-Konzerts im September 1964 in der Großstadt im Südwesten des US-Bundesstaates Pennsylvania ereignet hatten.

In der Filmkritik von Ernst Niessner in der »Furche« vom 20. Jänner 1966 hieß es indes weit weniger euphorisch:

Die zuweilen unbegreiflich erscheinenden Showerfolge der vier »Pilzköpfe« aus Liverpool setzen sich nunmehr auch im Film immer stärker durch. Der zweite Streifen »Hi-Hi-Hilfe!« der vier übermütigen Sänger macht sich über alles und alle lustig und erhebt den Unsinn geradezu zum »sinnvollen« Prinzip. Ein Feuerwerk von Einfällen wird pausenlos abgebrannt, und die vier langhaarigen Sänger erweisen sich einmal mehr als natürliche Spaßvögel, die alles zu persiflieren entschlossen sind, auch sich selbst. Die Story, gleichsam nur der Aufhänger für eine Kette von Gags, die von keinerlei Logik belastet sind, handelt von einer orientalischen Sekte, die einen der Beatles des Besitzes eines mysteriösen Ringes wegen, den er nicht vom Finger herunterbringt, um die halbe Welt verfolgt, unter anderem auch mitten durch unsere winterliche Alpenlandschaft. Jede nur kleinste Möglichkeit zu Unfug und Unsinn wird ausgenutzt. Demnach so recht ein Film für die übermütige Faschingszeit, bei dem man sich keinerlei Erbauung oder Sinnhaftigkeit erwarten darf, sondern eben eine Konfrontation mit einer übermütig auf den Kopf gestellten Wirklichkeit.

»Lärmiger, farbiger Cocktail aus Beatmusik und zahlreichen, meist originellen Einfällen«, urteilte 1965 in Deutschland der »Evangelische Filmbeobachter«.

Bereits einen Tag nach der Premiere in Österreich, am 8. Jänner 1966, titelte der »Kurier«: »Blödelei zum lustigen Prinzip erhoben«:

Das eigentliche Verdienst der Beatles-Filmer besteht darin, dass sie das schauspielerische Talent der vier fidelen Sänger entdeckt haben. Im Vergleich zur Gequältheit deutscher Schlagerstars, die vor der Kamera nicht wissen, was sie mit Armen und Beinen anfangen sollen, wirken Gelassenheit und Selbstverständlichkeit der vier aus Liverpool geradezu als Ereignis. Sie sind Spaßvögel aus natürlicher Veranlagung.

Auch wenn der Tenor der Rezensionen zum Zeitpunkt seines Erscheinens eher gedämpft war, stieg die Wertschätzung für den Film *Help!* mit den Jahren deutlich an. Vor allem für einige der von Richard Lester gewählten Innovationen und technischen Stilmittel. So wurden im Film Zwischentitel verwendet, die den verspielten Charakter des Films verstärken. Bewundert wurde vor allem die bahnbrechende Montage der Sequenz zu »Ticket to Ride«, die erstmals in einer Produktion nach dem Rhythmus der Musik

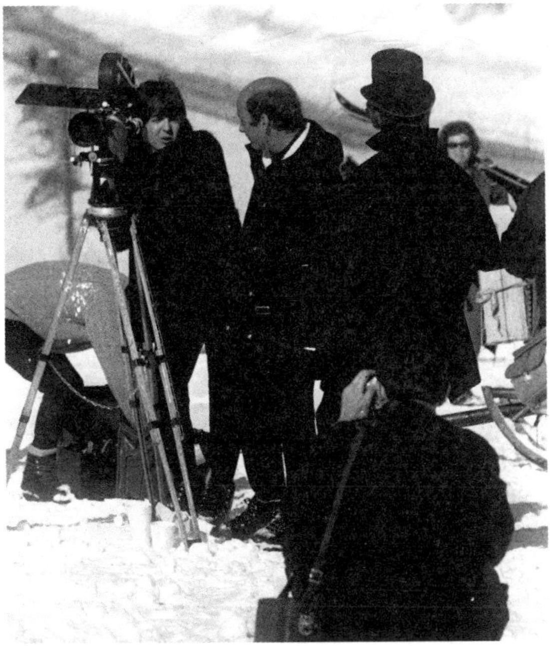

Paul, Richard Lester und George am Set in Obertauern

geschnitten wurde. Das ging so weit, dass MTV Richard Lester 1984 mit einem speziellen Preis »als Erfinder des Musikvideos« ehrte. Die Bilder von Obertauern gingen damals noch einmal in die ganze Welt.

Anerkannt wurde später auch der Einfluss der oft sinnfrei erscheinenden Gags auf nachfolgende Comedy-Generationen. Nachhaltig inspirierte der Humor der »Fab Four« zum Beispiel *Monty Python's Flying Circus*. *Help!* gilt vielen auch als unmittelbarer Vorläufer der Batman-TV-Filme oder der US-amerikanischen Sitcom aus den 1960ern *The Monkees*, in deren Mittelpunkt die gleichnamige Beat-Pop-Band steht. Einen weiteren Meilenstein in dem Genre setzte die Beatles-basierte Mockumentary *The Rutles*, umgesetzt von einigen Mitgliedern von Monty Python sowie dem Musiker Neil Innes.

Kultregisseur Martin Scorsese ist davon überzeugt, dass Musikfilme vor jenen der Beatles Kommerzialisierungen waren, die der Musik überhaupt nicht gerecht wurden oder diese sogar verfälschten. *A Hard Day's Night* sei der erste Film gewesen, der mit Formen und Strukturen brach und gleichzeitig ein echtes Rock-'n'-Roll-Herz an den Tag legte. *Help!* gehe noch darüber hinaus – etwa mit der gedämpften Farbe, die weit weg war von der psychedelischen Farbpalette, die man eigentlich erwarten konnte. Dazu sei die Ausdruckslosigkeit in den Gesichtern der Schauspielerinnen und Schauspieler, typisch für die Komödie, geradezu perfektioniert worden, so der vielfach ausgezeichnete Oscargewinner.

John Lennon hingegen war mit dem Ergebnis des Films *Help!* nicht übermäßig zufrieden, auch wenn er sich freute, dass viele Menschen den Kinostreifen liebten. Für ihn wirke der Film manchmal gekünstelt, wodurch er den Beatles nicht gerecht werde, meinte er. Doch Lennon sah zu diesem Zeitpunkt viel ungenutztes Potenzial für die Beatles in den Filmen: »Auch bei der Musik haben wir drei oder vier LPs gebraucht, bis wir unseren ganz speziellen Sound gefunden und geformt haben. Aber dennoch liebe ich die Musik und das Spielen vor Live-Publikum wesentlich mehr. Die Filmproduktion geht mir zu langsam. Wir haben auch schon gesagt, wenn wir für *Help!* einen Oscar gewinnen, senden wir ihn alle zurück!« In einem seiner letzten großen Interviews, 1980 im »Playboy« mit dem Autor David Sheff, hatte sich Lennon mit dem Film ausgesöhnt: »Jetzt im Rückblick erkenne ich, wie modern der Film eigentlich war.«

DIE AUFNAHMEN ZU »HELP!« – EIN ALBUM ALS WENDEPUNKT

Während der Dreharbeiten zu *Help!* in Obertauern ging Paul McCartney in der ersten Woche fast jeden Nachmittag ins Hotel Marietta und setzte sich ans hoteleigene Klavier. Der Beatle spielte ein paar Takte, meistens die gleichen, bei denen er sichtlich mit dem Text und ein wenig auch noch mit der Melodieführung rang. Die Melodie klang wehmütig und nach einem Hauch von Jazz, genau wie die Songs, die sein Vater Jim ihm schon als Bub vorgespielt hatte und die er so liebte.

John schien davon nicht allzu begeistert zu sein. Genauso wie Richard Lester war er genervt, dass Paul bereits in London und dann auf den Bahamas und jetzt auch noch in Obertauern bei jeder

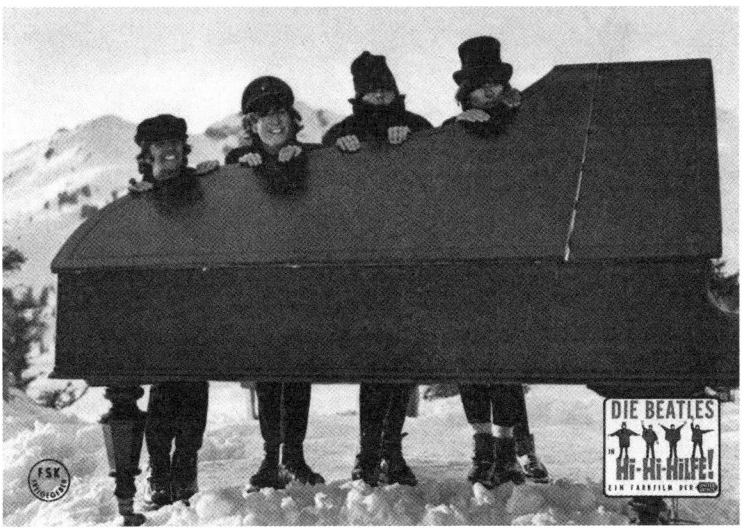

Das Klavier aus dem Hotel Marietta

Gelegenheit diese namenlose Melodie anspielte. Sogar dann, wenn sie an anderen Songs arbeiteten. Die Melodie schien zwar schon fortgeschritten zu sein, nicht jedoch der Text. Paul nannte das werdende Lied im Beisein von John dann irgendwann »Scrambled Eggs« und sang dabei »Scrambled eggs, oh, my baby, how I love your legs – diddle diddle – I believe in scrambled eggs«, worüber er sich köstlich amüsieren konnte. Paul hatte schon damals das Gefühl – und John gab ihm darin recht –, dass sie für das Lied einen Titel suchen mussten, der aus nur einem Wort besteht.

DER RITTERSCHLAG DES PAUL McCARTNEY

Ein Abend aus jenen Märztagen 1965, der für das kommende Songwriting der Beatles und Paul McCartneys Selbstverständnis als Komponist ausschlaggebend wurde, blieb für diesen unvergesslich. Ein anstrengender Drehtag auf der Skipiste war zu Ende, als etwas passierte, das Paul nicht erwartet hätte. Er erzählt heute noch von diesem Moment, der ihm mehr bedeutet als die ungezählten Auszeichnungen und Ehrungen, die er im Laufe seines Lebens auf der ganzen Welt erhalten sollte. Es war ein Ritterschlag, an den nicht einmal jener zum »Knight Bachelor« durch die englische Königin Elizabeth II. am 11. März 1997 heranreichte. Und wenn Paul McCartney eines Tages sogar noch in den Stand eines »Lord« erhoben werden sollte und in die zweite Kammer des britischen Parlaments einziehen sollte, was anlässlich seines 80. Geburtstags 2022 bereits ernsthaft erwogen wurde, dann würde er selbst diese Ehre nicht als ganz so bewegend empfinden, wie jene Begebenheit im März 1965 in einem einfachen Hotelzimmer eines abgeschiedenen Salzburger Wintersportorts.

An jenem Tag gegen Mittag erhielt der Empfangschef des Hotel Edelweiss ein an die Beatles adressiertes Paket aus London, auf dem als Absender die EMI Studios, 3 Abbey Rd., London NW8 9AY, Vereinigtes Königreich angegeben war. Die Beatles drehten gerade auf der Piste, weshalb er das Paket an die Frauen der Beatles aushändigte, die sich in der Hotel-Lobby aufhielten. Sie ahnten bereits, dass darin etwas Bedeutendes enthalten sein könnte. Tatsächlich handelte es sich um etwas, das die Band in Aufregung versetzen würde: die ersehnten Demoaufnahmen mit ihren gerade erst im Februar 1965 im Studio eingespielten Songs. Auf Bitte von Cynthia organisierte Hoteldirektor Uwe Kohl einen Plattenspieler zum Abhören der Musterpressungen, den er zusammen mit diesen in das Zimmer von Paul bringen ließ, der an diesem Abend als Erster von den Dreharbeiten ins Hotel zurückkehren sollte.

Auf die Frage, ob John Lennon seine Songs und seine kompositorischen Fähigkeiten gewürdigt hätte, meinte Paul in Interviews stets, dass er sich an so etwas wie ein Lob von John praktisch nicht erinnern könne, nur eine Ausnahme hätte es gegeben: Paul kam an diesem Tag zurück ins Edelweiss, stieg aus seinen schweren Skischuhen, die sich für ihn an diesem Abend merkwürdigerweise irgendwie gut anfühlten, und stieg die Treppe zu seinem Zimmer im fünften Stock hoch. Ein Stapel Platten – die Labels waren mit der Hand beschriftet und nur schwer lesbar – wartete dort auf ihn. Paul erkannte sofort, dass es sich um die versprochenen Platten der Februar-Sessions in den EMI Studios handelte. Auf einer Seite eines beigefügten Infoblattes standen der Titel»Here There And Everywhere« und zwei weitere Songs von Paul sowie drei Songs von John. Paul verspürte ein Kribbeln im Bauch und setzte den Plattenspieler in Gang. Was er hörte, versetzte ihn in ein derartiges Hochgefühl, dass er in Johns Zimmer stürmte und ihn bat, zu ihm rüberzukommen, um ihm die Demos vorzuspielen. Und dann, nachdem sie die Seite zu Ende gehört hatten, meinte John bloß: »Na ja, wahrscheinlich mag ich deine Songs lieber als meine.« Und das war's – nie wieder sollte John die Songs von Paul in dieser Weise loben oder ähnlich kommentieren. Und für Paul war in diesem Moment klar, dass John dies nur deshalb sagen konnte, weil sie in dieser Situation allein waren und niemand anderer zuhörte, auch nicht George oder Ringo. Bei Paul hielt das Hochgefühl an. Er bewunderte John – alle bewunderten John. Aber für Paul war er jener Mensch, den er am allermeisten bewunderte. John war älter und er war der Leader. Er hatte den schärfsten Verstand und konnte unglaublich smart sein. Jedes Lob von John war daher das größte Lob, das man bekommen konnte, auch wenn es nur ein klitzekleines war. Und Lob war bei John höchstens so etwas wie einzelne Brotkrumen, die er einem hin und wieder zuwarf – etwa für das Piano-Lick, das Paul auf »Come

Together« spielte und das John gut gefiel. Noch ahnte John freilich in jenen Märztagen in Österreich nicht, dass ein anderer Song von Paul in Kürze Musikgeschichte schreiben und ihn, den Leader der Band, beinahe in den Schatten stellen würde.

YESTERDAY – DAS KOMPLETTESTE STÜCK MUSIK

Eines Nachts, in der Zeit, als die Beatlemania ihren Höhepunkt hatte, hatte Paul in der Wimpole Street, im zentral gelegenen Londoner Stadtteil Marylebone, wo er in der großzügigen Wohnung der Eltern seiner Freundin Jane Asher ein Mansardenzimmer bezogen hatte, die Melodie des Songs geträumt und am nächsten Tag daraus gleich ein kleines musikalisches Arrangement auf dem Klavier in seinem Zimmer gemacht. Zunächst war er sich sicher, dass es den Song bereits gab und er ihn unbewusst im Traum übernommen hatte. Er spielte ihn immer wieder seiner Freundin Jane und ihrem Bruder Peter vor, bald auch seinen Bandkollegen sowie Alma Cogan, der vor allem in den 1950er Jahren erfolgreichen britischen Sängerin und Freundin, deren Repertoire im Swing-, Musical-, Jazz- und Easy-Listening-Bereich lag. Kannten sie die Melodie bereits? Fehlalarm. Sie alle hörten diese hübsche Melodie zum ersten Mal. »Yesterday«, so der später fixierte endgültige Titel, war einzig und allein im Kopf von Paul entstanden. Ein Geschenk an die Welt und ein Song für die Ewigkeit.

Die Wimpole Street erwies sich somit einmal mehr als fruchtbarer Boden für herausragende Musik. Nur einige Häuser weiter, im Haus Nummer 35, wurde am 10. Juli 1871 die von Johannes Brahms bearbeitete Fassung von »Ein deutsches Requiem« als »Londoner Version« uraufgeführt, als Privatkonzert im Haus des berühmten Chirurgen Henry Thompson und seiner Frau, der Pianistin und Komponistin Kate Loder. An dem Abend spielte sie das Stück, vierhändig gemeinsam mit dem Beethoven-Schüler und früheren Leiter der »Royal Academy of Music«, Cipriani Potter. Vielleicht meinte George Harrison deshalb einmal scherzhaft zu Paul, »wenn du über ›Yesterday‹ sprichst, hat man das Gefühl, du glaubst, du seist Beethoven«. Doch Paul ließ sich nicht beirren, er hält es bis heute für das »kompletteste Stück Musik«, das er je geschrieben hat.

Endgültig fertiggestellt hat Paul den Text von »Yesterday« erst nach Abschluss der Dreharbeiten zu *Help!*, im Urlaub mit Jane Asher in Albufeira in Portugal, in einem Haus von Bruce Welch, Gitarrist der Shadows. Eingespielt wurde der Song dann in nur zwei Takes in den EMI Studios, am 14. und 17. Juni 1965. Der Sänger Chris Farlowe, dem die Beatles ihren Song angeboten hatten, hatte abgelehnt.

Bei einer Hörerumfrage der BBC wurde das Stück 1999 zum besten Song des Jahrhunderts gewählt. Ein Jahr später kürten ihn MTV und das »Rolling Stone Magazine« zum besten Popsong aller Zeiten. Je nach Quelle gibt es davon 2.000 bis 3.000 Coverversionen. Auch Chris Farlowe hatte 1966 dann doch noch seine Version von »Yesterday« aufgenommen und veröffentlicht. Und das, obwohl der Song bei vielen gleichaltrigen Hörerinnen und Hörern in England zum Zeitpunkt seiner Entstehung auf wenig Begeisterung stieß, er wurde als zu »weich« empfunden. Sogar die drei anderen Beatles sprachen sich gegen eine Veröffentlichung von »Yesterday« als eigene Single aus, da diese ruhige und mit einem Streichquartett arrangierte Aufnahme, auf der John, George und Ringo nichts mehr beitragen konnten und erst gar nicht mitspielten, dem Rock-'n'-Roll-Image der Beatles abträglich wäre. Zumindest bei Capitol Records in den USA waren sie mit ihrer Intervention nicht erfolgreich. »Yesterday« schnellte auf Platz 1 der amerikanischen Billboard-Charts und hielt ihn vier Wochen lang. Da es Pauls Song war, schlug George Martin vor, ihn als Soloaufnahme von Paul unter seinem Namen zu veröffentlichen. Brian Epstein hatte eine klare Meinung dazu: »Das kommt nicht in Frage. Nie und nimmer werden wir die Beatles trennen.« Der Song wurde, wie auch alle anderen gemeinsamen Songs von John und Paul, als »Lennon-McCartney«-Komposition ausgewiesen.

Wie bei John hatte sich auch bei Paul der frühe Tod seiner Mutter tief in die Seele eingegraben und äußerte sich nun in jenen Monaten des Jahres 1965, als die Songs des Albums »Help!« entstanden. Mary Patricia McCartney stammte aus einer irischen katholischen Familie und war leidenschaftliche Krankenschwester und Hebamme. Ihren künftigen Ehemann Jim, den Vater von Paul, hatte sie im Zuge ihres Einsatzes für die Opfer eines deutschen Fliegerangriffs auf Liverpool im Jahr 1940 kennengelernt. Zwischen 1940 und 1942 war Liverpool Ziel von fast 70 solcher Angriffe, bei denen insgesamt mehr als

4.500 Menschen getötet oder verletzt wurden und über 10.000 Häuser zerstört wurden. Sie starb 1956 an Krebs, im Alter von nur 47 Jahren. Paul war damals 14 Jahre alt. Erst 2024 lüftete er das Geheimnis um eine berühmte Zeile im Song »Yesterday«. Für den Podcast »A Life in Lyrics« ließ sich McCartney gemeinsam mit dem nordirischen Dichter Paul Muldoon noch einmal ausführlich auf dessen Entstehungsgeschichte ein:

»Manchmal kann man Dinge nur im Rückblick erkennen«, so McCartney. »Ich erinnere mich sehr genau an diesen Tag, an dem ich mich sehr geschämt habe, weil ich meine Mutter blamiert hatte. Wir waren im Hof und sie hat ›posh‹ gesprochen«, erinnerte sich McCartney. »Posh« bezieht sich auf einen vornehmen Soziolekt des britischen Englisch, die Sprache der Upperclass. Paul McCartney erklärte: »Sie hatte irische Wurzeln und war Krankenschwester, sie hat also nicht gesprochen wie von der Straße. Das hat also gepasst, wenn wir die Art, wie sie sprach, für vornehm hielten. Ein bisschen walisisch war sie auch – ihre Tante Dilys kam aus Wales.« An jenem Tag habe er seine Mutter für ihren zu hochsprachlichen, beinahe hochnäsig klingenden Akzent verspottet. »Es heißt nicht ›arsk‹, sondern ›ask‹, Mum!«, habe er gesagt. Es sei ihr peinlich gewesen, und später habe er gedacht: »Gott, ich wünschte, ich hätte das nicht gesagt.« Das Schuldgefühl sei geblieben, bis er es in »Yesterday« in die bekannten Zeilen gegossen habe: »I said something wrong, now I long for yesterday«.

DER KUSS DES TODES – DIE KOMPOSITION DES TITELSONGS

Der 24. April 2024 brachte eine überraschende Meldung, die unter Beatles-Fans die Runde machte: Eine Gitarre, die einst von John Lennon gespielt wurde und lange als verschollen galt, sei in Großbritannien auf einem Dachboden wiederentdeckt worden. Das zwölfsaitige Instrument vom Typ Hootenanny des deutschen Herstellers Framus ist auf etlichen Bildern von Studiosessions für das Album »Help!« zu sehen, dazu zählen der Titelsong »Help!«, aber auch »You've Got to Hide Your Love Away« und »It's Only Love«. Auch im Film *Help!* kam die Gitarre bereits vor. Sie sollte Ende Mai 2024 im Auktionshaus Julien's Auctions in New York unter den Hammer kommen. Der Schätzpreis lag zwischen 600.000 und 800.000 US-Dollar. »Dieses außergewöhnliche Instrument zu finden, ist wie einen Rembrandt oder Picasso zu entdecken«, schwärmte Julien's-Auctions-Geschäftsführer Darren Julien. Die Gitarre musste auf Umwegen auf den Dachboden im südlichen England gelangt sein, wo sie den Angaben zufolge mehr als 50 Jahre geschlummert hatte. 1965 hatte John Lennon sie dem Musiker Gordon Waller geschenkt, dieser sie an seinen Manager weitergereicht. Und dessen Erben fanden sie nun auf dem Dachboden seines Hauses. Das Auktionshaus entschied sich dazu, die Gitarre aufwendig restaurieren zu lassen, damit sie nach Versteigerung von einem neuen Besitzer auch gespielt werden konnte. Die Gitarre ging Ende Mai für 2,9 Millionen Dollar an den anonym bleibenden Bestbieter, der via Telefon zugeschaltet war. Auktionsrekord.

Paul erinnert sich nicht nur sehr gut an die Gitarre, sondern auch an jenen Tag im April 1965, als er zu John in dessen Haus nach Weybridge in der Grafschaft Surrey, ca. 30 Kilometer von London entfernt, fuhr. Nachdem kurz davor der endgültige Filmtitel *Help!* fixiert worden war, schrieben sie in Johns Musikzimmer nun den Titelsong dazu. Eine erste Skizze hatte John schon entworfen, Paul fügte ihr ein paar kleinere Gegenmelodien hinzu und in der zweiten Strophe eine fallende Melodielinie. Bei dem Treffen an diesem Apriltag ging alles Weitere bis zur Fertigstellung ganz schnell. Als John und Paul dann hinunter ins Erdgeschoß stiegen und sich zu Cynthia und der mit ihr befreundeten Journalistin Maureen Cleave vom »Evening Standard« gesellten, war ihnen der Stolz anzusehen.

Erst später ist John bewusstgeworden, dass »Help!« auch ein Aufschrei war und von ihm selbst handelte, in einer poetischen Form. Er fühlte sich zunehmend eingeengt in seinem Leben als Beatle und auch in seiner Ehe mit Cynthia. »Cynthia wollte ihn sesshaft machen«, so Paul McCartney später. »In dem Moment, als sie mir das sagte, wusste ich: Das ist der Kuss des Todes. Ich kannte meinen Freund. Das war das Letzte, was er wollte.« John ging hart mit sich ins Gericht, wenn er an diese Zeit zurückdachte. »Ich war fett, unsicher und wirkte verloren. Grundsätzlich bin ich ja ein positiver Mensch, aber ich durchlebe manchmal depressive Phasen, wo ich am liebsten aus dem Fenster springen würde. ›Help!‹ war authentisch und es gab mir paradoxerweise sogar wieder Selbstsicherheit zurück, indem ich das erkannte«. Paul wies darauf hin, dass John seine Emotionen vor allem in die Stelle »When I was younger, so much younger than today« verpackte. Er sehnte sich zurück nach seiner Kindheit und möglicherweise auch nach den unbeschwerten Tagen im Cavern Club und in Hamburg, als die Beatles noch eine kleine und weitgehend unbekannte Rock-'n'-Roll-Coverband waren. Im Rückblick, so McCartney einmal, sei Johns ganzes Leben ein Hilferuf gewesen. Er hatte stets fürchterliche Angst, dass Menschen, die ihm nahestanden, etwas zustieß. Sein Vater hatte die junge Familie verlassen, als John drei Jahre alt war, später starb sein Onkel, bei dem er aufwuchs, und schließlich auch noch seine leibliche Mutter.

»Help!« gehört zu jenen wenigen Beatles-Songs, an denen John nie etwas auszusetzen hatte, vor allem, weil er darin erstmals sein Innerstes nach außen zu kehren imstande war. Er mochte daher den Song, nicht jedoch so sehr die Art und Weise, wie der Song aufgenommen wurde. Auch wenn Georges Leadgitarre, Ringos donnernde Tom-Toms und die umgedrehten Call-and-Response-Vocals überzeugten, hielt John den Song für zu schnell aufgenommen, wodurch der wahre Charakter des Songs verfälscht worden sei. Er selbst hatte ihn als Midtempo-Ballade angelegt und beim Komponieren auf seiner akustischen Gitarre wesentlich langsamer geplant. Es dürfte George Martin gewesen sein, der auf ein höheres Tempo gedrängt hatte, vermutlich um den Song massentauglicher und kommerzieller zu machen. Die langsame Interpretation von Tina Turner, aufgenommen im Jahr nach der Ermordung von John Lennon im Studio 55 in Los Angeles und erst 1984 veröffentlicht, hätte John vermutlich gefallen. Es existieren private Lennon-Aufnahmen aus der Zeit der Trennung der Beatles im Jahr 1970, auf denen er den Song am Klavier deutlich langsamer intoniert als mit den Beatles. Er hatte wohl auch im Sinn, den Song nochmals neu aufzunehmen – so wie er das in seinen späteren Jahren für viele andere Beatles-Songs angekündigt hatte. Doch man kann es drehen und wenden, wie man will: Der Erfolg gibt dem Song und auch der Aufnahme recht. Bereits 48 Stunden nach seiner Veröffentlichung am 23. Juli 1965 landete die Single »Help!« auf Nummer 1 der britischen Charts – mit 360.000 Vorbestellungen.

DIE NEUEN EINFLÜSSE

Der Großteil der Songs des Albums »Help!« wurde bereits vor Beginn der Dreharbeiten zum gleichnamigen Film aufgenommen. Die neuen Songs auf dem »Help!«-Album, die damals erstmals zur Veröffentlichung gelangten, hatten es in sich und erweiterten das musikalische Vokabular der Beatles nochmals deutlich. Sie hatten sich vom fröhlichen Power-Pop ihrer ersten vier Alben weitgehend verabschiedet und waren nun offen für neue Einflüsse.

Einige Songs des Albums »Help!«, wie »The Night Before«, »Ticket to Ride« und »I Need You«, fanden ihren Weg in den Film-Soundtrack. Während der Album-Aufnahmen für »Help!« geschah es zum letzten Mal, dass die Beatles für eines ihrer Alben Lieder aufnahmen, die nicht von ihnen stammten: »Dizzy Miss Lizzy« von Larry Williams und »Act Naturally« von Johnny Russell. Ursprünglich sollte Ringo auf dem Album den Lennon/McCartney Song »If You've Got Trouble« singen. Weder musikalische Qualität noch Text des Songs jedoch überzeugten die Beatles, weshalb sich Ringo letztlich für »Act Naturally« entschied. Wenn den Beatles etwas nicht gut genug schien, hatten sie kein Problem damit, den Versuch als solchen zu betrachten und wieder zu verwerfen. Die Aufnahme zu »That Means a Lot«, der Song basiert überwiegend auf musikalischen Ideen von Paul McCartney, ist ein Beispiel dafür, sie wurde als zu wenig inspiriert empfunden und verschwand im Archiv. Später gaben sie das Lied an P. J. Proby weiter, den sie während der Aufnahmen zum Fernsehspecial »Around the Beatles« kennengelernt hatten. Seine Stimme erinnerte an Elvis Presley, ganz anders hingegen sein Outfit: Die zu einem Zopf gebundenen, schulterlangen Haare und die hautengen Samthosen, die Proby trug, verstörten und provozierten. Nachdem ihm einmal bei einem Bühnenauftritt die Hose im Schritt aufgeplatzt war, inszenierte er diese Szene bei seinen Auftritten wieder und wieder und wurde daraufhin in Großbritannien aus Auftrittshallen und TV-Sendungen verbannt. »That Means A Lot« in der Version von P. J. Proby erreichte nur den wenig glorreichen 30. Platz der britischen Charts. Doch nichts, was aus der Feder und den Saiten der Beatles stammt, verschwindet für immer. Die beiden damals ausgeschiedenen Songs wurden 31 Jahre später auf dem »Anthology 2«-Album veröffentlicht.

DIE BEATLES TREFFEN BOB DYLAN

Im Sommer des Jahres zuvor, am 28. August 1964, waren die Beatles nach ihren beiden Konzerten im Forest Hills Tennis Stadium in New York City, im Delmonico Hotel, an der Park Avenue, Ecke 59. Straße, eingetroffen, um sich zunächst bei ein paar Gläsern Scotch und Cola von den Strapazen der Bühnenshow zu erholen. Gemeinsam mit ihren engsten Vertrauten Brian Epstein, Neil Aspinall und Peter Brown wollten sie in ihrer Suite ein Abendessen zu sich nehmen. Der Eingangsbereich des Hotels glich einer Festung, die von kreischenden Fans belagert wurde. Am Empfang des Hotels wurden in den zwei Tagen, während derer die Beatles im Hotel wohnten, knapp 200.000 Anrufe registriert. In der Lobby patrouillierten bewaffnete Polizeikräfte. Sie waren angewiesen, niemanden in den sechsten Stock zu den Suiten der Beatles durchzulassen, außer jene, die ausdrücklich angemeldet waren. Beim Gästeempfang nebenan stand der Pressesprecher der Beatles, Derek Taylor, den zahlreichen Medienleuten und Fotografen Rede und Antwort. Auch einige Prominente aus dem Showbusiness hatten sich unter die Gruppe gemischt. Peter, Paul and Mary, das Kingston Trio oder der New Yorker Radio-DJ Murray the K, der die Beatles in seinen Radioshows rauf und runter spielte und damit nicht unwesentlich zu ihrem Durchbruch in den Vereinigten Staaten beitrug – er selbst bezeichnete sich gerne als der »Fünfte Beatle«. Sie alle wollten die Beatles sehen und mit ihnen Party machen. Doch die Beatles warteten auf jemand anderen – ihren besonderen Gast. Der umtriebige Musikjournalist und Publizist Al Aronowitz, der im Jahr 1959 für die »New York Post« eine vielbeachtete zwölfteilige

Serie zur Beatmusik verfasste und früh Kontakt zu zahlreichen US-amerikanischen Beatnik-Schriftstellern pflegte, hatte ganze Arbeit geleistet. An jenem Abend würden die Beatles das erste Mal mit ihrem Idol Bob Dylan zusammentreffen, Aronowitz hatte das Treffen vermittelt. Der Road-Manager von Bob Dylan, Victor Maymudes, lotste Dylan in ein Hinterzimmer des Hotels, wo dieser es sich mit einem Joint gemütlich machte. Wenig später erschien Ringo bei Dylan, bekam von diesem einen Joint angeboten, den er aber ablehnte: Ringo wollte seine Freunde dabeihaben. Er schlug Dylan vor, mit in den sechsten Stock zu kommen, wo sie alle gemeinsam den Abend verbringen könnten. So kam es auch.

Die Beatles bewunderten Bob Dylan und seine Fähigkeit, Geschichten mit philosophischen Sichtweisen oder gar Einsichten zu verbinden und daraus perfekte Songs zu machen. Sie hatten zu diesem Zeitpunkt bereits eine Vorahnung, dass das Leben im permanenten Rampenlicht und angesichts der an jeder Ecke lauernden kreischenden Teenage-Fans sich irgendwann erschöpfen würde. Doch gerade diese Verheißung zog Dylan in jener Phase seines künstlerischen Schaffens zunehmend an. Es hatte beinahe den Anschein, als wollten die Beatles so wie Dylan werden und Dylan so wie die Beatles.

Dylan reichte den ersten Joint in die Runde, John gab ihn umgehend an Ringo weiter, seinen »royalen Vorkoster«, wie er scherzhaft meinte. Ringo kannte die Usancen nicht und machte gleich mehrere Züge hintereinander, anstatt den Joint weiterzugeben. Dylan blickte amüsiert. Daraufhin rollte Victor Maymudes weitere Joints und teilte sie aus. Die nächsten Stunden vergaß die illustre Runde ihr Leben lang nicht mehr. Die Musiker erlebten ein »High«, das sie glauben machte, sie schwebten unter der Decke. Ihr Manager Brian Epstein, sonst immer diszipliniert im Auftreten, quietschte vor Lachen. An jenem Abend, so Paul McCartney später, glaubte er, erstmals den Sinn des Lebens erkannt zu haben. Er bat seinen Freund und Road-Manager Mal Evans, jedes an diesem Abend von ihm gesprochene Wort mitzuschreiben und sicher aufzubewahren. In den Worten – gar Weisheiten – des Abends wollte Paul Botschaften aus dem Universum sehen, vielleicht Quellen der Erkenntnis. Die Erkenntnis wurde möglicherweise an diesem Abend dann doch etwas durch den Genuss zahlreicher Drinks – Dylan bevorzugte ausdrücklich »billigen Wein« – getrübt.

Als Mal Evans am nächsten Tag Paul den Zettel mit den Notizen des Abends zeigte, stand darauf: »Es gibt sieben Stufen«. Paul war durchaus von sich selbst beeindruckt. Der vielseitig gebildete und belesene Pressesprecher der Beatles, Derek Taylor, hatte Paul von »Der Berg der sieben Stufen« erzählt, der Autobiografie des Trappistenmönchs Thomas Merton (1915–1968), der nach bewegten Jugendtagen und der Gründung einer Art Künstler- und Dichter-Kommune in Olean, im Bundesstaat New York, schließlich den Weg ins Kloster fand. Das Buch war im Oktober 1948 im New Yorker Harcourt Brace Verlag erschienen. Auch wenn es wegen seines religiösen Inhalts nicht auf der Bestseller-Liste der »New York Times« auftauchen durfte, fand es eine beachtliche Leserschaft und hatte anscheinend einen Nerv getroffen. Im Christentum wird die Zahl Sieben als Kombination der göttlichen Trinität mit den vier irdischen Elementen gedeutet. Der Mönch Thomas Merton wurde im Laufe seines Lebens Friedensaktivist und wandte sich auch dem Zen-Buddhismus zu, wurde Verfechter eines sozialen Engagements der katholischen Kirche und engagierte sich gegen den Vietnamkrieg. Die Folk-Ikone und Friedensaktivistin Joan Baez, deren Beziehung zu Dylan 1966 in die Brüche ging, besuchte Merton im darauffolgenden Jahr im Kloster und meinte später: »Er war ein Rebell. Und dieser Mann, abgeschieden im Kloster, gab Priestern, Ordensfrauen und anderen Kirchenleuten den Mut, Schritte zu gehen, die sie sonst nicht gewagt hätten.« Noch heute ist der frühzeitig durch einen Unfall ums Leben gekommene Merton eine spirituelle Leitfigur: durch seine Lebensgeschichte, in der sich seine geistliche Berufung ebenso dokumentiert wie seine Wiederentdeckung der westlichen und östlichen Mystik. Die Aufzeichnungen über jenen denkwürdigen Abend im Delmonico Hotel behielt Mal Evans bis zu seinem tragischen Tod im Jahr 1976 bei sich und hütete sie wie einen Schatz. Sie wurden damals von der Polizei beschlagnahmt.

Auch Dylan war angesichts des Verlaufs des Zusammentreffens zunehmend euphorisch. Er hatte nicht glauben können, dass die Beatles bis dahin noch kein Marihuana geraucht hatten, war er doch überzeugt, dass sie in »I Want to Hold Your Hand« genau darüber sangen. Er begann das Lied anzustimmen, »and when I touch you I get high, I get high«, John errötete. Nach einigen Schrecksekunden erklärte er ihm, dass die Worte anders lauteten: »The words are, ›I can't hide, I can't hide, I can't hide‹.« Dylan sprang daraufhin auf und schrie ins Hoteltelefon: »This is Beatlemania here!«

Diesen Mythos »des ersten Mals«, betreffend die Beatles und ihre Bekanntschaft mit Marihuana, zerstörte später allerdings einer der Beatles selbst. Jener, der nach der Trennung der Band den größten inneren Abstand dazu entwickelte: George Harrison glaubte, sich erinnern zu können, dass ein damals bereits älterer Drummer einer anderen Band bei einem Liveauftritt in Southport im Jahr 1960 nach dem Konzert einen Joint durch die Runde der in einem Hinterzimmer versammelten Musiker hatte gehen lassen. Sie seien damals völlig unbeeindruckt gewesen, der Joint habe überhaupt nichts ausgelöst. Nun, im Dolmenico Hotel in New York an jenem 28. August 1964 war dies sichtlich anders.

Der Einfluss von Dylan auf das Songwriting der Beatles war von diesem Zeitpunkt an jedenfalls unverkennbar und sollte erstmals in den Songs des »Help!«-Albums seinen unmittelbaren Niederschlag finden. Der weichere Sound, die nachdenklichen Songtexte vor allem einiger Lieder von John Lennon, wie etwa »You've Got to Hide Your Love Away« oder »It's Only Love«, sind nicht nur Folge des Konsums von Cannabis, sondern der Inspiration, die von Bob Dylan und seinen künstlerischen Stilmitteln ausging.

Darüber hinaus beschritten die Beatles mit dem Album »Help!« und den neu entstandenen Songtexten einen Weg »vom Monolog zum Dialog«. Sie begannen, unterschiedliche Stile und Genres zusammenzuführen, und bedienten sich der Methoden des Romans. Sie erzählten Geschichten, die den Charakter ihrer Protagonisten offenlegen. Zu den von Dylan übernommenen angewandten Stilmitteln gehören auch offene textliche und musikalische Ausgänge. Lennon hat später zugegeben, dass ihn dieser Aspekt von Dylans Songwriting besonders fasziniert hat. Dessen Texte seien oft bewusst obskur gehalten und sagten nicht klar, was gemeint ist. Damit werde es den Hörerinnen und Hörern möglich gemacht, das »hineinzulesen oder hineinzuhören«, was sie fühlen und was in ihrem Inneren zum Schwingen gebracht wird. In den Beatles-Songs wurden von da an auch Bezüge zu anderen Texten, darunter auch eigene, aber in anderem Zusammenhang verwendete Texte, hergestellt. Meinungen und persönliche Einstellungen der Beatles wurden fortan schonungslos zum Ausdruck gebracht. »Konformität« begann ein Schimpfwort zu werden, vor allem für John Lennon. Dies gipfelte in dem auf seinem auf »Rubber Soul« veröffentlichten Song »Nowhere Man« mit den Zeilen »just sees what he wants to see, does not have a point of view«.

JEDER SONG EIN NEUER KLANG

Auch der Sound der Beatles und ihrer Musik veränderte sich und wurde bunt und kontrastreich. Erstmals wirkten auf einem Beatles-Album Gastmusiker mit. Am Ende der Session nahm der hierfür gebuchte Flötist John Scott, der später auch ein gefragter Filmkomponist wurde, je eine Alt- und eine Tenorblockflöte auf. Als Musiker spielte er für den Komponisten und Dirigenten Henry Mancini und war 1964 Saxophonist in John Barrys Soundtrack für den James-Bond-Film *Goldfinger*. Er musizierte mit Größen wie Julian Bream, Yehudi Menuhin, Nelson Riddle und Ravi Shankar. Es war das erste Mal, dass ein zusätzlicher Musiker für die Aufnahme eines Beatles-Liedes gebucht wurde. 1962 war zwar der Drummer Andy White auf dem Song »Love Me Do« zu hören, damals jedoch anstelle von Ringo Starr. Für das Stück »Yesterday« engagierte George Martin ein Streichquartett, das aus Tony Gilbert (Violine), Sidney Sax (Violine), Francisco Gabarra (Cello) und Kenneth Essex (Viola) bestand. »Das Ganze ist sehr simpel zu spielen gewesen, weshalb wir bereits nach einer halben Stunde fertig waren und dafür lediglich 5 Pfund bekamen«, meinte Essex kurz vor seinem Tod mit 101 Jahren.

Stimmlich stellte »Help!« so manches bisher Dagewesene in den Schatten. »Tell Me What You See« enthält eine doppelte Leadstimme von John und Paul, wobei John die tieferen Tonlagen singt. Bei »The Night Before« fällt Paul mit seinem lauten und rauen Gesang auf und auch für die wilde und herausragende Gesangsleistung bei »I'm Down« erntete er viel Lob. Unter dem Einfluss des Kopfes der

Beach Boys, Brian Wilson, wurden bei den Beatles auch die vokalen Arrangements zunehmend komplexer, wie der Song »You're Going to Lose That Girl« beweist.

Auf dem Album »Help!« finden sich zudem auch neue Ansätze hinsichtlich der Instrumentierung und der Schichtung der Gitarrenparts. Dies hat auch damit zu tun, dass die Overdubs der Songs meistens – anders als früher – nicht in Eile noch am Tag der Aufnahme des Basistracks angefertigt wurden, sondern erst später, wenn man mehr Zeit und Aufmerksamkeit dafür verwenden konnte. Hinsichtlich der Verstärker- und Mikrofon-Einstellungen gingen die Beatles dazu über, zu jedem Stück bewusste Entscheidungen zu treffen, wodurch praktisch jeder Song seine spezifische Klangfärbung erhielt.

Der erste Heavy-Metal-Song der Geschichte

Die Weiterentwicklung des musikalischen Charakters passierte klarerweise auch durch neu angeschaffte Instrumente. George und John legten sich in dieser Zeit eine Fender Stratocaster zu, die zum ersten Mal in »You're Going to Lose That Girl« zu hören ist, während sich Paul für eine Epiphone Casino mit größerem Resonanzraum entschied. Ab 1966 wechselte John ebenfalls zur Epiphone Casino, die fortan live und im Studio zu seiner Hauptgitarre wurde, mit ihm hatte gleichzeitig auch George eine »Casino« erworben.

Bei »Ticket to Ride« entstand durch die zwölfsaitige Rickenbacker, McCartneys bluesig klingende Casino sowie drei Gitarren-Overdubs ein aufregend neuer Gitarren-Sound, zusätzlich verstärkt durch das erstmals zur Anwendung gekommene Volume-Pedal, mit dem George die Lautstärke noch weiter nach oben treiben konnte. So geschehen bei der Aufnahme von »Ticket to Ride« – für John Lennon »einer der ersten Heavy-Metal-Songs«. Die Single dazu wurde bereits vier Monate vor Erscheinen des Albums veröffentlicht und gilt als eines der Highlights des Albums und des Films, dank der spektakulären Schnee-Szenen aus Obertauern. Harrison verwendete das Pedal etwa für»Ticket to Ride« und »I Need You«. Prägend für den neuen Sound war schließlich auch die Anschaffung des Hohner Pianet, ein analoges, elektromechanisches Tasteninstrument, bei dem der Ton von einer schwingenden Metall-Zunge (Reed) erzeugt wird.

37 Wochen in den Charts
»Help!« war das erste Album der damals siebenjährigen Geschichte der britischen Album-Charts, das auf Nummer 1 einstieg und dort neun Wochen lang verweilte, ehe es der Soundtrack des Musicalfilms »The Sound of Music« auf Platz 2 verdrängte. Zwei Jahre später sollte es dann umgekehrt sein, als die Beatles das unglaublich langlebige Album »Sound of Music« mit ihrem Album »Sgt. Pepper's Lonely Hearts Club Band« an der Spitze der englischen Hitparade ablösten.

Das Album »Help!« hielt sich zwischen 1965 und 1966 im Vereinigten Königreich insgesamt 37 Wochen lang in den Charts, davon sechs Wochen auf Platz 2 und 25 Wochen in den Top 5. Auch die Single »Help!« mit ihrer B-Seite »I'm Down« erreichte den ersten Platz in den englischen Charts. In den USA verkaufte sich das Album in kurzer Zeit drei Millionen Mal und bewegte sich neun Wochen auf Platz 1 sowie 15 Wochen in den Top 10 der Billboard-Charts. Auch in den USA gelangte die Single »Help!« auf Platz 1 der Charts und blieb dort drei Wochen.

Die nicht im Film enthaltenen Stücke wurden in den USA nicht auf dem Album »Help!« veröffentlicht, sondern auf anderen Alben, wie auf dem Sammel-Album »Beatles VI«. Die von dem amerikanischen Label Capitol Records angewandte Praxis der »Filetierung« der Albumtitel behagte den Beatles gar nicht. Noch dazu wurden die nicht berücksichtigten Stücke auf der Capitol-Version des Albums durch einige orchestrale Stücke, von Ken Thorne produziert, ersetzt. Darunter auch das James-Bond-Theme sowie indisch angehauchte Sequenzen. Skurril ist, dass auf der US-amerikanischen Version des Albums »Help!« der Titel »In the Tyrol (Instrumental)« enthalten ist. Offenbar entsprach das Bundesland Tirol stärker dem Klischee eines alpinen Winterparadieses als das von den Beatles aufgesuchte Obertauern im Salzburger Lungau und Pongau.

In Österreich schaffte es der Song »Help!«, anders als in Deutschland, nicht an die Spitze der Hitparade, er landete auf dem mageren fünften Platz. Hit des Jahres 1965 war das Trompeteninstrumental »Il Silenzio« von Nini Rosso; das erste Lied, das in Österreich drei Monate lang an der Spitze stand. Der erste Beatle, der in Österreich auf Platz 1 der seit 1970 bestehenden Albumwertung kam, war George Harrison mit seinem Album »All Things Must Pass« im Jahr 1971.

Der weltweit meistunterschätzte Gitarrist

Mit dem Album »Help!« meldete sich George als Songwriter zurück. Er hatte bis dato nur einen eigenen Song zu einem Beatles-Album beigesteuert: »Don't Bother Me« auf dem 1963er Album »With The Beatles«. Plötzlich brachte er auf dem neuen Album gleich zwei Songs unter, noch dazu mit der klanglichen Innovation des »Pedals«. Chet Atkins, eines von Harrisons großen musikalischen Vorbildern, hatte es in der Country-Musik für seinen berühmten Nashville-Sound eingesetzt. George brachte es nun erstmals in die Pop-Musik ein.

Offenherzig gab George später zu, dass er mit der Koordination der Bewegungen beim Einsatz des Pedals Probleme hatte. In einem Moment sei John vor ihm niedergekniet und habe das Pedal zur Regelung der Lautstärke mit seinen Händen betätigt, während George seinen Part auf der zwölfsaitigen Rickenbacker spielte. Die dabei eingespielte Harrison-Komposition »I Need You« war eine Liebeserklärung an seine Freundin Pattie Boyd. Der zweite Song von George Harrison auf »Help!«, »You Like Me Too Much«, ebenso Pattie gewidmet, wurde gleichfalls für den Film komponiert, landete aber »nur« auf dem Album. Erstmals mit einer politisch-philosophischen Botschaft meldete sich George Harrison auf dem nächsten Album »Rubber Soul« zu Wort, mit dem Song »Think For Yourself«, der sich gegen die Scheinheiligkeit in der Politik und von Regierungen wendet.

Heute noch wird George Harrison von den ganz Großen der Gitarrenszene, wie Eddie van Halen, Steve Lukather, Paul Gilbert und vielen anderen, bewundert. Van Halen äußerte einmal, George Harrison gehöre zu den weltweit meistunterschätzten Gitarristen. Sein Hauptverdienst liege darin, dass er durch seine Arbeit bei den Beatles die Rock-Gitarre wieder salonfähig machte. Berühmt geworden ist der Satz, mit dem die Beatles 1962 von der Plattenfirma Decca Records zurückgewiesen wurden: »Die Zeit der Gitarrenmusik ist vorbei.« Und sie war es tatsächlich, bevor die Beatles durch ihren Erfolg wieder den Weg für andere Gitarren-Bands, wie etwa The Who, Cream oder die Rolling Stones, ebneten. Von amerikanischen und englischen Musikzeitschriften der frühen 1960er Jahre wurde Harrison demnach als Guitar-Hero gefeiert. In der Tat belegen frühe Aufnahmen der Beatles, beispielsweise die Mitschnitte aus ihren zahlreichen Live-Auftritten bei der BBC, dass George zu dieser Zeit ein herausragender Rock-'n'-Roll-Gitarrist war, der mit seinen gerade einmal 20 Jahren durchaus in der Lage war, auch durch seine Technik zu überzeugen. Er hatte seine amerikanischen Helden wie Chuck Berry oder Carl Perkins genauestens studiert und konnte ihren Stil kopieren wie kaum ein anderer britischer Gitarrist zu dieser Zeit.

Sein herausragender Beitrag zur Weiterentwicklung der westlichen Unterhaltungsmusik, der sich paradoxerweise erst durch seine Begegnung mit der Musik des Ostens, insbesondere der klassischen Musik Nordindiens in Gestalt von Ravi Shankar, Ali Akbar Khan, Alla Rakha, Hariprasad Chaurasia, Lakshmi Shankar, L. Subramaniam und vielen anderen, ereignen sollte, war zur Zeit der Aufnahmen zu »Help!« noch gar nicht absehbar. Nur George selbst hatte wohl etwas gespürt, als er vor der in den Londoner Twickenham Studios aufgebauten Kulisse eines indischen Restaurants ein 18-saitiges birnenförmiges Instrument mit langem Hals und sirrendem Klang in die Hand nahm.

TEIL 2

EINE ÖSTERREICHISCHE JUGEND MIT DEN BEATLES

DIE BEATLES, MODE UND REVOLTE

Nur wenige Jugendliche in Österreich hatten das Glück, den raketenhaften Aufstieg der Beatles aus nächster Nähe zu verfolgen. Die Beatles waren schon weltberühmt, als in Österreich noch recht wenig von ihnen zu bemerken war. Sie wurden kaum im Radio gespielt und auch die berühmten Beatle-Boots waren nur schwer zu bekommen. Den Jugendlichen wurde vor allem leichte Schlagerkost vorgesetzt. Und wenn schon Konzertbesuche, dann am besten solche in den zahlreichen Klassik-Tempeln des Landes.

Wer das Beatles-Lebensgefühl erfahren oder die Band gar live spielen und singen hören wollte, musste nach England, jedenfalls aber ins Ausland. Oder zumindest jenen Sender hören, der für viele Jugendliche das Tor zur Welt bedeutete: Radio Luxemburg.

»In Österreich hat man kein Feeling, wenn etwas Großes kommt«, meinte einer der Interviewpartner für dieses Buch im Rückblick auf die Beatles und ihre Zeit. Doch letztlich konnte der Siegeszug der Pilzköpfe auch in Österreich nicht gestoppt werden. Zu stark war der Freiheitsdrang vieler junger Menschen – und sie sahen die Beatles eindeutig als ihre Befreier. Kurioserweise waren es die langen Haare, die dabei eine entscheidende Rolle spielten.

PILZE IM ANZUG

Als der Musiker und Grafiker Klaus Voormann von John Lennon den Auftrag bekam, das Cover ihrer neuen Platte »Revolver« zu gestalten, war dem Freund aus alten Hamburg-Tagen das Motiv sofort klar. Was verbindet man mit den Pilzköpfen und was wurde für die Gruppe zu Beginn ihrer Karriere zum Markenzeichen? Richtig – die

Haare! Voormann zeichnete die Köpfe der Beatles. Er verbrachte viel Zeit mit der Gestaltung der vier Frisuren. Erst im Anschluss kamen dann weitere Zeichnungen und kleine Fotoschnipseln zum Einsatz, die stimmig in das Plattencover eingefügt wurden. Die Musik hatte er bereits vorab gehört und damit eine klare Vorstellung: »Für mich war das Album ›Revolver‹ ein Meisterwerk, ab dem Moment, als ich es zum ersten Mal gehört habe. Mir war klar, dass mein Cover ähnlich fortschrittlich sein muss.« Der Beatles-Manager Brian Epstein und seine »Boys« waren vom Ergebnis begeistert. Der Lohn seiner kreativen Arbeit war für den Künstler und Bassisten der Band Manfred Mann die Verleihung eines Grammy im Jahr 1967 für das beste Schallplatten-Cover des Jahres. Die Beatles selbst gingen in diesem Jahr nach einer Nominierung von »Revolver« in der Kategorie »Album des Jahres« leer aus.

Die Fotografin Astrid Kirchherr hatte die blutjungen Musiker aus Liverpool 1960 durch eine Empfehlung ihrer Freunde Klaus Voormann und Jürgen Vollmer im Hamburger Kaiserkeller kennengelernt. Diese Begegnung war für die junge Hamburgerin in vielerlei Hinsicht prägend. »Ich habe vier Jungs gesehen, die mein Leben für immer beeinflusst haben. Sie gaben mir Kraft für die Dinge, die ich mich ohne sie nie getraut hätte: so zu leben, wie ich es wollte!« Sie schaffte es, die Rauheit und die Liebe zum Rock 'n' Roll in faszinierenden Aufnahmen von John Lennon, Paul McCartney, George Harrison, des Bassisten Stuart Sutcliffe und des damaligen Schlagzeugers der Beatles, Pete Best, festzuhalten.

Die jungen »Wilden« hätten mit ihrem Outfit in jedem »Halbstarken«-Film mitspielen können, denn die ikonenhaften Abbildungen zeigen sie mit dunklen Jacken, schwarzen, hautengen Hosen und spitzen Schuhen. Ihr gemeinsames Faible für die Musik und die Filme der 1950er Jahre springt dem Betrachter der Fotos ins Auge. Kirchherr verliebte sich in Stuart Sutcliffe und formte ihm die Haare in dem Stil, wie ihn der gemeinsame Freund und deutsche Fotograf Jürgen Vollmer trug. Vollmer wiederum schnitt Paul und John die Haare in Paris nach seinem Vorbild. Die beiden Musiker hatten ihn 1961 in Frankreich besucht, und das Hotelzimmer wurde zum Haarstudio. »Er hatte sein Haar im Mod-Stil. Wir haben gesagt: ›Würdest du unsere Haare so wie deine frisieren?‹«, erinnert sich Paul McCartney im Rahmen der Arbeiten an der »Anthology«-Reihe. Auch George bekam von Astrid den Look ihres Freundes Jürgen. Zuletzt erhielt dann endlich auch Ringo Starr seinen Beatles-Haarschnitt, nachdem er Pete Best 1962 als Schlagzeuger bei den Beatles abgelöst hatte.

Paul wechselte unterdessen innerhalb der Band von der Gitarre zum Bass, da Stuart wegen seiner Freundin Astrid in Hamburg geblieben war, um dort im Juni 1961 ein Kunststudium an der Hochschule für bildende Künste zu beginnen. Seinen Ambitionen als Maler konnte er nicht lange nachgehen. Am 10. April 1962 verstarb er an einer Hirnblutung. Auf dem Cover der legendären »Sgt. Pepper's Lonely Hearts Club Band«-Platte ist Sutcliffe mit einem Schwarz-Weiß-Foto verewigt worden. John Lennon wollte unbedingt das Bild seines Freundes und Studienkollegen vom College of Art in Liverpool auf dem Cover haben.

Als Brian Epstein, der Geschäftsführer der North End Music Stores (NEMS), das Management der Beatles 1962 übernahm, veränderte er nicht nur ihre Bühnenpräsentation. »Kein Fluchen, keine derben Späße, kein Essen auf der Bühne und nach jedem Song immer schön verbeugen!« Die Rocker-Kleidung flog raus und wurde gegen gepflegte Anzüge ausgetauscht. Doch die markante Frisur der vier Liverpooler musste bleiben. Die Beatles waren daher ungeachtet ihres adretten Auftretens noch einige Zeit lang als die »Wilden« verrufen. Später dann wurden die Rolling Stones von ihrem Manager Andrew Loog Oldham als »Antithese« zum vergleichsweise sauberen Erscheinungsbild der Beatles aufgebaut. Die immer größer werdende Fan-Gemeinde im In- und Ausland war begeistert und allmählich hatten die »Rollenden Steine« die »Fab Four« als Feindbild Nummer 1 abgelöst. In alltäglichen Gesprächen in den meisten Kaffeehäusern wurde man sich schnell einig: »Die Beatles waren ja eigentlich eh nicht so schlimm. Aber diese Rolling Stones! Hässlich und ungepflegt. Einfach grauslich!«

Trotz der etlichen Modesünden, die die 1970er und 1980er Jahre noch hervorbrachten, erreichten Kleidung und Frisuren bei weitem nicht mehr eine derartige Dimension der Ablehnung wie in den

»Roaring Sixties«. Heute jedoch finden T-Shirts mit Beatles- oder John-Lennon-Motiven reißenden Absatz, selbst in Billig-Modeketten. Die Retro-Welle füllt die Kleiderkästen der Jugendlichen oder Junggebliebenen, die neben den Pilzköpfen auch gleich ein Marilyn-Monroe- oder David-Bowie-Shirt besitzen. Auf den internationalen Laufstegen zieren die Köpfe der »Fab Four« teure Designer-Roben und heben die Marke »Beatles« auf eine weitere Ebene. Die Rolle des Bürgerschrecks wurde den »Moptops« schon lange genommen. Sie inspirieren nun im gleichem Maße bildende Künstlerinnen und Modeschöpfer.

DER »UNTERGANG DES ABENDLANDES«

Auch wenn die »Fab Four« nun beinahe wie die idealen Schwiegersöhne wirkten, boten sie nach wie vor mit ihren Haaren ständig Gelegenheit zum Anstoß: Mit dem Satz »Du siehst ja schon wieder aus wie ein Beatle!« schickte eine ganze Generation von Eltern ihre Söhne zum »Pudelscherer«, wie der Friseur damals auf gut Österreichisch hieß. Anwendung fand, um die Kürzung der wilden Haarpracht für die Eltern zu erleichtern, die sogenannte »Reindl«-Methode. Dabei wurde dem Delinquenten zu Hause ein Topf aufgesetzt, und alle Haare, die unten noch herausschauten, wurden kurzerhand abgeschnitten. Diese Frisur ging als »Prinz-Eisenherz-Schnitt« in den allgemeinen Sprachgebrauch über.

Der Musiker Alexander Goebel erzählt von seinen Erfahrungen als Schüler, »du konntest die besten Noten schreiben, wenn du lange Haare hattest, warst du ein dreckiger Revoluzzer. Wir hatten einen Hausmeister, der mit offizieller Erlaubnis der Direktion herumgegangen ist und die langen Haare der Schüler abgeschnitten hat. Wenn du dich gegen das Haareschneiden gewehrt hast, dann kamen die wirklichen Repressalien wie der Ausschluss aus dem Unterricht, Aufs-Klo-geh-Verbot und wirklich körperliche Züchtigungen!«

Der Liedermacher Ludwig Hirsch (Jahrgang 1946) hielt mit seinen unangenehmen Texten, besonders auf seinen ersten beiden Erfolgsalben »Dunkelgraue Lieder« (1979) und »Komm, großer schwarzer Vogel« (1980), der österreichischen Gesellschaft einen

Spiegel vor. Dabei muss er ähnlich wie John Lennon bei seinem ersten Solo-Album »John Lennon/Plastic Ono Band« (1970) seine Ängste und Erfahrungen aus Jugendjahren in Worte gefasst haben. Sein Rückblick auf die »goldenen« 1960er Jahre: »Die Beatles haben eine ganze Mode neu geprägt. Wir haben dann auch den Mut gehabt, uns die Haare wachsen zu lassen. Die Leute in der Straßenbahn haben mich immer angepöbelt und gesagt: ›Schau, ein Yeah, Yeah, Yeah!‹«

Der Künstler Gottfried Helnwein erzählt, Wien sei in der Nachkriegszeit »ein wahrhaft schrecklicher Ort« gewesen: »Die 1950er und 1960er Jahre, das war die Hölle. Es war ein Klima, das noch repressiv war, wir wollten auch längere Haare haben damals, wie die Beatles und die Stones. Wenn die Haare nur in die Nähe der Ohren kamen, ist man auf der Straße tatsächlich bedroht worden, die Leute haben geschrien: ›Es g'hert's vergast, es Gsindl!‹ Bauarbeiter haben uns Steine nachgeworfen.« Helnwein und seine beiden Freunde Bernhard Paul, der heutige Direktor des Circus Roncalli, sowie der begnadete und viel zu früh verstorbene Zeichner Manfred Deix, wurden nicht nur einmal an der Eingangstür von Wiener Kaffeehäusern abgewiesen – weil die Haare zu lang erschienen. Einmal, sie schlenderten gerade die Mariahilfer Straße entlang, hielt plötzlich ein zerbeulter Lieferwagen neben ihnen. Der schwergewichtige Fahrer stieg aus und begann, mit einem schweren Schlüsselbund den mit seinen beiden Freunden flanierenden bekannten Maler Josef Prammer zu malträtieren. Unter Beleidigungen wie: »Es Gammler, es Beatles, schleicht's euch!«

In den deutschsprachigen Feuilletons konnte man damals über die »Gammler« lesen:

Ihre soziale Herkunft ist verschieden, ebenso wie die Motive ihres Gammlerdaseins. Teils entstammen sie fleißigen Arbeiterhaushalten, gutbürgerlichen Familien, manchmal sind sie Söhne von Rechtsanwälten und Industriellen. Nie traf ich einen, der seine Eltern den Grenzschichten der Wohlstandsgesellschaft zugerechnet hätte, selten einen Gammler von bäuerlicher Herkunft. Die ausschlaggebenden Beweggründe für ihr »Gammeln« können Flucht vor der elterlichen Autorität, Unzufriedenheit am Arbeitsplatz, Furcht vor dem Einrücken zum Militär (besonders deutsche Gammler nannten dies als häufiges Motiv) und innere Unausgeglichenheit sein.

Der damals 17-jährige Peter Hofbauer, später Direktor des Wiener Metropol Theater, erinnert sich: »Einmal bin ich auf der Gasse gegangen mit einem befreundeten Musiker, der hatte die Haare ganz lang – ich nur halblang. Da kam ein Fiaker vorbei und schrie wutentbrannt: ›Ich knall's euch mit der Peitsche runter, eure langen Federn!‹ ›Schau, a Beatle‹, hieß es damals oft, oder sogar nur ›A Beatles‹. Ein anderes Mal stehe ich mit Freunden vor dem Tuchlauben-Kino. Da kommt eine Dame vorbei, verkrampft sich und drückt ihr Handtaschl fest an ihre Brust, so als ob wir ihr es entreißen wollten. Sie sagt nur verachtungsvoll ein Wort: ›Beatles.‹«

Als Bernhard Paul eines Abends mit Freunden ein Gasthaus in der Wiener Innenstadt besuchte, wo der Fernseher lief, machten sie Bekanntschaft mit Gerhard Bronners Meinung zu den Beatles. Der Kabarettist sagte gerade einen Filmbeitrag über die Beatles an: »Der Untergang des Abendlandes hat viele Gesichter«, dazu tauchten im Bild plötzlich die Beatles in Großaufnahme auf. Bronner schwang sich in seiner wöchentlichen Radiosendung »Schlager für Fortgeschrittene« zur Speerspitze im Kampf gegen die Pilzköpfe aus England auf. Für ihn waren sie einfach nur Wilde. Er sagte aber auch: »Klassische Eintagsfliegen, die sind bald wieder weg.« Zur Untermauerung seiner These, dass sich solche Musik nie durchsetzen werde, und wenn doch, dann nur zum Preis des Untergangs unserer Zivilisation, legte er Coverversionen von Beatles-Hits aus den deutschen Schlager-Giftküchen auf. »Das war ein harter Tag« (»A Hard Day's Night«) von Didi & his ABC-Boys oder »Susi« von einer deutschen Gruppe namens Teambeats, die den Beatles-Song »Please Please Me« beinahe bis zur Unkenntlichkeit entstellte. Der Song »Girl« vom Beatles-Album »Rubber Soul« in einer Fassung von Knut Kiesewetter mit dem Titel »Geh« schlug dem Fass nach Meinung der Beat-Puristen endgültig den Boden aus und ließ diese fassungslos zurück.

Die täglichen Programm-Highlights im österreichischen Radio waren damals: »Autofahrer unterwegs« um 11.45 Uhr, die Wunschsendung »Ein Gruß an Dich« um 14.10 Uhr und das »Traummännlein« um 18.45 Uhr. Für Bernhard Paul und seine Freunde blieb Radio Luxemburg daher noch lange Zeit der einzige Zufluchtsort. Ebenso für Peter Hofbauer, der seine erste Begegnung mit den Beatles ebenfalls dem Sender verdankt. Als er die Songs »Please Please Me« und »From Me to You« hörte, war er zunächst einmal vom Hocker. Er wartete ungeduldig, bis die Songs kurz danach wieder über den Äther kamen, und dieses Mal schaltete er sein Tonbandgerät ein. Die Aufnahmen spielte er seinen Mitschülern vor – in freudiger Erwartung einer begeisterten Reaktion. Doch die wussten nicht recht, was sie davon halten sollten, so ungewohnt war diese Musik für sie. Sie kannten zwar Elvis Presley, hörten aber vor allem das, was man ihnen in Deutschland und Österreich wieder und wieder als leicht oder – je nach Standpunkt – schwer genießbare Kost vorgesetzt hatte: Peter Kraus, Conny Froboess und davor auch Rex Gildo. Das eine oder andere Mal konnte immerhin ein Cliff Richard dabei sein.

Der Schüler Hofbauer, dessen Euphorie nun schon eine Spur gedämpft war, wies seine Klassenkollegen nachdrücklich auf die Mehrstimmigkeit der Gesänge und die interessanten Harmonien hin. Doch diese schauten weiterhin nur verdutzt. Mit den mitgebrachten Bildern der Beatles wollte Peter Hofbauer jetzt zumindest seinen Englischlehrer aus der Reserve locken und schrieb groß auf die Schultafel: BEATLEMANIA IS HERE. Der Lehrer blies für einen Moment die Backen auf, biss sich in die Lippen und schwieg. Die ganze Stunde kam ihm zu der Sache kein Wort über die Lippen. Spätestens jetzt war Hofbauer wirklich verärgert. »Ich hatte gehofft, dass er explodieren wird, sich aufregen oder zumindest dafür interessieren wird, aber nichts! Bestraft mit Ignoranz!«

»EIN BEDENKLICHES PÄDAGOGISCHES PROBLEM«

Das Schicksal des Schülers Peter Hofbauer blieb Bernhard Paul an seiner Ausbildungsstätte erspart. Die Höhere Graphische Bundes-Lehr- und Versuchsanstalt war geradezu eine Insel der Freiheit. Seine Begeisterung für die Beatles – der Song »I Want to Hold Your Hand« hatte Paul förmlich elektrisiert – fiel dort bei seinen Musiker-Kommilitonen Wolfgang Ambros, Richard Schönherz und Manuel Rigoni auf fruchtbaren Boden. Paul entwarf für das »Studio N«, den Vorgänger des Wiener Metropol Theaters unter Hans Neroth, Veranstaltungsplakate für Beatbands. An der »Graphischen« wusste man auch, wie Bernhard Paul seinen Ausspruch »Die Beatles waren die Symphoniker, die Stones die Schrammeln« gemeint hatte. Ob diese Ansicht von allen geteilt wurde, ist freilich nicht bekannt. »Die Beatles haben Stil, Mode und Gesellschaft beeinflusst und sie haben unseren Kopf beeinflusst«, ist er auch noch 60 Jahre später überzeugt. Als Bernhard Paul damals bei der Band Jerry and the G-Men, die zum Beat-Stall von Peter Hofbauer gehörte, am Schlagzeug saß, hatte ihr Bandleader Lukas Resetarits zuvor selbstbewusst verkündet: »Wir sind die Beatles von Wien!«

Solche Botschaften konnten im damaligen Österreich nur als gefährliche Drohung verstanden werden. So ließ die katholische Wochenzeitung »Die Furche« in ihrer Ausgabe vom 11. Februar 1965 keinen Zweifel, was sie von den Pilzköpfen hielt:

Die Beatles, die bekannten vier jungen Liverpooler, die mit ihren Schlagern und ihrem extravaganten Äußeren daheim und auf Tourneen junge Zuhörer verrückt machen, sind ein gesellschaftliches Phänomen. Sie sind vorerst das größte Geschäft. Sie haben 1963 allein an ihren Schallplatten zwölf Millionen Schilling verdient. Der Umsatz an Beatle-Waren in den USA wurde für 1963 auf 3,5 Milliarden Schilling geschätzt. Sie sind ferner ein bedenkliches pädagogisches Problem, worüber Thilo Castner in der Monatsschrift der deutschen Diplomhandelslehrer, »Wirtschaft und Erziehung«, 1/1965, kluge Gedanken äußert. Die Beatle-Bewegung verschlinge nicht nur die schmale Geldbörse der Jugend (eine englische Schülerin sammelte 9.000 Beatle-Photos, wofür sie tausende Schilling ausgab), sondern fixiere auch auf verhängnisvoll einseitige Weise ihre Geistigkeit. »Junge Menschen, die voll und ganz der Beatle-Manier verfallen sind, können nicht gleichzeitig den hohen Anforderungen auf unseren Schulen nachkommen. Wer die Beatles anhimmelt, kann nicht auch Interesse für die Gedanken Goethes oder Einsteins aufbringen.« Streng geht der Autor mit uns Erwachsenen ins Gericht, die wir die Beatles aufgepäppelt hätten: »Die zunehmende Rationalisierung und Sachlichkeit, die im Zuge der Technisierung und Automatisierung immer mehr Bereiche unseres menschlichen Seins erfassen, sind der Jugend wesensfremd und zuwider. Das haben die Manager und Geschäftemacher der Beatles mit scharfem Blick erkannt. Der Mensch mit dreizehn, vierzehn Jahren verlangt nach seelischer Substanz, will Anregungen, Vorbilder, sucht nach Weite und Abenteuer. Eine auf Wirtschaftlichkeit und Erfolgssicherung eingeschworene Gesellschaft kommt dem Erlebnishunger der Jugendlichen nicht genügend entgegen. Die Struktur unserer Industriegesellschaft ist eine vom Erwachsenen für den Erwachsenen entworfene Welt, in der für das Kindliche und Jugendhafte fast kein Platz mehr ist.« Und so macht sich eben der seelische Stau Luft, wie 1900 in der Jugendbewegung und dann in den ersten Formen der Jazzbewegung. Der Beatle-Kult mit allem Drum und Dran ist keine »Hetz«, nicht nur symptomatisch, sondern tieftraurig. Es handle sich dabei – so formuliert der Autor am Schluss überscharf und kritisch – »um eine Entartung jugendlicher Gefühlsleidenschaft, die von gewissenlosen Unternehmern provoziert wird. Die tieferen Ursachen dieses Phänomens liegen jedoch in der Struktur unserer Gesellschaft, und wir täten gut daran, uns zu überlegen, auf welche Weise die Jugend vor der Gefahr der Versachlichung geschützt werden kann. Solange dies nicht geschieht, werden immer neue Beatles und Rocker die Jugend in wilde Ekstase und grenzenlose Verzückung versetzen. Die Beatles haben der Pädagogik einmal mehr bewiesen, wie wenig bis jetzt die Erziehung des modernen Menschen gelungen ist.

Wie sehr hätten sich wohl viele Jugendliche damals Erziehungsberechtigte und Lehrerinnen und Lehrer gewünscht, die ihre Begeisterung für die Beatmusik zugelassen oder sie sogar darin bestärkt hätten. Georg Lukasser, der Vater von Sebastian Lukasser, war so jemand – schade, dass es sich bei diesem nur um eine Romanfigur, den Protagonisten in Michael Köhlmeiers »Abendland«, handelt:

Mein Vater nahm seine Arbeit sehr ernst, euphorisch ernst. Er war der einzige Musiklehrer an der Schule, und er unterrichtete alle Klassen. Bei den Schülern war er bereits nach wenigen Wochen beliebt wie kein anderer Lehrer. Er spielte ihnen auf der Gitarre vor oder auf dem Klavier, erzählte ihnen so spannend vom Zusammenwirken der Klänge, als wär's ein Spiel mit Detektiven, Banditen und Leichen. Er sprach über die Beatles, verkündete, dass die Band, als er selbst in den Staaten gewesen sei, sieben Plätze unter den ersten zehn in der amerikanischen Hitparade belegt hätte und dass er und Chet einige Nummern von ihnen für Trompete und Gitarre arrangiert hätten; er setzte sich ins Gegenteil der meisten Schülereltern, indem er nicht nur zugestand, dies sei Musik, sondern sogar behauptete, dies sei unvergleichlich schöne Musik, »geniale Musik«, »unfassbar geniale Musik«, »unglaublich unfassbar geniale Musik«, »nicht kleiner als Schubert oder Johann Strauss oder Duke Ellington oder Charlie Parker«. Er versicherte seinen Schülern, diese Musik sei allein für sie komponiert worden. Er besorgte auf eigene Kosten einen Plattenspieler und kaufte stoßweise Singles: A Hard Day's Night, I Want to Hold Your Hand, She Loves You, All My Loving, I Feel Fine, Eight Days a Week. Man hörte seine Begeisterung durch das Schulgebäude dröhnen, vom Physiksaal im Erdgeschoß bis hinauf zum Zeichensaal. Er gab Gitarrenstunden für ein Drittel des Honorars, das ihm in Wien geboten worden war, die Schüler rannten uns die Scheune ein; er notierte die Akkorde sämtlicher Beatles-Songs, klopfte sie auf Matrize, vervielfältigte sie und verteilte sie in der großen Pause im Schulhof.

Doch Lehrerinnen und Lehrer wie Georg Lukasser gab es vereinzelt dann doch auch im realen Schulalltag. Die Schriftstellerin Friederike Mayröcker, die als Englischlehrerin an verschiedenen Wiener Hauptschulen unterrichtete und ihren Schülern Songtexte der Beatles austeilte und mit ihnen auch gesungen hat, war so eine. Der ehemalige Schüler von Mayröcker in der Favoritner Kempelengasse, Adolf Repa, erinnert sich wehmütig und mit glänzenden Augen an diese Zeit. Besonders oft sangen sie den schottischen Folksong »My Bonnie«, der 1961 von den Beatles gemeinsam mit Tony Sheridan in Hamburg aufgenommen wurde. »Am Anfang war ich noch sehr idealistisch, da waren auch die Kinder seelisch noch sehr bedürftig, und ich habe ihnen wahrscheinlich ein bisserl was geben können, seelisch«, meinte Mayröcker später, auch wenn sie sich selbst für keine gute Pädagogin hielt. Vor allem in ihren Anfangsjahren hat Mayröcker als Antrieb beim Schreiben zunächst Schlagerplatten, dann aber sehr lange die Beatles und schließlich Komponisten wie Brahms, Chopin, Schumann, Bruckner und Schubert gehört. Das 1978 erschienene Buch »Heiligenanstalt« legt davon Zeugnis ab.

Einen Autor, Mitglied der Wiener Gruppe, die auch den jungen Peter Handke und seine experimentelle Prosa und experimentellen Theaterstücke beeinflusst hatte, konnten auch die Beatles nicht vor dem

Untergang bewahren. Den letzten gemeinsamen Abend mit Konrad Bayer beschreibt Ida von Szigethy in ihrem Buch: »chère ida. Konrad Bayer an Ida Szigethy«, bevor er am nächsten Tag freiwillig aus dem Leben schied:

Am 9. Oktober 1964 waren wir mit ihm in einem Wiener Schnapslokal verabredet. Konrad beklagte sich bei mir über Magenkrämpfe, er war in einer eher deprimierten Stimmung. Von dort fuhren wir auf seinen Wunsch ins Café Hawelka, wo wir wie immer alle Freunde trafen. Peter Daimler lud uns alle in sein Haus nach Hietzing ein. Die Platten der Beatles wurden gespielt, »A Hard Day's Night«, immer und immer wieder dieselben, einige tanzten. Konrad saß am Boden, den Kopf im Schoß einer Dame, und beobachtete die ganze Szene, ohne irgendwie teilzunehmen.

A HARD DAY'S NIGHT FÜR HARRI STOJKA

In Österreich und Deutschland lief der erste Beatles-Film *A Hard Day's Night* unter dem Schlachtruf *Yeah! Yeah! Yeah!*. Ein Streifen, der wie ein Tornado durch die österreichischen Kinos fegte – vor allem auch wegen seiner authentischen Handlung über eine Band, die es mit kreischenden Fans, einem exzentrischen Aufnahmeleiter und Paul McCartneys Film-Opa zu tun bekommt, sich aber mit ihrer Musik und einer geballten Ladung britischen Humors allen Widrigkeiten zum Trotz in die Herzen der Fans spielt.

Die Empfehlung der Filmverleih-Firma United Artists für die heimischen Kinobetreiber, den Beatles-Film mit einer Freigabe ab 6 Jahren in ihr Programm aufzunehmen, wurde im damals üblichen Stil der 1960er Jahre formuliert:

Yeah! Yeah! Yeah! Die Beatles kommen! Dieser Schlachtruf wird auch hierzulande die Jugend in Ekstase bringen, wenn die »Pilzköpfe« in ihrem ersten Film in unseren Kinos Einzug halten. Das Leben dieser einzigartigen Show-Phänomene zeigt die Walter-Shenson-Produktion, die das Beatle-Fieber auf neue Höhen treiben wird.

Der Werbetext der deutschen Filmzeitschrift »Filmecho/Filmwoche« vom 31. Juli 1964 hingegen lautete flapsig:

36 Beatles-Stunden auf 87 Minuten gerafft. Im hämmernden Rhythmus der musikalischen Eruptionen toben die Pilzköpfe über die Leinwand: es zuckt, zappelt und zwitschert – so, wie man sich den harten Tag eines Beatle vorstellt: Umjubelt, bedrängt, gefeiert und allzeit zu Späßen aufgelegt, zeigt der Film das Schlag- und Zupf-Quartett als Gartenzwerge mit sorgenfreier Meise unterm Pony.

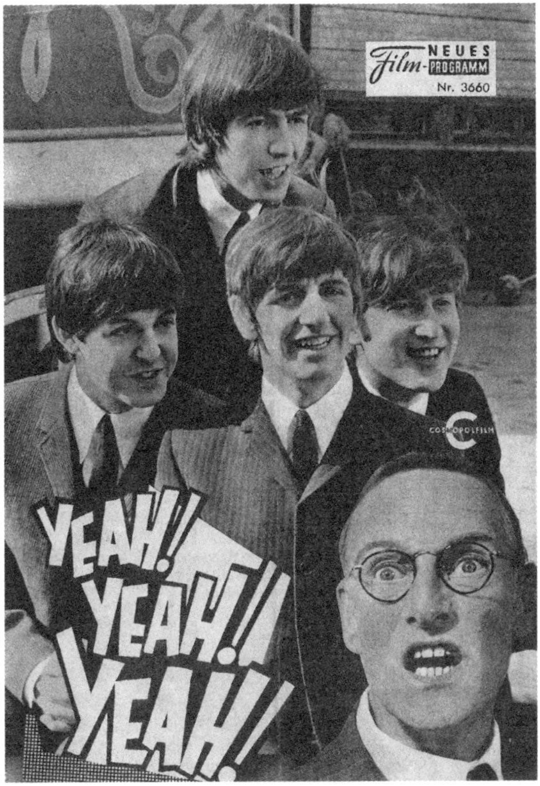

Das Cover des österreichischen Programmhefts zum Film *Yeah! Yeah! Yeah!*

Am 9. September 1964 standen in Wien hunderte Fans vor dem Kosmos Kino Schlange, um eines von insgesamt 482 freien Tickets für die Film-Premiere von *Yeah! Yeah! Yeah!* zu ergattern. Die Energie der vier Schauspielanfänger ging ungebremst von der Kinoleinwand auf die Zuschauer über. Die grandiosen Songs im Soundtrack führten dazu, dass zahlreiche Jugendliche ihren ursprünglichen Berufswunsch von heute auf morgen änderten und Gitarrist in einer Beatband werden wollten.

Einer von ihnen war der junge Harald Wakar (»Harri«) Stojka, geboren am 22. Juli 1957 in Wien, dessen Karriere als gefeierter Gitarrist, Komponist, Arrangeur, Bandleader und Sänger mit diesem Schlüsselerlebnis seinen Anfang nahm. »1964 sind wir im Kino gesessen und haben uns ›A Hard Day's Night‹ angeschaut. Meine

Schwester Doris erklärte mir, während der Film lief: ›Schau, das ist der Rhythmus-Gitarrist John Lennon und das ist der Solo-Gitarrist George Harrison.‹ In dem Moment hat George drei Töne gespielt und das war so der Kick für mich! In dem Moment ist es wirklich ernst geworden mit der Musik. Das war der Auslöser. Harrison war ein Gott, der erste richtige Solo-Gitarrist. Und der Name Harri Stojka? Ja, der kommt von Harrison. Das war eine Kreation meiner Schwester Sissi. Wenn man also das ›son‹ weglässt, bleibt Harri über!«

Ein »Kronen Zeitung«-Kritiker zeigte in seinem Artikel vom 12. September 1964 Verständnis für die »Beat-Generation« und lobte den Film:

Yeah! Yeah! Yeah! *ist ein lebenssprühender Film ausgelassener junger Männer, die musikalisch und rhythmisch und in ihrer ganzen unbekümmerten Art genau den Ton treffen, der die heutige Jugend eben anspricht. Ein bisschen Verrücktsein, Singen, Tanzen, Übermut und die sympathische Eigenschaft, sich über sich selbst ebenso lustig zu machen wie über die anderen – gäbe es auf der Welt nur keine ärgeren Auswüchse jugendlicher Sturm- und Drangjahre! Der Beatles-Film ist voll von Einfällen, ausgezeichnet photographiert und wird den meisten jungen Leuten gefallen. Und die Beatles selbst sind durchwegs sympathische Burschen, von denen keiner trotz der langen Stirnfransen dumm aussieht.*

Dieser und andere Berichte zeigten Wirkung, am 23. Oktober 1964 jubelte die »Österreichische Film-Rundschau« über *Yeah! Yeah! Yeah!* als ein absolutes »Spitzengeschäft für die Lichtspielhäuser!«. Solches Lob für die Beatles blieb in Österreich meist die Ausnahme.

EIN WEG NACH ISTANBUL, ZU DEN BEATLES UND IN DIE FREIHEIT

Rudolf traute seinen Augen nicht. Jugendliche drückten sich ihre Nasen an Schaufenstergläsern platt. Die Auslagen der Kaufhäuser in Scheveningen, sechs Kilometer vom Stadtzentrum Den Haags entfernt, wimmelten von Beatles-Figuren, Beatles-Anzügen und Beatles-Stiefeln. Noch nie zuvor hatte er so etwas gesehen. Seine erste Reise allein und ohne Eltern hatte ihn hierhergeführt, im Sommer 1964, zuerst nach Deutschland zu seinen Verwandten und von dort anschließend über Köln in die Niederlande. Irgendjemand hatte vor kurzem in einer Zeitung von einer »British Invasion« berichtet. Genau hier an dieser Stelle in dem südholländischen Badeort mit seinem kilometerlangen Strand muss sie stattgefunden haben. Hier, sowie offenbar auch jenseits des Atlantiks. Sein 19-jähriger Bruder hatte kürzlich beim Besuch einer Tante in den USA ungläubig festgestellt, dass die Zimmer der Cousinen mit Beatles-Postern ausgekleidet waren. Überall lagen Beatles-Puppen und Pilzkopf-Perücken herum, sogar Wanduhren mit den Pilzköpfen blickten ihn dort an fast jeder Ecke an. In der Woche vom 4. April 1964 belegten die Beatles die ersten fünf Chartpositionen der US-amerikanischen Billboards und hatten noch sieben weitere ihrer Songs darin untergebracht – insgesamt also zwölf Beatles-Lieder gleichzeitig in den Charts.

Zu Hause hatte er von alldem nichts gehört und nichts gesehen. Rudolf ärgerte sich. »In Österreich hat man kein Feeling, wenn etwas Großes kommt«, dachte er, »diese kleinkarierten Vertreter der Hochkultur – Hauptsache, wir haben unsere Konzerte, unsere Oper und unseren Mozart und Schubert. Dabei hat der Mozart eine Frisur gehabt bis zu den Knien runter! Was hast du da nur verschlafen, o du mein Österreich! 1965 war ein Konzert der Beatles im Konzerthaus angekündigt, das aber nicht zustande kam, weil der Vorverkauf angeblich so schwach war. Das muss man sich einmal vorstellen! Da hat die Hochkultur-Nation Österreich entschieden: die Pilzköpfe brauchen wir nicht.« Rudolf schüttelte den Kopf und betrat das Geschäft, in dem die Beatle-Boots zum Verkauf angeboten wurden.

In der Maturaklasse im Jahr darauf fuhr Rudolf dann mit Schulfreunden nach Istanbul, zum Taksim-Platz. So gut hatten ihm die Mädchen in Wien vorher nicht gefallen, die Türkinnen hatten sich die Lider grün gefärbt. Kurz entschlossen ging Rudolf, die Eingangstür weit aufgerissen, in ein Lokal, in dem eine Jukebox stand. Unter den beinahe 80 Titeln mit hauptsächlich türkischer Musik, die über eine rot funkelnde Tastatur ausgewählt werden konnten, waren auch zwei Songs der Rolling Stones. Rudolf zögerte nicht und schon drang der raue Sound des wuchtigen Geräts aus dem Lokal hinaus auf den Platz. Immer wieder aufs Neue drückte er die beiden Tasten und als sein Münzvorrat zu Ende war, war das Lokal zum Bersten voll. Rudolf lachte. Er wusste jetzt zwar, warum man eine Jukebox auch »Groschengrab« nannte, aber das hier war das pure Leben! In dem Moment fühlte er sich unendlich frei.

Danach ging es in ein Dolmuş, ein Sammeltaxi. Nach ein paar Minuten Fahrzeit stieg ein elegant gekleideter junger Mann, mit langer heller Hose, weißem Hemd und pechschwarzen, längeren Haaren zu. Als er sich neben Rudolf und seine Freunde in den weichen Ledersitz des Taxis fallen ließ, rutschten die Hosenbeine ein Stück nach oben. Zum Vorschein kamen schwarz glänzende Beatle-Boots. Der Maturakollege von Rudolf schrie entzückt auf, was dem jungen Mann sichtlich gefiel. Er strahlte sie an – ein Taxi nur mit Beatles-Fans! Daraufhin beschloss er, ihnen sein Istanbul zu zeigen. Seine in der Schule erworbenen Englischkenntnisse hatte er zusätzlich durch das Hören von Beatles-Schallplatten aufpoliert, wie er ihnen sogleich begeistert erzählte.

An einer Wegkreuzung will ihr neuer Freund Ferhat plötzlich wissen, ob sie der Beatles- oder vielleicht doch eher der Stones-Fraktion angehören. »Wenn ich einem Mädel so richtig imponieren will, sage ich, ich stehe auf die Stones. Wenn ich hingegen einem Mädchen in die Augen schaue und ihr meine Gefühle zeigen möchte, bin ich Beatles-Fan«, antwortet Rudolf mit einem verschmitzten Lächeln im Gesicht. Ferhat lacht und fragt, ob die Beatles in Österreich auch so populär seien wie in Istanbul. Rudolf und seine beiden Freunde schweigen, von der Frage unangenehm berührt. In Österreich wurden die Beatles kaum im Radio gespielt und auch die Boots waren schwer zu bekommen. Als die Beatles im März dieses Jahres nach Österreich kamen, wurde etwa nicht gesagt, »fahrt doch alle nach Obertauern, da seht ihr die Beatles«. Der Ball ist in Österreich flach gehalten worden. Rudolf musste in dem Moment an das Transparent »Hoch dem Eunuchenchor« denken, das den Beatles bei ihrer Ankunft in Salzburg entgegengehalten wurde. Und auch an die gehässigen Zeitungskommentare über die »verlausten Affen«. Als Kind musste er alle zwei Wochen zum Friseur gehen. Das hat er gehasst. Und jetzt endlich gibt es welche, die sich die Haare wachsen lassen und nicht, sobald die Haare ein wenig über die Ohren stehen, schon wieder zum Friseur rennen. Ein Denkmal müsste man den Beatles setzen!

Doch zum Glück gab es Radio Luxemburg und zum Glück gab es das Kino. Rudolf erzählt Ferhat – inzwischen waren sie beim aus Holz gebauten Yalı-Haus von Ahmed Afif Pasha am Ufer des Bosporus eingetroffen –, dass er mit den Beatles 1962 via Radio Luxemburg in Kontakt gekommen war. Der erste Song, der so richtig bei ihm hängen blieb, sei »From Me to You« gewesen. Ferhat spitzt die Ohren. Sein Vater, ein reicher Unternehmer aus Istanbul, hatte ihm damals genau diese Platte von einer Geschäftsreise nach England mitgebracht. 1963 habe er dann, so Rudolf weiter, im englischsprachigen Teil des Senders die Show »Battle of the Giants« gehört. Drei Gruppen traten da gegeneinander an und man wusste nicht, wer von diesen den Durchbruch erzielen würde: The Beatles, The Searchers oder The Dave Clark Five.

Rudolf musste in diesem Moment an seine Mitschülerinnen aus der Maturaklasse denken. Viele von ihnen haben überhaupt keine Ahnung von der faszinierenden Welt auf Radio Luxemburg und sie haben keine Ahnung davon, dass es Beatles-Musik gibt. Und zwar, weil deren Eltern ihren Töchtern gesagt haben, du darfst in das Konzerthaus gehen, du darfst in die Oper gehen, aber sonst eben nichts. In diesem Moment empfand er eine tiefe Dankbarkeit gegenüber seinen Eltern. Sie hatten schwierige Zeiten durchlebt, und das merkte man ihnen an. Er war froh, dass sie ihm und seinem Bruder den Spaß gönnten. Ihn schickt niemand in die Oper. Er wird weiter bei Radio Luxemburg sitzen. Als Rudolf und seine beiden Wiener Freunde beim Topkapi-Palast schließlich aus dem Taxi steigen, schreien sie ihrem Freund noch nach: »Und vergiss nicht, dir den Film *A Hard Day's Night* anzuschauen, das wird dein Leben verändern!«

Und heute noch, wenn der frühere Finanzchef der Österreichischen Post und erfolgreiche Manager Rudolf Jettmar spätabends in seinem Heimkino seinen guten Freunden zu besonderen Anlässen diesen Film vorführt, beugt er sich meist kurz nach vorne und sagt triumphierend: »Das ist Freiheit!«

TAUSENDGULDENSCHUSS

Vorsichtig öffnete Herbert seine rote Metallbox. Die hatte ihm sein Vater geschenkt, der darin im Krieg seine türkischen Zigaretten aufbewahrt hatte. Nun lagen darin elegant eingeschlichtet echte Benson & Hedges. Die im belgischen Oostende gekaufte Stange Kent ließ er vorläufig im Rucksack. Genüsslich zog er an der filterlosen Zigarette. Sie fühlte sich gut an.

Als er seinen Eltern kurz vor Beginn des Sommers eröffnet hatte, dass er gerne nach England fahren und dort autostoppen möchte, war seine Mutter regelrecht verfallen. Sein Vater jedoch sagte nur, »du musst wissen, was du willst«. Aber bereits ein Jahr zuvor hatte er im Sommer in den Ferien ein paar Wochen bei einer Arbeiterfamilie in Croydon verbracht und in relativ kurzer Zeit perfekt Englisch gelernt. Damals hatte er seine ersten Coca-Colas in der Dose getrunken und sich damit stolz im Hyde Park ins Gras gesetzt. Am Abend war der damals 15-Jährige in Clubs gewesen und von Donnerstag bis Sonntag auch in den Tanzhallen. Unter der Woche in einen Beat-Club zu gehen, das war für ihn bisher unvorstellbar gewesen. In Wien ging man maximal am Samstag am Abend fort, und es gab nur wenige geeignete Orte wie etwa das Chattanooga, das Take Five oder das Atrium im 4. Bezirk. Dort traf man immer die gleichen Leute. In den meist »alkoholfreien« englischen Clubs jedoch waren alle Hautfarben und Menschen aller Länder vertreten. In diesem Mikrokosmos hatte er die ganze Welt kennengelernt.

Und nun, ein Jahr später, stand er da in seinen Blue Jeans und seinem Militärparka und konnte sein Glück kaum glauben. Als er in London ankam und zur M1 fuhr, hielt bereits nach fünf Minuten ein alter Rolls-Royce an. Der ältere Herr fragte ihn unterwegs, nachdem Herbert glücklich eingestiegen war, ob er seiner zwölfjährigen

Tochter Deutschunterricht geben könnte. Doch Herbert hatte bereits anderes vor. Nach einem kurzen Zwischenstopp in Manchester wollte er endlich an den Ort, von dem Moderatoren auf Radio Luxemburg ständig sprachen: Liverpool! Herbert Stepic war schon seit der 3. Klasse Volksschule Internatsschüler in Strebersdorf bei den Schulbrüdern. Ab dem Gymnasium war dann jedes dritte Wochenende Heimurlaub. Daheim saß er ab Samstag und dann auch noch die halbe Nacht in der Küche mit einem alten Ingelen-Kofferradio und hörte die neueste Musik auf Radio Luxemburg. Zum Leidwesen seiner Eltern, doch er musste schließlich nachholen, was er im Internat versäumte.

Als er, in Liverpool angekommen, ganz in der Nähe der Albert Docks den Zigarettenstummel auf den Boden warf, fiel ihm auf, dass die Gasse dreckig war. Alle Straßen und Gassen hier in Liverpool waren ziemlich verschmutzt, ganz anders, als er es von Wien kannte. Doch ihn störte das nicht. Es war ein Abenteuer und genau das suchte er. Seit er vorgestern in der Stadt am Mersey eingetroffen war, hat er kaum mehr als 5 Pfund ausgeben müssen, das meiste davon für Cola und Bier, obwohl er bisher jeden Abend einen neuen Schuppen erkundete. Das Youth Hostel kostete pro Nacht lediglich 6 Pence. Er hatte schon gewusst, dass Hostels in England nicht nur günstig waren, sondern meist sogar in früheren Schulgebäuden und wunderbaren alten Schlössern untergebracht waren.

Ein wenig ärgerte er sich an diesem Abend, dass er für den nächsten Tag kein Ticket mehr bekommen hatte für den angeblich bekanntesten Club in der Stadt. In seinem Hostel hatte man ihm gesagt, dass dort, im Cavern Club, die besten Bands der Stadt zu Hause wären. Aus welchem Grund auch immer war der Abend am 3. August 1963 nun bereits ausverkauft gewesen. Doch man hatte ihm eine andere Adresse genannt: die Grafton Rooms an der West Derby Road, Liverpool, Merseyside. Das Konzert dort war für den 2. August vorgesehen, Herbert machte sich auf den Weg.

Im Bus waren ihm bereits einige irrwitzig angezogene Gleichgesinnte aufgefallen, alle etwa in seinem Alter. Die Mädchen schwarz gekleidet in Mini-Skirts und Leder sowie hohen Stiefeln. Die meisten waren wild und die Augen dunkel geschminkt. Die Burschen trugen dünne schwarze Krawatten, manche von ihnen hatten längere Haare, andere wiederum einen Igelschnitt. Herbert schwor sich in dem Moment, sich beim nächsten Mal ebenfalls ein wenig mehr herauszuputzen. Die Fahrt kam ihm endlos vor, bis er schließlich das Gebäude betrat. Gemeinsam mit einigen anderen Jugendlichen huschte er in die Halle, in der das Konzert stattfand. Wenigstens war er nicht der Einzige, der zu spät dran war. Er weiß noch, wie im Eingangsbereich einige Burschen standen, die ihre Cola-Gläser randvoll mit Eis angefüllt hatten und ihm freundlich zunickten. Irgendjemand sagte etwas zu ihm, doch er verstand nichts davon. Das lag am ganz eigenartigen Englisch, das sie sprachen – und zusätzlich dröhnte ihm ungeheuer laute Musik vom vorderen Teil des ebenerdig gelegenen ansehnlichen Saals entgegen.

Im nächsten Moment, als er nach vorne blickte, wurde er von einem plötzlichen Hochgefühl erfasst. Die Musik ging ihm sofort ins Blut und in die Nerven. Vorne standen drei bewundernswert gut gekleidete Musiker mit ihren Jacketts und ihren Gitarren. Sie hatten so feine Gesichtszüge, dass Herbert sofort den Eindruck hatte, dass sie nicht aus der Arbeiterklasse, sondern dem besser situierten Mittelstand kamen. Wie Sirs wirkten sie auf Herbert. Dahinter der Drummer, ebenfalls im Anzug. Doch der unglaublich harte und kantige Sound der Band stand in schroffem Gegensatz zu den adretten Bühnenoutfits. Wiewohl er die Songs damals noch nicht kannte, hatte er das Gefühl, dass die Musiker nicht nur hart spielten, sondern dabei auch improvisierten. Perfekt improvisierten. Herbert starrte ungläubig und fasziniert in Richtung Bühne. Ein Einheimischer rüttelte ihn am Arm und schrie ihm ins Ohr: »These are the good ones!« Dann, nach zwei bis drei Songs, skandierten die Fans lautstark den Namen der Band: »Beatles! Beatles! Beatles!«

Ein Jahr zuvor, am 3. August 1962, waren die Beatles erstmals in den Grafton Rooms aufgetreten. Die Beatles waren die Headliner des Abends gewesen, vor ihnen waren The Undertakers, Sonny Webb & The Cascades, The Coasters und The Dennisons aufgetreten. Nun, ein Jahr später, bei der Show, die Herbert besuchte, standen die Beatles allein im Mittelpunkt – mit Ausnahme der lokalen Vorgruppe aus Widnes, The Dominant Four. Zwischen Veranstalter Albert Kinder und Beatles-Manager Brian Epstein war für diesen Auftritt der Beatles ein Honorar von nicht mehr als 100 Pfund vereinbart worden, auch wenn die »Fab Four« zu dieser Zeit bereits wesentlich mehr hätten verlangen können. Kurz nach Mitternacht, im Bus auf der Rückfahrt ins Stadtzentrum, erzählten sich die Fans rund um Herbert, dass für das Konzert der Beatles im Cavern am nächsten Tag die Tickets binnen einer halben Stunde komplett ausverkauft gewesen waren. Es war das allerletzte Konzert der Beatles an ihrer »Geburtsstätte«.

Zurück in Wien, erzählte Herbert seinen Freunden: »Sie haben sehr rhythmisch gespielt, anders, als ich sie von den Platten kenne, also viel kantiger und weniger abgeschliffen, und sie haben in einem durchgespielt und keine Pause gemacht. Unglaublich ›fetzige‹ Musik. Mein Empfinden war, dass sie selber unglaublich ›angeturnt‹ waren. Je länger sie spielten, desto hitziger ist es geworden. Und natürlich auch die Reaktion des Publikums! Wenn sie einen Song anstimmten, dann haben die Fans am Anfang gleich mitgesungen. Und am Ende – da war wirklich die Hölle los.« Dem jungen Herbert Stepic, dem später eine erfolgreiche und beispiellose Karriere in der Bankenwelt beschieden war, war noch längere Zeit danach allerdings nicht bewusst, dass er einen Abend mit der größten Band der Welt verbracht hatte – ein »Tausendguldenschuss«, wie einer seiner Freunde meinte. Ebenso wenig, dass die Beatles und deren Musik ein wesentlicher Motor für die Liberalisierung der englischen Gesellschaft waren.

MICHAEL KÖHLMEIER UND DIE ANTWORT AUF »NO REPLY«

Behutsam griff Alois zur Tasse, in der linken Hand ein Stück frisches Weißbrot, bereit zum Eintunken in seinen heißen »Allongé«, wie er ihn am liebsten hatte, seit jenen Tagen in Paris. Vor allem, wenn es draußen kalt wurde. Plötzlich hielt er inne, mit leicht geöffnetem Mund. Aus dem Radio kam ein Lied, das er noch nie gehört hatte. »Mein Sohn, ist das schön!« Der hatte den Song bereits gehört: Michaels Freund Reinhold hatte sich vor wenigen Tagen das neue Album der Beatles gekauft, die beiden hatten es sich gemeinsam sofort angehört. »No Reply« war gleich als erster Song auf der Platte gekommen und die beiden 15-Jährigen hatten mitgeklatscht, als die Beatles im Mittelteil zu klatschen begannen. Michael strahlte: »Das ist ›No Reply‹ vom neuen Album ›Beatles for Sale‹, Vater!« Fast gleichzeitig führten die beiden ihre Kaffeetassen zum Mund, nahmen einen kräftigen Schluck und blickten hinaus in den kalten Wintermorgen.

Alois Köhlmeier liebte die klassische Musik, den Jazz und die französischen Chansons. Überhaupt war er begeistert von guter Musik – dazu konnte für ihn genauso Blasmusik gehören. Darin unterschied er sich von vielen seiner Journalisten-Kollegen, die die volkstümliche Musik so runtermachten. Auch mit Gerhard Bronner, den er sonst schätzte, war er in diesem Punkt nicht einverstanden. Eher wenig hingegen konnte Alois mit den Rolling Stones und dem Blues anfangen. Er fand die Musik interessant, aber sie berührte ihn nicht. Später sagte er einige Male, dass die Beatles für ihn wie die Fortsetzung von Schubert seien: »Dieser Melodienreichtum der Beatles, den hat auch Schubert gehabt. Auch er hat beinahe schon ›Songs‹ geschrieben«, meinte er. Als der Song verklungen war, erzählte Alois, der auch genau auf den Text achtete, seinem Sohn, dass

»No Reply« von einem jungen Mann handle, der seine Freundin nicht erreicht, obwohl er weiß, dass sie zu Hause ist. Er sei in Sorge, dass sie jemand anderen gefunden hätte.

Michael Köhlmeiers Sorge war bald eine ganz andere. Inzwischen hatte er sich eine Gitarre zugelegt und begonnen, mit seinem Freund Reinhold Bilgeri Musik zu machen. Die Rolling Stones nachzuspielen war relativ einfach. Auch Dylan zu spielen war einfach, überschaubar. Doch bei den Beatles-Songs stimmte irgendetwas nicht. »No Reply« fängt auf G an, geht auf E über und doch klang es beim Nachspielen dieser Akkorde nicht so wie auf der Platte. Das passierte ihnen immer wieder, nie klangen ihre Songs so wie die der Beatles auf der Platte. »With a Little Help from My Friends« brachten sie zwar stimmlich ziemlich gut zustande, aber der Song klang trotzdem anders und irgendwie ein wenig flach und einförmig. Irgendwann hauten sie dann den Hut drauf. Das war bitter. Denn die Beatles waren der Auslöser für sie gewesen, mit der Musik zu beginnen. Sie dachten damals, dass es für einen jungen Mann keine andere berechtigte Existenz gäbe, als in einer Band mit zwei Gitarren, einer Bassgitarre und einem Schlagzeug zu spielen. Erst später, als Michael Köhlmeier sich ein Songbook der Beatles zulegte – da hatten sich die Beatles schon getrennt –, sah er alle diese seltsamen Akkorde in den Liedern der Beatles: E6, Fdim, C9. Er dachte nur: »Die Hälfte der Akkorde kenne ich gar nicht!« Daraufhin besorgte er sich auch noch extra ein Akkord-Buch, in dem die Griffe anhand von Zeichnungen des Griffbretts erklärt wurden.

Die Vorstellung der Beatband als einzige mögliche Existenzform für junge Männer lockte auch allerhand finstere Gestalten aus der Deckung. Eines Tages klingelte es an der Türe des Elternhauses. Michael Köhlmeier stellte seine Gitarre zur Seite und öffnete. Er wurde blass und zog die Türe gleich wieder ein Stück weit zu. Draußen stand Edi Schäfer, eindrucksvoll in seiner Gestalt, gutaussehend und gefürchtet – ein Schläger. Er und seine Familie galten in Hohenems als echte Underdogs. Für einen Moment will Edi seinen Fuß in den Türspalt setzen, ehe er es sich dann doch anders überlegt und sagt: »Ihr habt eine Beatband, der Bilgeri und du, gell? Ich tue jetzt da mit und mein Bruder auch.« Michael wischt sich den Schweiß von der Stirn und macht stammelnd den Versuch: »Ja, aber wir sind eigentlich schon komplett.« Das lässt Edi nicht gelten, »na, nix komplett«. – »Und was würdest du spielen?« – »Den Bass, das ist am leichtesten, den kann ich lernen.« – »Kannst du schon ein wenig spielen?« – »Nein, bis jetzt nicht.« – »Was macht der Jimmy?« – »Jimmy würde Schlagzeug spielen.« – »Habt ihr ein Schlagzeug?« – »Nein, bis jetzt nicht.« Die Vorstellung, dass ein Schäfer-Bruder nun auch noch die Rolle des Ringo Starr bei ihnen übernehmen sollte und auf einem Schlagzeug drauflos dreschen würde, ohne jemals an einem solchen gesessen zu sein, war Michael zu viel. »Ich werd's mir überlegen«, sagte er und schloss schnell die Türe. Das Gitarrespielen war ihm für diesen Tag gründlich vergangen.

Ringo wurde von vielen lange unterschätzt, so Köhlmeier heute, ein Schlagzeuger-Freund hatte ihm Folgendes erzählt: Wenn man bei zehn unterschiedlichen Songs mit zehn unterschiedlichen Schlagzeugern alle anderen Instrumente wegblendet, würde man neun von den zehn Schlagzeugern nicht identifizieren können, aber den Ringo würde man erkennen, so markant sei sein Spiel. Ringo hat Backbeat gespielt und über die Basstrommel oft ein Tuch gelegt – ein weiteres Charakteristikum seines Schlagzeugstils. Auch George Harrison sei lange ein total unterschätzter Musiker und Komponist gewesen – inzwischen freilich sei er das nicht mehr. Die Beatles hätten sich gegenseitig hochgeschaukelt.

Von den Wandervögeln zu den Beat-Gitarren

Michael Köhlmeier hat bereits Mitte der 1960 Jahre begonnen, Musik zu machen – mit seinem Hohenemser Freund Reinhold Bilgeri, der sich später nicht nur als Musiker, sondern auch als Drehbuchautor, Kabarettist und Filmemacher einen Namen machen sollte. Die beiden kennen einander seit Kindestagen und sind wie Brüder aufgewachsen. Bei Michaels Eltern war immer ein Stuhl freigehalten für den jungen Reinhold, der auch gerne an ihren Esstisch hinzukam, denn Michaels Mutter konnte besonders gut kochen. »Ich hatte mit ihm ein brüderlicheres Verhältnis, als mein Verhältnis zu meiner Schwester schwesterlich war. Das hat man dann gar nicht so gerne gesehen und gemeint, die beiden Buben hecken lauter Zeug aus. Dann hat man uns in verschiedene Internate gegeben. Gemeinsame

Schule, aber unterschiedliche Schlaf- und Studierinternate. Und zu dieser Zeit sind dann die Beatles aufgekommen.«

Bevor ihn die Beatles begeisterten, waren »If I Had a Hammer« von Trini Lopez und »House of the Rising Sun« in der Version von den Animals und Eric Burdon die ersten Songs, die Köhlmeier als Popmusik wahrgenommen hatte. Andere Musik, die ihm begegnete, interessierte ihn zuerst wenig: Es gab eine Blasmusikkapelle im Studierendenheim, weiters wurde das Gitarrespielen stark gefördert. Doch für den jungen Michael Köhlmeier war damals die Gitarre ein No-Go. Er dachte dabei nur an die braven Ministranten, die zum Gitarrenspiel Lieder sangen. An der Kopfplatte hingen dabei bunte Bänder wie bei den Wandervögeln. Abseits der Ministrantenassoziation war die Gitarre in Michaels Welt ein Schlagerinstrument. Bis dann die Beatles kamen. Mit einem Mal war die Gitarre das interessanteste Instrument. Und im Internat prompt verboten.

Doch Michael Köhlmeier und Reinhold Bilgeri hatten da schon ihren Entschluss gefasst, wie John Lennon und Paul McCartney zu werden, und später dann wie Mick Jagger und Keith Richards. Und sie dachten: »Wenn wir wirklich gut werden wollen, dann sind wir so gut wie das Beatles-Songwriterduo und die ›Glimmer Twins‹ zusammengepresst.« Auch Eric Burdon und sein Pianist Alan Price sowie Ray und Dave Davies von den Kinks waren mehr als akzeptable Vorlagen für die beiden.

Stones oder Beatles? Wenn Michael Köhlmeier diese Frage hört, wird er noch heute ärgerlich. »Warum soll ich mich gegen die Stones oder gegen die Beatles entscheiden? Diese Frage haben sich Journalisten ausgedacht. Es ist absurd, mich musikalisch entscheiden zu müssen, natürlich beide!« Georg Danzer hätte ihm zweifelsohne zugestimmt, er formulierte es so: »Einmal war ich mit den Beatles verheiratet und die Stones waren meine Geliebte, dann wieder war es umgekehrt. Am liebsten hätte ich es gehabt, wenn die Beatles und die Stones eine neue Band gegründet hätten – The Rolling Beatles oder The Beating Stones, oder einfach nur Beatles & Stones.«

Keith Richards, so Köhlmeier, sei ein genialer Riff-Player. Aber seine jubilierenden 20-minütigen Soli habe er nie gemocht. Auf der 1968 erschienenen Stones-LP »Beggars Banquet« gebe es einen Song von ihm, in dem das Solo gewissermaßen aus einer Aneinanderreihung derartiger Riffs besteht. Das sei wie Zirkus, so Köhlmeier. Aber bei den Beatles sei das nie so gewesen: »Da ging es um den Song und um einen einheitlichen Klangkörper.« Da kommt Köhlmeier schnell ins Schwärmen: Auch die frühen Beatles-Coverversionen von Chuck-Berry-Nummern, wie etwa das von George Harrison gesungene »Roll Over Beethoven«, habe er wahnsinnig gut gefunden. Besonders liebt er heute noch das Lied »Girl« vom Album »Rubber Soul«, das als musikalische Antwort John Lennons auf das von Paul McCartney komponierte Lied »Michelle« mit seinen französischen Verszeilen gedeutet wird. »Solche Melodien hätte sonst wohl nur Schubert schreiben können«, meint er und muss dabei wieder an seinen Vater denken, der dies schon sehr früh gesagt hatte.

Die Beatles gehören auch mir

Im Unterschied zu seinem Freund Konrad Paul Liessmann habe er Musik nie unter dem Aspekt gesehen, was diese zur Revolution beitragen könne, so Köhlmeier. Er hat den Eindruck, dass da manchmal ein Haudegentum im Spiel ist, indem man zurückschaut und sagt, ja damals, da haben wir revoltiert gegen die Gesellschaft. Auch Adorno sei damals bei Köhlmeier »drei Stockwerke heruntergefallen«, als er von dessen Tiraden gegen die Beatles hörte. Als er so 14, 15, 16 Jahre alt war, sei ihm dies alles völlig egal gewesen und es nicht darum gegangen, zu revoltieren. Entscheidend sei nur eines gewesen: zwei Gitarren und eine Band, damit man auch bei den Mädels besser ankomme. Ein Klavier konnte man nicht einfach mitnehmen und eine Mundharmonika war halt ein bisserl wenig. Also musste eine Beatband her. »Ich habe gewusst, den Mädchen gefällt diese Musik besser als die von den Jungscharauftritten«, so Köhlmeier.

Später wurde das dann ein wenig anders. In der Maturaklasse von Michael Köhlmeier gab es drei oder vier Mitschüler, die sich die Haare hatten wachsen lassen. Ihr Griechischlehrer drohte vor Beginn der Prüfungen: »Es gibt zwei Arten von Matura – eine für Kurzhaarige und eine für Langhaarige. Die Langhaarigen werden die Matura nicht schaffen.« Niemand wollte ein Scheitern riskieren – der Lehrer meinte es ernst. Also gingen sie zähneknirschend zum Friseur.

Alois Köhlmeier war erfolgreicher Journalist, hatte die »Neue Vorarlberger Tageszeitung« gegründet, ursprünglich aber war er ein einfacher, wenn auch sehr intelligenter Bauernsohn. Während des Krieges machte er erstmals Bekanntschaft mit dem kulturellen Leben abseits des Bauernhofes, diente als »Bursche« eines deutschen Offiziers in Paris, eines überzeugten Hitlergegners, der die Kultur liebte. Er hat Alois Köhlmeier in Museen mitgenommen, in Konzerte, machte ihn mit Literatur bekannt, ein Erweckungserlebnis für den jungen Hohenemser. Danach sah dieser nur einen einzigen Weg, aus der »Ideologie des Landlebens« herauszukommen, und das waren die Bücher. Für seinen Vater, meint Michael Köhlmeier heute, sei entscheidend gewesen, ob jemand gescheit war oder nicht, und nicht, ob jemand lange Haare hatte. »Bist du gescheit mit langen Haaren, oder dumm mit kurzen Haaren, bist du mir hundertmal lieber mit langen Haaren.« So habe sein Vater gedacht.

Lange Haare waren keine Erfindung der 1960er Jahre. Die Nasiräer des Alten Testaments hatten Zeiten, in denen sie ihr Haar nicht schnitten, um ihre Bindung zu Gott zu demonstrieren. Auch Darstellungen von Jesus Christus zeigen ihn von jeher mit langem Haar. Das gilt auch für zahlreiche Helden und Götter der griechischen Mythologie wie Zeus, Achilles, Hektor und Poseidon. Und wohl auch für Apoll, den Gott des Lichts, der Musik, der Dichtkunst. Der Satyr Marsyas wagte es einst, ihn zum Wettstreit herauszufordern. Zuvor hatte er ein seltsames Rohrblattinstrument – den Aulos – gefunden und gelernt, diesem betörende Töne zu entlocken. Der zunächst überlegene Marsyas wird jedoch in die Knie gezwungen, als der listige Apoll seine Lyra umgedreht spielt und dazu singt, und damit zum Vorbild aller linkshändigen Gitarristen von Jimi Hendrix bis Paul McCartney wird, wie Köhlmeier in seinen »Klassischen Sagen des Altertums« erzählt.

»Lyrik kommt von Lyra«, und Gedichte seien ursprünglich gesungen worden. Dylan und auch die Beatles sind also Lyriker im besten Sinne und Ersterer hat dafür auch den Nobelpreis bekommen. Sie sind selbst zu mythischen Figuren geworden, wodurch gewährleistet ist, dass ihre Geschichten weitererzählt werden. Die Volksseele fühlt sich von ihnen angesprochen und sagt sich: »Die Beatles gehören auch mir und ich habe das Recht, Geschichten über die Beatles weiterzuerzählen«, so der Autor und Musiker.

Und dann meint Michael Köhlmeier noch: »Die Nummern von Taylor Swift – ich kann sie mir nicht merken. Die klingen alle gleich, auch wenn sie zehn Nummern gleichzeitig in der Hitparade hat.« Bei den Beatles hingegen sei jeder Song etwas Besonderes gewesen, deshalb hätten sie eigentlich auch keine B-Seiten gehabt. »Die Beatles waren nicht in der Lage, einen schlechten Song zu schreiben!«

DER PHILOSOPH KONRAD PAUL LIESSMANN ÜBER DAS LEBENSGEFÜHL NAMENS BEATLES

Ich kam mit den Beatles sehr früh in Kontakt. Ihr Siegeszug fiel zusammen mit meiner Pubertät, in der man empfänglicher ist für neue Entwicklungen. Anfang der 1960er Jahre gab es nur zwei Medien – das Radio und die Schallplatte. Bei beiden verbinden sich meine Erfahrungen mit der Musik der Beatles. Meine Eltern haben in erster Linie klassische Musik gehört, und als Pubertierender hört man nicht unbedingt die Musik der Eltern. Es gehört zum Wesen des opponierenden Kindes, eine andere Musik zu hören. Ich habe Popmusik daher als Ausdruck eines gewissen rebellischen Gestus erachtet. Dafür standen die Beatles – nicht alleine, aber sie standen dafür. Auch durch die längeren Haare, die ich eine Zeitlang ebenfalls getragen habe, lange Haare waren zunächst eine Protestform – in dem Moment, wo sie zu einer reinen Mode wurden, war es damit vorbei. Auch ist interessant, dass die Beatles in einer ersten Phase relativ gepflegte Haare hatten, andere Popmusiker da viel wilder waren. Lennon und Harrison zogen dann später nach, und McCartneys Haare waren nie so richtig lang.

Eine Form der Rebellion gab es natürlich durch die Musik. Gehört wurde damals Radio Luxemburg. Die Hitparade auf Radio Luxemburg hat den musikalischen Maßstab vorgegeben. Es war ein harter Kampf, bis ich so viel Taschengeld angesammelt hatte, dass ich mir ein eigenes Kofferradio zulegen konnte, um ungestört von den elterlichen Kontrollversuchen zu sein. Auch hatten wir einen Plattenspieler, ein altes Koffergerät, zu Hause, der nur mit elterlicher Zustimmung in Betrieb genommen werden durfte. Ich weiß, dass ich alle möglichen Tricks angewandt habe, um die Beatles-Platten zu hören – das muss um 1965 gewesen sein. So habe ich unter dem Vorwand, dass wir vom Englischlehrer Platten bekommen hätten, um Englisch zu lernen, meine Mutter dazu gebracht, den Plattenspieler freizugeben. Nach den beiden Englisch-Platten habe ich den Song »Rock And Roll Music« in der Version der Beatles aufgelegt – zum Entsetzen meiner Mutter.

Beatles und Stones – der ewige Vergleich

Schon sehr früh in meiner musikalischen Geschmacksentwicklung in dieser Zeit hatten die Beatles keine Monopolstellung mehr. Da ich mich als Mittelschüler zu politisieren begann, stellte sich natürlich die Frage, welchen Stellenwert die Beatles etwa im Vergleich zu den Rolling Stones und zu den Protestsängern wie Bob Dylan und Joan Baez hatten. Bei allem, was uns gefallen hat an den Beatles, hat es sehr wohl Diskussionen unter uns damals 14- und 15-jährigen Gymnasiasten gegeben, ob die Musik der Beatles nicht doch zu glatt und zu angepasst sei. Der Welterfolg der Beatles war für uns schon auch ein Erfolg, der auf eine gewisse Eingängigkeit zurückzuführen war. Deshalb waren spätere Arbeiten der Beatles für uns ganz wichtig, in denen sie begonnen hatten, zu experimentieren. Das hat angefangen mit »Sgt. Pepper«, und dann vor allem das »Weiße Album« – diese Aufnahmen haben die Beatles in unseren Augen rehabilitiert. Sie sind darin so weit gegangen, wie man als Popmusiker damals überhaupt gehen konnte. Plötzlich waren sie wieder auf Augenhöhe mit dem rebellischen Ton der Rolling Stones gewesen.

In der mittleren Phase der 1960er Jahre war ich eigentlich eher ein Stones-Fan und nicht so sehr Beatles-Fan. Die Stones hatten wir als revolutionär empfunden, sowohl von der Musik her als auch von den Texten. »Sympathy for the Devil« oder »Street Fighting Man« – das waren Revolutionslieder für uns. Es war damals schon fast eine fundamentale Geschmacksentscheidung, ob man jetzt Fan der Beatles oder Fan der Stones war. Es waren zwei Welten, die wir lange für unvereinbar gehalten haben als junge Menschen. Und wir wissen, mit welchem absolutistischen Gestus junge Menschen ihre musikalischen Vorlieben verteidigen! Die Beatles hatten schon Ende der 1960er Jahre bis kurz vor der Auflösung einen konformistischen Touch. Der Reichtum ihrer Kompositionen und ihre Vielfalt sind mir dann erst später wieder klargeworden. Die Songs der Stones hingegen hatten einen relativ einförmigen Stil – sie spielen noch heute so wie vor 50 Jahren. Bei den Stones hat man gesagt, »das ist ein typischer Stones-Song«, oder bei den Kinks, »das ist ein typischer Kinks-Song«. Aber was wäre jetzt typisch Beatles?

Die Beatles sind niemals stehengeblieben und waren im Rückblick betrachtet natürlich wesentlich variantenreicher: Was musikalische Einfälle betrifft, was Melodien betrifft und auch, was Textsujets betrifft. Da ging es nicht nur um Liebe und Liebesverlust, also die klassischen Popthemen. Sie konnten über einen Autor von Taschenbüchern schreiben oder darüber, wie man sich einen 64-Jährigen vorzustellen hat, abgesehen von den eingeschmuggelten zeitgeistigen Botschaften – freie Sexualität, Drogen.

Wer Carla Bley hörte, wusste: Die Beatles sind Kommerz

Bei uns in der Klasse im Gymnasium und später dann an der Uni wurde damals alles rezipiert und diskutiert. Die Beatles haben daher auch – aber nicht nur – einen wesentlichen Aspekt des Lebensgefühls für junge Menschen in Österreich ausgemacht. Dadurch haben sie auch eine Rolle gespielt im Generationenkonflikt, in der 68er-Bewegung, in diesem Aufbrechen von bürgerlichen Familienstrukturen und Lebensstrukturen. Die breite Rezeption dieser Themen in Österreich wäre ohne den Einfluss der Beatles nicht möglich gewesen.

Doch es war auch die Zeit, in der es vor allem bei der linken, kritischen Intelligenz den Verdacht gab, dass Pop zu einem rein kommerziellen Ereignis würde und der ganze rebellische, revolutionäre, gesellschaftspolitische Aspekt dieser Musik von den Märkten aufgesogen würde. Die Musik einer kritischen Intelligenz ging in den späten 1960ern und frühen 1970ern schnurstracks in Richtung Frank Zappa und zu den radikalen Formen des Avantgarde-Pop sowie zu den Kreuzungen zwischen Pop und Free Jazz. Gemessen an Jimi Hendrix, Janis Joplin oder den Doors klangen die Beatles irgendwie altbacken. Und hatte man einmal etwas von Carla Bley gehört, wusste man: Die Beatles sind Kommerz.

Den Beatles wurde spätestens dann dezidiert politische Musik entgegengesetzt. Die ganze Singer-Songwriter-Bewegung hat sich gegen diese Art von Pop gerichtet, der von den Beatles repräsentiert wurde. Das heißt nicht, dass die Beatles das so beabsichtigt hatten, aber so ist es im politischen Diskurs wahrgenommen worden.

Als dann das »Weiße Album« erschienen ist, hat man sich die Frage gestellt, wie es mit den Beatles eigentlich weitergehen soll. Das Album »Abbey Road« und vor allem das Album »Let It Be« wurden von vielen als musikalische Rückschritte empfunden. Ich kann mich an wüste Diskussionen im Gymnasium erinnern – über die einzelnen Bands, und wie diese auch ideologisch überdeterminiert worden sind. Als die Beatles zum klassischen Songformat zurückgekehrt sind, da haben uns die anderen Gruppen besser gefallen. Es ist auch retrospektiv ein Irrglaube, zu meinen, die Beatles hätten eine absolute musikalische Dominanz gehabt. Sie waren ein Türöffner. Ab Mitte der 1960er Jahre hat sich das ziemlich ausdifferenziert und es entstand eine große Bandbreite. Deshalb war das »Weiße Album« so wichtig, weil der klassische Drei-Minuten-Song darin endlich mal gesprengt wurde, oder wir es bei »Sgt. Pepper« mit einem durchkomponierten Album zu tun bekamen. Ich war Ende der 1960er Jahre, Anfang der 1970er Jahre, eigentlich ein Fan von The Nice, später von Emerson, Lake and Palmer, die auch mit klassischer Musik experimentiert hatten. Ich habe The Nice 1969 beim Musikforum Ossiach live erlebt, wo sie das Brandenburgische Konzert interpretiert hatten. Man muss die Beatles also im Kontext einer gesellschaftskritisch avantgardistischen Jugendbewegung sehen, für die sie eine Initialzündung dargestellt haben, gleichzeitig aber vielen auch nicht weit genug gingen.

Heute sehe ich das anders. Es hat eine gewisse Zeit gebraucht, um sich rückblickend der musikalischen Qualitäten der Beatles zu vergewissern. Deren Genialität halte ich heute für nahezu unübertroffen, auch wegen der von ihnen gezeigten musikalischen Wandelbarkeit. Ich möchte also ausdrücklich unterscheiden zwischen meinem damaligen Lebensgefühl und meiner heutigen Beurteilung.

Die Beatles als Synonym für Popmusik

Als sich die Beatles auflösten, war das für uns ein einschneidendes Erlebnis, ein richtiggehender Schock, andererseits war es die Zeit, als es die unterschiedlichsten Ausdifferenzierungen des popmusikalischen Spektrums gegeben hat. Die Beatles hatten eines geschafft in diesem Lebensgefühl der 1960er Jahre: Sie wurden, bei all dem, was es sonst noch gab, zum Synonym für Popmusik. Wer wenig Ahnung von Popmusik hatte und trotzdem etwas dazu sagen wollte, hat immer die Beatles erwähnt, keine andere Gruppe. Sie waren also eine Zeitlang der Inbegriff »der Band«, des neuen musikalischen Stils schlechthin und eines damit verbundenen Lebensgefühls, ob zu Recht oder zu Unrecht, bleibt dahingestellt.

Weil die Beatles es geschafft haben, als Band im Gesamten für eine gewisse popkulturelle Strömung zu stehen, waren sie gleichzeitig auch das Feindbild aller Konservativen. Wer zum Ausdruck bringen wollte, dass er von dieser Form der Musik und von der damit verbundenen Mode, der damit verbundenen Lebensweise, der freieren Sexualität, nichts hält, sondern all dies als ein Dekadenzphänomen, als ein Verfallsphänomen betrachtet, hat immer auf die Beatles Bezug genommen. Sie waren, was das betrifft, wesentlich präsenter als die Stones, obwohl die Stones dieses subkulturelle Lebensgefühl repräsentiert haben. Aber die Beatles waren einfach omnipräsent. Ich habe eine Jugendbeilage zu einer Tageszeitung gelesen, das war in den frühen 1960er Jahren, darin fand sich ein Bericht über die Stones, die »noch wilder sein wollen als die Beatles«. Was immer dann noch kam und noch wilder und noch exzessiver war, die Beatles waren eine Art Folie, an der alles gemessen wurde. Das muss man wissen, wenn man die Jugendrevolte der 1960er Jahre rekonstruieren möchte – die Folie waren die Beatles.

Der philosophische Hausgott und sein Blick auf die Beatles

Als sich Theodor W. Adorno, der für uns linke Studenten ein maßgeblicher Theoretiker war, dann einmal negativ zu den Beatles äußerte, war ein Punkt erreicht, an dem es geknirscht hat. Wenn Adorno nicht über klassische Musik, nicht über Jazz schreibt, wo er sich auch schon wenig auskennt, sondern über Popmusik, fallen ihm nur die Beatles ein und sonst nichts. Und es fällt ihm diese Manie, diese völlig hysterische Anhängerschaft ein, die jemandem, der die massenpsychologischen Innovationen der Nazis kennengelernt hat, daher nur schreckhaft erscheinen konnte. Tausende von Menschen, die besinnungslos verzückt sind und grölen, müssen einem Denker, der in der kritischen Distanz, in der Individualisierung, in der Mündigkeit, das eigentliche Projekt der Aufklärung gesehen hat, wie eine furchtbare Regression erscheinen. Das war sicherlich ein wesentlicher Punkt seiner Ablehnung, einer von mehreren jedenfalls: Einer waren seine musikalischen Vorurteile. Den Jazz mochte er auch nicht. Aber die Popmusik hielt er – im Vergleich zu dem, was die avantgardistische E-Musik damals geleistet hat – schlichtweg für reaktionär.

Für meinen damaligen philosophischen Hausgott Adorno waren die Beatles rückschrittlich, obwohl sie und die Stones von uns Studierenden als ästhetisch fortschrittlich gesehen wurden. Sie waren für Adorno rückschrittlich, weil sie aus seiner Sicht mit wenigen Ausnahmen nicht über einfache musikalische Schemata hinausgekommen sind. Künstlerisch waren sie für ihn schlicht uninteressant.

Darüber hinaus waren sie für ihn vor allem die Inkarnation eines bestimmten Mechanismus der Kulturindustrie, wodurch massenpsychologische Affekte erzielt wurden. Er hat einmal eine empirische Studie angeregt über das Verhalten von Beatles-Anhängerinnen und -Anhängern. Diese wollte er ähnlich anlegen, wie jene berühmt gewordenen Studien über den autoritären Charakter von Hitler-Anhängern. Er wollte wissen, wie der Mechanismus der hysterischen Begeisterung und, damit verbunden, jener der Unterwerfung funktionieren. Es ist allerdings nie zu dieser Untersuchung gekommen. Adornos Hauptargument war, dass diese Manie und Begeisterung ein industrielles Produkt seien, das die Vernebelung des Bewusstseins zur Folge hätte. Egal, ob die Beatles das wollten oder nicht – sie waren in seinen Augen ein Teil dessen, was er »Verblendungszusammenhang« genannt hat. Das heißt, man wird unfähig, die Dinge zu erkennen, kritisch zu reflektieren, weil man sich in diesem falschen Lebensgefühl bewegt.

Das hat natürlich auch bei Adorno zu ziemlich kritischen und spannungsreichen Diskussionen mit seinen Studierenden geführt, die ja zu einem großen Teil Anhängerinnen und Anhänger dieser Popmusik und Popkultur waren. Diese war – auch für mich – Ausdruck eines authentischen und rebellischen Charakters, was

Adorno wiederum in Abrede gestellt hat. Fatal war auch, dass gesagt wurde, dass die wirkliche Avantgarde keinen kommerziellen Erfolg haben durfte. Das, was kommerziell erfolgreich sein soll, was den Massengeschmack trägt und die Massen begeistert, musste also schon von vornherein angepasst sein, sonst würde dieser Erfolg gar nicht eintreten. Erfolg war etwas, dem dieser Philosoph sehr skeptisch gegenüberstand, obwohl er Wert drauf gelegt hatte, selbst Erfolg zu haben.

In der Geschichte der kritischen Theorie sind viele Schülerinnen und Schüler Adornos seiner – und auch Horkheimers – Kritik der Kulturindustrie und des Spätkapitalismus gefolgt – bis zu dem Punkt, wo er sich kritisch über Jazz und Pop geäußert hat. Da wurde dann gesagt: »So weit gehen wir nicht! Da kennt er sich nicht aus. Das muss man jetzt wegstreichen. Das sind seine dunklen Flecken.« Dennoch hat die Sichtweise Adornos damals auch bei mir zu inneren Konflikten geführt – bis zu der Frage, ob man, nachdem man Adorno gelesen hat, jetzt überhaupt noch ruhigen Gewissens die Beatles hören darf. Ich habe dann tatsächlich viele Jahre keine Popmusik mehr gehört, sondern – angeregt durch Adorno – Mahler, Schönberg, Berg und Webern. Was die Beatles betrifft, hat Adorno geirrt, aber was die Entwicklung der Popmusik insgesamt betrifft, hatte er vielleicht doch ein wenig recht. Das, was heute oft produziert und gehypt wird, ist furchtbar – ein Einheitsbrei! Demgegenüber waren die Beatles tatsächlich individuell und revolutionär. Am Beispiel Adornos sieht man, dass jemand recht haben kann, indem er unrecht hat, und umgekehrt.

Es gibt die in rechten Kreisen zirkulierende Verschwörungstheorie, zuletzt geäußert von dem 2022 verstorbenen brasilianischen Philosophen und Bolsonaro-Berater Olavo de Carvalho, dass Adorno selbst die Songs der Beatles geschrieben hätte und damit der wahre Urheber des Beatles-Hypes gewesen sei. Diese krude Theorie besagt, dass die Frankfurter Schule die Aufgabe gehabt hätte, die westliche Gesellschaft durch Dekadenzangebote geistig und materiell zu schwächen.

Popmusik spielt in diesem Kontext eine zentrale Rolle, und die irrwitzige Theorie behauptet weiter, dass die Beatles aufgrund ihres musikalischen Vermögens gar nicht imstande gewesen wären, derart qualitätsvolle Songs zu schreiben. Darum musste Adorno helfend einschreiten. Wie man dann darauf kommt, ausgerechnet dem größten Kritiker der Beatles und der Kulturindustrie so etwas zu unterstellen, das weiß ich nicht. Ich kann es mir nur so vorstellen, dass Adorno dafür herhalten musste, weil er, der Schüler von Alban Berg, die kompositorischen Fähigkeiten hatte und das Handwerk beherrschte. Und weil dem noch immer nicht genug ist, gibt es sogar die Vermutung, dass Fidel Castro diese Verschwörungstheorie ins Laufen gebracht hätte.

Wenn ich heute Beatles höre, höre ich sie nicht so, wie ich sie hören würde, wenn ich sie vorher nie gehört hätte, sondern ich höre sie als Reaktivierung des Lebensgefühls der damaligen Zeit. Die Musik, mit der man in seiner Jugend sozialisiert wird, setzt immer etwas wie eine Markierung im Gedächtnis. Diese musikalischen Jugenderfahrungen haben damit eine wesentliche Funktion. Ich kann Songs wie »Yesterday«, »Help!« oder »Revolution« nicht unbeteiligt hören, weil sie Teil meiner Lebensgeschichte sind.

TEIL 3

DER EINFLUSS DER BEATLES AUF MUSIK UND KULTUR IN ÖSTERREICH

DIE GRÖSSTEN KOMPONISTEN SEIT MOZART

Für viele war es ein einzelner Akkord, der die musikalische Welt der 1960er Jahre in Österreich aus den Angeln hob – jener des Lead-Gitarristen George Harrison ganz am Beginn des Songs »A Hard Day's Night«. Er stand für den aufregenden neuen Sound der Beatles, der wie eine Bombe einschlug und die Entstehung einer österreichischen Beat- und Rockszene auslöste. Die Musik der Beatles war der Grund dafür, dass junge Menschen erstmals zur Gitarre griffen, Bands gründeten und ihre musikalischen und kreativen Fähigkeiten entdeckten. Manche von ihnen wurden weltweit erfolgreiche und anerkannte Musiker, wie etwa der Gitarrist Karl Ratzer oder später Falco.

Der Beatles-Funke sprang sogar auf die Welt der Literatur über, nachdem der junge Peter Handke bei einem Beatles-Konzert in Deutschland mit seinem Vorbild John Lennon zusammentraf und in seiner ersten Radiosendung selbstbewusst festhielt: »Partei ergriffen wird für die Beatles.« Als schließlich einige Klassik-Stars die Beatles als die größten Komponisten seit Mozart bezeichneten und sich auch die Jazz-Welt voller Begeisterung auf die Musik der Beatles stürzte, war das bisherige Koordinatensystem endgültig ausgehebelt.

Der kulturelle Einfluss der Beatles in Österreich hält bis heute an und hat längst auch die jüngeren, zum Teil extrem erfolgreichen Künstlergenerationen erreicht. Deren Betrachtungen und Einsichten über die »Fab Four« sind wie einzelne Songperlen, die sich zu einem überzeugenden und stimmigen Gesamt-Album zusammenfügen. Ganz so, wie das auch bei den Beatles war.

HERBERT VON KARAJAN AUF DER ABBEY ROAD

Dem gebürtigen Salzburger und Stardirigenten Herbert von Karajan war der Auftritt der Beatles 1965 in der Festspielstadt nicht entgangen. Nach Auslaufen seines Vertrags als künstlerischer Leiter der Salzburger Festspiele wenige Jahre davor war er weiterhin als Dirigent und seit 1964 als Mitglied des Direktoriums in Salzburg tätig und zugegen, als die Beatles ankamen. Er amüsierte sich über die Schlagfertigkeit der Beatles, als sie bei der Pressekonferenz im Österreichischen Hof auf ihre Beziehung zu Wolfgang Amadeus Mozart angesprochen wurden.

Als Herbert von Karajan, damals Chefdirigent der Berliner Philharmoniker, nach einem Zusammentreffen mit George Harrison und Ringo Starr meinte, »nicht zehn Prozent meiner Musikleute verstehen so viel von Musik wie diese beiden Buben«, ging ein Raunen durch die Welt der Klassik. Karajan und die beiden Pilzköpfe hatten einander bei einer Party kennengelernt, an der auch Gunter Sachs, damals der Prototyp des Gentleman-Playboys und des internationalen Jetsets, teilnahm. Den beiden Beatles-Musikern wurde erzählt, dass Sachs eine Liebesbeziehung mit Brigitte Bardot, dem großen Idol ihrer Jugend, begonnen hatte. Sie staunten nicht schlecht. Auch ehemalige Weggefährten von Karajan bei der EMI in London waren bei der Party anwesend. Zwischen 1948 und 1957 arbeitete Karajan mit dem Londoner Philharmonic Orchestra, bis heute eine der weltbesten Orchesterformationen. Karajan kannte die Beatles, darauf sollte er Wert legen, schon zu einer Zeit, als sie noch nicht berühmt waren. Nicht nur einmal hatte er, so wie auch die Beatles, den ikonischen Zebrastreifen auf dem Cover des 1969 erschienenen Beatles-Albums »Abbey Road« überquert, um danach die berühmten EMI Studios (heute: »Abbey Road Studios«) zu betreten und mit Tonaufnahmen zu starten.

Ihr angeregtes Gespräch bei jener Party – die umherstehenden Gäste tuschelten und waren sichtlich verwundert, wie viel sich die Teenie-Idole und der »Generalissimus« der Klassik-Welt offenbar zu sagen hatten – drehte sich um Musik. Aber nicht nur. Vor allem mit George Harrison teilte Herbert von Karajan eine Leidenschaft für schnelle Autos. Karajan hatte seinen ersten Porsche, einen 356 Speedster, Baujahr 1955, schon sehr früh erworben. Seine Leidenschaft für Autos war von tiefstem technischen Verständnis durchdrungen, so wie das später auch der österreichische Rennfahrer Gerhard Berger bei seinem Freund George Harrison feststellte, der sich Ende der 1970er Jahre einen Porsche 930 Turbo und einen Porsche 924 Carrera GT zulegte. Möglicherweise eine Spätfolge seines Gesprächs mit dem österreichischen Stardirigenten.

Karajan legte großen Wert auf den Klang – nicht nur der Motoren, sondern natürlich in erster Linie der Musik, die unter seiner Leitung entstand. Etwa 700 Werke von rund 130 Komponisten spielte er in seiner Laufbahn ein. Weltweit wurden an die 300 Millionen Tonträger mit seinem Namen verkauft. Zeitlebens suchte er den körperlos brillanten Klang und war dennoch nie zufrieden damit. Auch darin ähnelten die Beatles ihm ein wenig, vor allem in ihrer späteren Schaffenszeit. Der musikalische Erfindungsreichtum der Beatles war Karajan bereits aufgefallen, noch mehr sogar der treibende Rhythmus ihrer Songs. Ähnliches hatte er zuletzt bei einem Konzert von Louis Armstrong 1959 in der Wiener Stadthalle erlebt. Er versuchte dem Geheimnis des Rhythmus in ihrer Musik auf den Grund zu gehen, um herauszufinden, weshalb davon vor allem junge Menschen in den Bann gezogen werden. Die Sympathie für die Beatles hat er später auch seinen Schülerinnen und Schülern weitergegeben, etwa an Anne-Sophie Mutter. Die Ausnahmegeigerin war fasziniert davon, wie viel sich die Beatles von der Klassik, allen voran von Johann Sebastian Bach, abgeschaut hatten. Herbert von Karajan wollte nicht, dass zwischen der klassischen oder der romantischen Musik und der damals als radikal modern empfundenen Musik aus der Unterhaltungswelt ein Strich gezogen wurde. Auch das hat er den beiden Pilzköpfen auf jener Party gesagt. Mit seiner musikalischen Philosophie rannte er bei den Beatles und deren Produzenten George Martin offene Türen ein.

In einer beliebten BBC-Radioserie nannte Martin einmal jene Aufnahmen, die er »auf eine einsame Insel« mitnehmen würde. Darunter befanden sich die Beatles-Songs »Here, There And Everywhere« und »In My Life« sowie Aufnahmen von Werken von Claude Debussy, Domenico Cimarosa und Johann Sebastian Bach. Dürfte er jedoch nur eine einzige Platte mitnehmen, so der Beatles-Producer, dann würde er sich für Herbert von Karajan und seine Berliner

Philharmoniker mit ihrer Einspielung der Eröffnung der Matthäus-Passion, »Kommt, ihr Töchter, helft mir klagen«, von Johann Sebastian Bach entscheiden. Die Wertschätzung beruhte somit auf Gegenseitigkeit.

Die öffentliche Wahrnehmung der Popmusik sollte sich 1963 ändern, als William Mann, Klassik-Kritiker für »The Times«, John Lennon und Paul McCartney als die herausragendsten Komponisten des Jahrhunderts bezeichnete. Er sprach unter anderem von der äolischen Kadenz am Ende des Liedes »Not a Second Time«, deren Akkordfolge Gustav Mahlers »Lied von der Erde« entspräche. Später wurde gemutmaßt, dass der Song »In My Life« von dem Lied »Ich bin der Welt abhanden gekommen« – einem von Mahlers »Liedern nach Texten von Friedrich Rückert« – beeinflusst wurde. Einige Quellen wollen schließlich wissen, dass Paul McCartney und John Lennon die »Kindertotenlieder« und die »Wunderhorn«-Lieder von Gustav Mahler liebten und diese häufig gemeinsam am Klavier spielten und sangen.

1995 begann McCartney, der Mahler angeblich auch als eine bedeutende Inspirationsquelle für die Musik der Beatles bezeichnete, eine Zusammenarbeit mit dem britischen Komponisten und Arrangeur David Matthews, der als ausgesprochener Mahler-Spezialist gilt und unter anderem an einer Fassung von dessen unvollendeter Symphonie beteiligt war. McCartneys erste Komposition unter Matthews' Ägide war das Klavierstück »A Leaf«. Eine Orchesterversion des London Symphony Orchestra erschien 1999 auf McCartneys Album »Working Classical«, doch bereits auf seinem zweiten Klassik-Album »Standing Stone« zwei Jahre zuvor hatte er mit dem Klassik-Arrangeur zusammengearbeitet.

DER TAG, AN DEM SICH LEONARD BERNSTEIN IN DIE BEATLES VERLIEBTE

Herbert von Karajan wusste in seiner Sympathie für die Beatles noch einen anderen Maestro auf seiner Seite. Im Sommer 1965 wurde Leonard Bernstein eingeladen, die Beatles im Zuge eines weiteren Auftritts bei der Ed-Sullivan-Show zu treffen. John Lennon war zu Ohren gekommen, dass Leonard Bernstein überlege, seinen Gedichtband »In His Own Write« zu vertonen. Wie seine Tochter später erzählte, war Bernstein begeistert von den Texten des Pilzkopfs und steckte damit auch seine Kinder Jamie und Alexander an. Lennon gefiel ihm von den vieren am besten. Vor allem das Gedicht »The Moldy Moldy Man« hatte es ihm angetan und er erfand dazu spontan ein Singspiel für seine beiden Sprösslinge. Der Zufall will es, dass Leonard Bernstein später eine Wohnung im Dakota Building in New York bezog, in jenem Gebäude, in dem John und Yoko schließlich ihr endgültiges Zuhause gefunden hatten.

Während einer Ankleideprobe im Backstage-Bereich war es schließlich so weit. Bernstein hatte seine Kinder ins Auto gepackt und war von Fairfield in Connecticut nach New York City in das vormalige Hammerstein's Theater gefahren, das später als CBS-TV Studio 50 bzw. Ed-Sullivan-Theater große Bekanntheit erlangte. Die Backstage-Tür ging auf, Bernstein betrat den Raum – und die Beatles und er boten einander Zigaretten an. Die Anwesenden hatten den Eindruck, dass Bernstein und die Beatles alte Freunde seien. An diesem Tag verliebte sich Leonard Bernstein endgültig in die Musik der Beatles und – wie er danach erzählte – »gleichzeitig

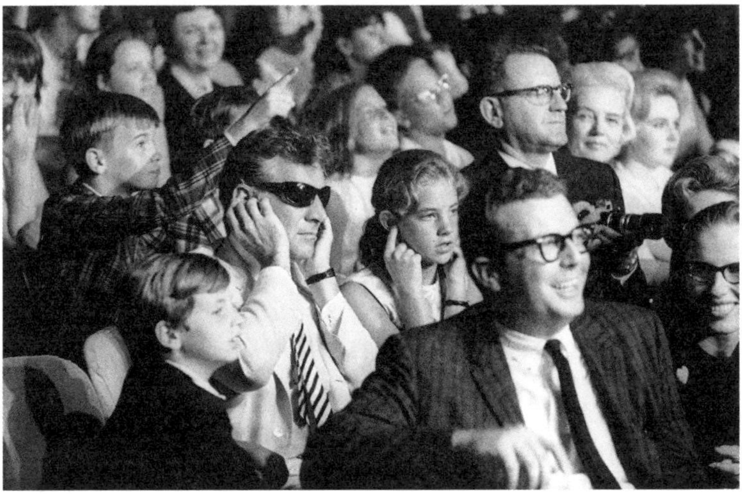

Noch etwas gewöhnungsbedürftig:
Bernstein mit seinen Kindern beim Beatles-Konzert

in ihre vier Gesichter und in ihre Persönlichkeiten, in der ich ein fabelhaftes falsettartiges Schreien und Schmachten entdeckte, in ihren unwiderstehlichen Beat, die makellose Intonation, die frischen Texte, ihren an Schubert erinnernden Strom musikalischen Erfindungsreichtums. Wir haben sie gemeinsam gesehen, diese Vision, und hörten denselben Vogel zwitschern, den neuen Tag ankündigen, denselben Elefanten trompeten, denselben Fanfarenstoß der Zukunft.« Die Liebe hielt an, die Beatles wurden von Bernstein später mehrmals als die »größten Komponisten seit Mozart« bezeichnet. Er liebte ihr »Revolver«-Album, das auf ihn innerhalb der modernen Musik den stärksten Eindruck gemacht hat, und schätzte ihre ungebrochene Vitalität. Die Beatles-Musik begeisterte und amüsierte ihn, ganz im Gegensatz zu den Komponisten der Avantgarde, deren serielle, aleatorische Musik er als muffig und akademisch empfand.

MIT FRANZ LISZT ZU NEUEN HÖHEN

Von den Beatles selbst und insbesondere von Paul McCartney wurde die von Bernstein so apostrophierte »muffige« Avantgarde durchaus geschätzt. Der Autor Barry Miles war es, der McCartney Mitte der 1960er Jahre mit ihren namhaften Persönlichkeiten, darunter Karlheinz Stockhausen, Pierre Schaeffer, Edgar Varèse sowie Ferrucio Busoni und Luciano Berio, vertraut machte. Vor allem Karlheinz Stockhausen und sein »Gesang der Jünglinge« zählten zu Pauls großen musikalischen Vorbildern. Ja, er war so begeistert von all diesen Komponisten, dass er sie auf derselben Ebene wie Mozart und Brahms angesiedelt wissen wollte, was wiederum bei dem Klassik-Kenner George Martin auf Widerspruch stieß. Die großen altehrwürdigen Namen der Klassik hingegen machten Paul geradezu Angst – Beethoven, Tschaikowsky und auch Schönberg –, sie schienen ihm mehrere Nummern zu groß. Vor der Beschäftigung mit Mozart-Klaviernoten, die ein Fahrgast vor ihm im Taxi vergessen hatte, warnte der Taxifahrer ihn; er würde diese bestimmt nicht mögen und das sei ohnehin nur etwas für die Angehörigen der »Upperclass«.

Es dauerte länger, bis McCartney seinen Irrtum über die Klassik erkannte. Die Anerkennung der Musik der Beatles und das Lob von Bernstein und Karajan taten ihm gut, in ihm erwachte neues musikalisches Selbstbewusstsein: Was, wenn die Musik der Beatles die klassische Musik der Gegenwart war? Und hatten nicht auch schon Franz Liszt damals Größen wie etwa Frédéric Chopin, Hector Berlioz und Felix Mendelssohn Bartholdy seine Grenzen aufgezeigt, über die er dennoch hinausgewachsen war? Vor kurzem hatte sich Paul eine Biografie des Komponisten zugelegt. In einem Brief an seinen Schüler und Freund Pierre Wolff vom Mai 1832 schreibt der 1811 im burgenländischen Raiding, im damals ungarischen Teil der k. u. k Monarchie, geborene Liszt:

Seit 14 Tagen arbeiten mein Geist und meine Finger wie zwei Verdammte. Homer, die Bibel, Platon, Locke, Byron, Beethoven, Bach, Hummel, Mozart, Weber sind alle um mich herum. Ich studiere sie, betrachte sie, verschlinge sie mit Feuereifer, überdies übe ich 4 bis 5 Stunden. Ach! Sollte ich nicht verrückt werden, wirst du einen Künstler wiederfinden!

Liszt wird Anfang der 1840er Jahre als Pianist in Berlin derart gefeiert und besonders von der Damenwelt umjubelt, dass Heinrich Heine schließlich den Begriff »lisztomanisch« prägt. 1975 drehte Regisseur Ken Russell den Film »Lisztomania« im Stil einer Rock-Oper. Liszt wird darin als Popstar gezeichnet, umringt von hysterisch kreischenden Fans. Die im Titel zum Ausdruck kommenden Parallelen zur »Beatlemania« werden durch die Besetzung einer Rolle mit Ringo Starr als Papst Pius IX. noch zusätzlich betont. Zufrieden legte Paul das Buch mit den Schilderungen aus dem Leben von Franz Liszt zur Seite. Auch die von Feuilletons bemühte Parallele der »Lisztomania« und der »Beatlemania« stimmte ihn vergnüglich.

Als dann der regionale britische Sender Granada am 16. Dezember 1965 ein Spezialprogramm mit dem Titel »Television: The Music of Lennon & McCartney« der Bedeutung von John Lennon und Paul McCartney als Songschreiber und zeitgenössische Komponisten mit herausragendem Songschreiber-Talent widmete, war sich Paul endgültig sicher: Nie und nimmer brauchte er sich vor den großen Komponisten der Vergangenheit zu verstecken – im Gegenteil: Er würde künftig die Begegnung mit ihrem Werk von sich aus suchen und sich so manches aus ihrem Schaffen für seine eigene Musik aneignen.

Ein roter Faden von musikalischen Themen aus der Klassik zog sich bald durch eine große Zahl von Beatles-Hits: Da gab es die Streicher in »Eleanor Rigby« (1966) und die Trompete in »Penny Lane« (1967). McCartney war es auch, dem das berühmte 40-sekündige Orchester-Crescendo in dem Song »A Day in the Life« zu verdanken ist. Dabei scheute er sich nicht, das Orchester gleich selbst zu dirigieren. Der »Brockhaus« hält in seiner nüchternen Art fest, was die Beatles so besonders machte: »Anfangs punkteten die Männer aus Liverpool mit Beatmusik und einfachen Liedstrukturen. Ihre Musik wandelte und entwickelte sich aber: So setzten die Beatles Elemente klassischer und asiatischer Musik, verschiedenste Instrumente oder elektronische Verfremdungen ein, um einzigartige Kompositionen zu schaffen.«

DAS »LIVERPOOL ORATORIO«

Im Oktober 1991 brach McCartney mit seinem »Liverpool Oratorio« zum ersten Mal direkt in die Welt der Klassik ein. Dabei arbeitete er eng mit Carl Davis zusammen, ein US-amerikanischer, in London lebender Komponist und Dirigent, der 2023 verstarb. Das Stück ist zum Teil an Paul McCartneys eigene Geschichte angelehnt. Es erzählt das Leben des Protagonisten Shanty, von seiner Geburt während des Krieges über die Schulzeit und Hochzeit mit seiner geliebten Mary Dee bis zur Geburt des gemeinsamen Kindes. Nach Rebellion und Krise findet er wieder zu den traditionellen Werten und in den Schoß der Familie zurück, entsprechend dem Leitgedanken des Werkes: »Non nobis solum sed toti mundo nati« – »Nicht für uns selbst, sondern für die ganze Welt sind wir geboren«. Das war auch das Motto des Liverpool Institute, jener Highschool für Knaben, die Paul McCartney und George Harrison Ende der 1950er Jahre in Liverpool besuchten.

Musikalisch werden im »Liverpool Oratorio« gekonnt Filmmusik-Sequenzen sowie Motive aus der Popmusik mit klassischen Elementen verschmolzen. Die Uraufführung fand schließlich 1991 anlässlich des 150-jährigen Bestehens des Royal Liverpool Philharmonic Orchestra in Englands größter Kirche, der Liverpool Cathedral, statt.

Für Paul McCartney eine späte Genugtuung: Im Alter von elf Jahren wollte er dem Knabenchor der Dompfarre beitreten, wurde jedoch abgelehnt. Angeblich, weil er nicht vom Blatt lesen konnte.

Auch weitere klassische Werke McCartneys wie das sinfonische Opus »Standing Stone« fanden Beachtung. »Standing Stone« kletterte auf Platz 1 der Klassik-Hitparaden der USA und auf Platz 2 in Großbritannien. Bei der Premiere wurde er wieder einmal auf seine fehlenden Kenntnisse des Notenlesens und -schreibens angesprochen, worauf er antwortete: »Ich halte es mit den Pharaonen, die ließen ihre Gedanken auch von anderen zu Papier bringen.«

Das Album »Working Classical« besteht aus vierzehn abgeschlossenen Liedern, die seiner verstorbenen Frau Linda McCartney gewidmet sind. Einige seiner Lieder wurden für ein Streichquartett neu arrangiert und vom Brodsky Quartet bei einer Gedenkfeier für Linda McCartney in St. Martin-in-the-Fields in London aufgeführt. Da verkommt es beinahe zu einer Fußnote, dass sein Song »Yesterday« einmal von den drei Tenören Luciano Pavarotti, José Carreras und Plácido Domingo interpretiert wurde.

DIE BEATLES IM KLASSIK-HIMMEL

Der Klassik-Himmel hing für Paul McCartney also voller Geigen, er war jedoch nicht gefeit vor dunklen Gewitterwolken: Yoko Ono, die Witwe von John Lennon, ließ aus dem fernen New York vernehmen, dass »Paul McCartney zwar mittlerweile Sinfonien komponiert, aber definitiv kein Mozart ist«. Sein wahres Talent habe darin gelegen, »dem Genius ihres Mannes John Lennon mit zum Durchbruch verholfen zu haben«. Die Auseinandersetzungen von McCartney mit Lennon rund um die Trennung der Beatles verglich sie mit der legendären Fehde zwischen Mozart und Salieri. Letzterer, ein begabter Komponist, sei vom Genie Mozarts bekanntlich in den Schatten gestellt worden, weshalb er begonnen habe, am Wiener Hof gegen diesen zu intrigieren. Es bestand kein Zweifel, wen sie für Mozart und wen für Salieri hielt.

John Lennon selbst hätte von diesem Vergleich wohl nicht viel gehalten; er wusste, dass die großen klassischen Komponisten ohnehin eine Kategorie für sich bildeten. Nach Beendigung des gemeinsamen Besuchs von John Lennon und Yoko Ono in Wien im März 1969 begleitete André Heller ihn auf dem Weg zum Flughafen und schilderte die letzten Minuten des John Lennon in Österreich:

Ich weiß nicht mehr, wie es kam, dass die beiden Liebenden getrennte Limousinen benutzten und John mich einlud, bei ihm einzusteigen, während sein Manager schützend Yoko begleitete. Nun geschah das für mich Unvergessliche: Wir fuhren über die Simmeringer Hauptstraße in Richtung Flughafen. Als wir uns dem Zentralfriedhof näherten, erklärte ich, dass hier Franz Schubert, der wohl bedeutendste Liederkomponist vor Lennon/McCartney, liegen würde. »Ich will ihn besuchen«, sagte John. Wir hielten am Tor 2 und liefen, weil die Zeit drängte, durch die Hauptallee bis zu jener Stelle auf der linken Seite, die den Blick auf ein Rondeau mit Ehrengräbern freigibt. Ich deutete auf Schuberts letzte Adresse. John bewegte stumm die Lippen, als würde er zu sich selbst sprechen oder beten. Dann tänzelte er beinahe verlegen über den Kies und suchte mit den Augen die Umgebung ab. Plötzlich gab er mir einen sanften Boxhieb auf die Brust und wiederholte ungläubig die Namen, die im Umkreis von etwa zwanzig Metern an unterschiedlichen Grüften in Marmor gemeißelt waren: »Mozart, Beethoven, Hugo Wolf, Johann Strauss Sohn und Vater, Johannes Brahms, Christoph Willibald Gluck.« Ich ergänzte: »Ein Stück weiter ist noch die Ruhestätte von Arnold Schönberg.« »Was für eine aberwitzige Versammlung«, sagte er. »Ja«, antwortete ich, »in musikalischer Hinsicht ist hier am Tag der Auferstehung der Nabel der Welt.« Dann bückte John sich, zog den Schnürsenkel aus seinem rechten Schuh und legte ihn mit der Bemerkung »statt Blumen« auf Schuberts Grab.

In Österreich mokierte sich wenig später die »Furche« in ihrer Ausgabe am 14. August 1969, dass man bei den Salzburger Festspielen die wichtigste Mozart-Premiere dieses Jahres einem jungen japanischen Dirigenten anvertraut hätte, obwohl dieser – und darauf wurde extra hingewiesen – »mit einer Beatle-Mähne geschmückte Japaner« sich mit Werk und Stil von »Così fan tutte« unvertraut erwies. »Nun kann man ohne weiteres dafür sein«, so das Blatt weiter – hier trotz der diskriminierenden Sprache im O-Ton zitiert, im Sinne des historischen Kontexts –, »dass in Salzburg Inder und

Indianer, Neger und Japaner dirigieren.« Was aber zu fordern wäre, sei, dass der für Salzburg Engagierte zumindest eine erfolgreiche Aufführung von Cosi absolviert hat. Franz Welser-Möst, Dirigenten-Kollege des »Energiebündels mit goldenem Herz«, wie der frühere Musikdirektor der Wiener Staatsoper Seiji Ozawa anlässlich seines Ablebens am 6. Februar 2024 in seinem Haus in Tokio bezeichnet wurde, hätte vermutlich seinen japanischen Freund und dessen Beatles-Haarschnitt gegen solche Äußerungen nicht nur verteidigt, sondern bei dieser Gelegenheit möglicherweise auch auf die besondere Qualität der Musik der Beatles hingewiesen, wie er dies später immer wieder tun sollte. Sein Freund, der österreichische Komponist, Chansonnier und Dirigent HK Gruber, hatte ihn mit den Beatles bekannt gemacht und keinen Zweifel daran gelassen, dass er sie als wichtigen Teil unserer Kultur betrachtete. Das sah offenbar Ernst Krenek, einer der bedeutendsten Komponisten des 20. Jahrhunderts mit österreichischen Wurzeln sowie facettenreicher Literat und Pädagoge, in dessen Nachlass Beatles-Platten wie »Sgt. Pepper's Lonely Hearts Club Band« gefunden wurden, auch so. In ein ähnliches Horn stieß auch sein Komponisten-Kollege und Pionier der Neuen Musik, Kurt Schwertsik, für den die Beatles »schöne, große Neue Musik geschrieben haben«.

Als in den 1960er Jahren die Empörung groß war, wonach die Beatles musikalisch den Untergang des Abendlandes einleiteten, bemerkte der Starpianist und musikalische Grenzgänger Friedrich Gulda: »Schreits net, horchts amoi zua, was die wirklich bringen.« Der damals 85-jährige Robert Stolz, letzter Meister der Wiener Operette, tat dies offenbar ganz genau und meinte danach: »Und wenn es nur ›Yesterday‹ von denen gäbe, würden sie die Zeiten überdauern.«

DIE BEATLE-BOOTS DES KARL RATZER

»Die Grundstimmung war ziemlich depressiv. Im Wien der Nachkriegszeit aufzuwachsen, das war eigentlich ein Schicksal.«
Richard Schönherz, Musikerkollege von Karl Ratzer

Für den 13-jährigen Karl Ratzer gibt es da kein »vielleicht« – in der Frage, ob man sie mögen soll oder nicht. Sie sind unantastbar, denkt er sich und betrachtet nochmals mit glänzenden Augen den Ausschnitt aus einem englischen Musikmagazin, auf dem in dicken Lettern zu lesen ist: »Beatle-Boots are here! Smooth Leather Uppers, Elastic Side Gussets, Cuban Heel«. Erst kürzlich wurden die Boots endlich auch in der Auslage eines Wiener Schuhfachgeschäfts gesichtet. Freunde hatten ihm davon erzählt. Er macht sich früh auf die Socken an jenem grauen November-Tag und kurz danach steht er vor dem geschlossenen Schuhgeschäft am Graben. Die schwarz glänzenden Boots in der Auslage stechen ihm sofort ins Auge und es wird ihm leicht schwindelig. Er kann sein Glück gar nicht fassen. Die Teenbeats würden damit beinahe so aussehen, wie diese neue fabelhafte Musikgruppe aus England, genannt »The Beatles«. Karl sieht für einen kurzen Moment einen prall gefüllten Saal vor dem inneren Auge auftauchen, in dem sich ihm, dem besten Gitarristen Wiens, zahlreiche meist zierliche Hände entgegen recken. Endlich sperrt der Besitzer des Schuhgeschäfts die Türe auf.

Vor kurzem hatte er das erste Mal von den Beatles gehört. Hatte gehört, dass sie in England extrem populär seien und vor allem von den Mädchen angehimmelt und bejubelt würden. Diese fielen dann auch noch reihenweise in Ohnmacht. Und dann hatte er im Sommer auf Radio Luxemburg erstmals den Song »She Loves You« gehört. Er liebte die Musik von Ray Charles, Nat King Cole und Fats Domino, zu dieser Musik hatte es ihn immer stark hingezogen. Aber die Musik der Beatles klang so stark und eigenständig. Auch die Stimmen waren extrem gut gesetzt. »Ein echter Wahnsinn«, meint Professor Karl Ratzer noch heute, selbst mehrfach ausgezeichneter und international anerkannter Gitarrist und Sänger und einer der ganz Großen, die Österreich hervorgebracht hat. Sogar Ray Charles hatte die Qualität der Musik der Beatles erkannt und gewürdigt, das war auch dem 13-jährigen Karl nicht entgangen.

Für den Schuhverkäufer am Graben waren die Beatles ein echter Segen. Seit die »Beatle-Boots« erstmals nach Österreich geliefert wurden, kommt er mit den Nachbestellungen kaum nach. Erst gestern war wieder ein großer Teil der jüngsten Lieferung weggegangen. »Wahrscheinlich, weil sie sich so bequem anziehen lassen – durch die charakteristischen Gummibandeinsätze an den Seiten«, vermutet er. Mit geschwungenem Absatz und eng zulaufender Spitze wurde der Schuh als »Beatle-Boot« weltweit populär, der erste Entwurf war jedoch viel älter: Königin Victorias Schuhmacher, Joseph Sparkes Hall,

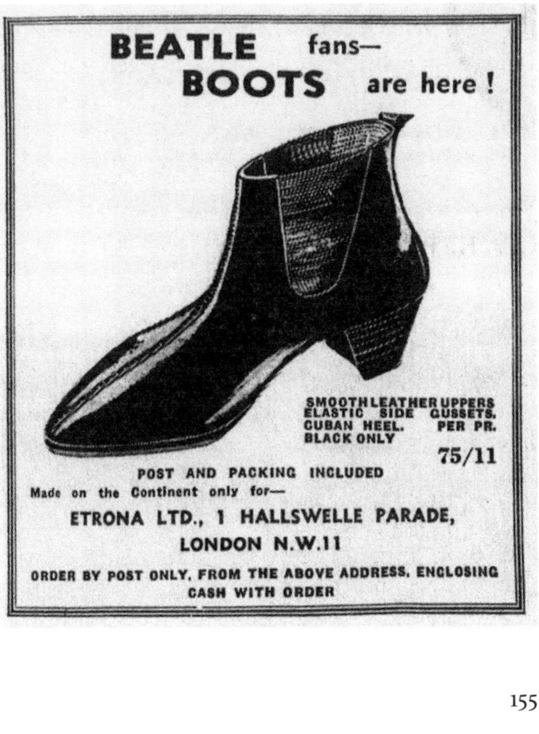

Englische Werbeanzeige

erfand ihn bereits im Jahre 1830. Die Beatles dürften also Geschmack haben, sagt sich der Schuhverkäufer. Die vier Musiker aus der Stadt am Mersey hatten ihre ersten Boots bereits 1961 bei Anello & Davide in Liverpool gekauft. Von dort traten diese einen Siegeszug bei Fans in der ganzen Welt an.

Für seinen ersten Kunden heute ausgerechnet konnte er mit den begehrten Stiefeln nicht dienen. Ein begeisterter junger Fan der Beatgruppe, für den er keine passende Größe mehr im Geschäft hat. Die noch wenigen vorhandenen sind für den Teenager eindeutig zu klein. Doch Karl weiß, er will keinesfalls mit leeren Händen aus dem Geschäft gehen und auf ein Stück Beatles-Ruhm verzichten. Trotz Warnung des Verkäufers kauft er schließlich ein Paar zu enge Boots. Bis heute hat er deshalb eine krumme Zehe, sagt er. Beim Gehen und bei seinen Auftritten habe er in den Schuhen einen Schmerz verspürt, der bis ins Herz ging. So wie die Musik der Beatles – freilich ohne Schmerz, im Gegenteil. Und mit den bekannten Folgen: Bald wird Karl als Gitarrenwunderkind gefeiert.

Nach dem Ende der Teenbeats und den gemeinsamen Auftritten mit dem Wiener Blues-Urgestein Rudi Biber, ebenfalls an der Gitarre, schloss sich Ratzer der 1964 in Wien von Paul Fischer gegründeten Formation The Slaves an, die zunächst vor allem Standards von Bo Diddley und Muddy Waters spielten. Die Legende besagt, dass die Slaves aus der Asche der Vienna Beatles, der ehemaligen Begleitband des Rock 'n' Rollers Hannes Patek, im Sommer 1965 erstanden sind. Doch es ist eben nur eine Legende. Karl Ratzer hatte mit den Vienna-Beatles nichts zu tun. Mit den Beatles als Inspirationsquelle sehr viel.

Bereits ihre ersten Gigs führte die Slaves in die wichtigsten Wiener Beat-Clubs wie das San Remo in der Neubaugasse, das später als Camera Club Wiener Underground-Geschichte schrieb, oder das Flamingo. Mit ihrem Mix aus rauem Rhythm and Blues und Beat sollten sie bald den Ruf als einer der besten Live-Acts der Stadt genießen. Karl Ratzer war damals 14 Jahre alt und trat mehrmals pro Woche in den Clubs auf. The Slaves, das waren außerdem Paul Fischer, Ernst Josef Lauscher, Heinrich »Lippy« Behrends und Hannes Fischer. Doch musikalisch stach Ratzer hervor. Stefan

Weber von den legendären Drahdiwaberl, und nicht nur er, bezeichnete Ratzer als den damals »besten europäischen Gitarristen«.

Begonnen haben die Slaves ihren Auftritt meist mit »Heat Wave« von Martha & the Vandellas. Ursprünglich fühlten sie sich vor allem von den Stones angezogen, die wild schienen und nicht »geschniegelt«. Bald hat sich aber herausgestellt, dass es beinahe gegenteilig war: Die Mitglieder der Stones waren gutbürgerlich aufgewachsen und hatten zum Teil studiert, während die vier Beatles aus einfacheren Verhältnissen kamen, in gewisser Weise also die »Wilden« waren, so Ratzer später. Dennoch haben The Slaves in erster Linie Stones gespielt, diese aber so verändert und verfremdet, dass man meinen konnte, es wäre ihre eigene Musik gewesen. Songs der Beatles haben die Slaves kaum gespielt. Dafür gab es einen simplen Grund: Sie waren ihnen zu kompliziert. Es sei sehr »sophisticated« gewesen, wie die Beatles komponiert und Harmonie und Melodik angewandt hätten. So hätten die Beatles immer wieder interessante und geheimnisvoll klingende »verminderte« Akkorde gespielt, die damals in der Beat- und Unterhaltungsmusik nicht üblich waren, weshalb sie zumindest unbewusst ein Grundverständnis für Jazz gehabt haben mussten, so der Professor.

Die Genialität der Songschreiber Lennon/McCartney ist für den Ausnahmemusiker Ratzer bis heute unübertroffen. Noch immer fasziniert ist er auch vom Eingangsakkord des Leadgitarristen George Harrison in dem Song »A Hard Day's Night«. Harrison, der stark von Chet Atkins beeinflusst war, habe ein unglaubliches musikalisches Know-how mitgebracht, immer gute Ideen gehabt und dadurch die Songs der Beatles enorm bereichert. Weltklasse und einer seiner absoluten Lieblingssongs ist für Ratzer die Harrison-Komposition »Something«. Niemand habe ihm einen Song dieser Qualität nachmachen können. Ganz ähnlich sein Cousin Harri Stojka dazu: »George Harrison halte ich für einen fantastischen Bandgitarristen. Es gibt zwar sicher größere Virtuosen. Er hat aber einen Supersound gehabt und eine irrsinnig schöne Verzerrung für die Zeit. Ein wahnsinniges Feeling – und was er gespielt hat, war perfekt. Wenn man sich die Live-Konzerte anschaut und sieht und hört, wie Harrison seine Parts spielt und dabei singt – das ist einfach unerreicht!«

Karl Ratzers »Beatband from Hell«

Von Fans wie Karl Ratzer damals ungeduldig erwartet: 1965 endlich war ein Konzert der Beatles im Wiener Konzerthaus angekündigt worden. Die Karten dafür wurden schon ein halbes Jahr im Voraus aufgelegt. Als die Verhandlungen mit dem Management der Beatles schließlich scheiterten, löste das bei den jugendlichen Beatles-Fans das Gefühl aus, vom Rest der Welt vergessen worden zu sein. Auch bei Karl Ratzer und den weiteren Mitgliedern der Slaves. Dennoch sollte gerade durch diese Absage der Beatles der Grundstein für den musikalischen Durchbruch der Band um Karl Ratzer gelegt werden.

Plakatiert waren zwar die Beatles, geworden sind es dann die Rolling Stones: Die Beatles-Eintrittskarten galten für das Konzert der Stones am 17. September 1965 in der Wiener Stadthalle. Auch wenn der Sound an diesem Abend mager war und die Setlist aus nur acht Songs bestand: Für den Zürcher Konzert- und Boxpromoter Hans-Ruedi Jaggi hatte sich der Besuch in Wien gelohnt. Als er während seines Aufenthalts in Wien die Slaves im San Remo sah, war er von deren aggressivem Sound und der unverfälschten Live-Show so beeindruckt, dass er die Band, deren jüngstes Mitglied Karl Ratzer

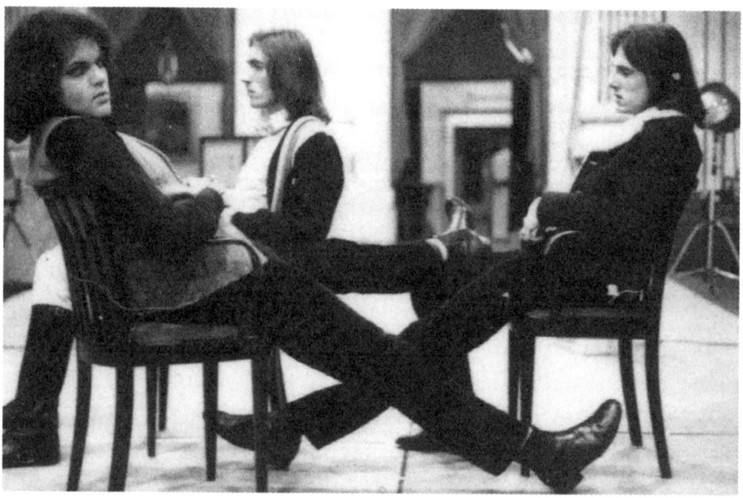

Karl Ratzer mit Beatle-Boots und Bandkollegen

zu jenem Zeitpunkt noch immer bloß zarte 15 Jahre alt war, noch am selben Abend unter Vertrag nahm. Jaggi organisierte daraufhin Shows in Deutschland, Frankreich und der Schweiz, bei denen er sie als »Beatband from Hell« ankündigte.

Anfang 1966 nahmen die Slaves drei Singles für das Label Philips auf, darunter »Slaves Time«, die A-Seite ihrer ersten Single. Bis dahin wurde in den Plattengeschäften in Österreich säuberlich zwischen Tanz- und Unterhaltungsmusik unterschieden. Die großen Stars hießen nicht Beatles, Stones oder Kinks, sondern Bambis, Peter Alexander, Caterina Valente und Heinz Conrads. Das neue Lebensgefühl der österreichischen Jugend wurde in dem Song der Slaves erstmals unmissverständlich in Worte gekleidet: »We are better / better than you / feel alright / all the time / got loud music / and long hair / that's what we need / that's slaves time!«

Richard Schönherz, mit dem Ratzer später in der psychedelischen Formation »Schönherz« zusammenarbeitete, aus der anschließend die Band C-Department wurde, erinnert sich: »Es war eine sehr interessante Zeit. Durch Verwandte, die ich in England hatte, bin ich sehr oft rübergekommen und habe diese Aufbruchsstimmung mit den Beatles, den Kinks und den Animals hautnah erlebt. Ich war oft im Marquee Club in der Wardour Street.« Seine bunten Halstücher, die Raulederjacken und die obligatorischen Clarks-Boots kaufte er in der berühmten Carnaby Street, in der sich auch die Beatles eindeckten. »Die Grundstimmung in Wien hingegen war ziemlich depressiv. Im Wien der Nachkriegszeit aufzuwachsen, das war eigentlich ein Schicksal. Die zerbombten Häuser und die vielen alten Nazis, die auch in der Schule als Lehrer tätig waren.« 1962 begann Schönherz, der eigentlich von der Klassik kommt, sich für die Popmusik zu interessieren. In der Coverband The Only News versuchte sich mit seinen Musikerkollegen Manuel Rigoni, Christian Haller und Walter Sitzmann an den Hits der Beatles, der Rolling Stones und der Animals. Schauplätze waren die Wiener Lokale und Clubs Camera, Voom Voom, Go Go und Atrium am Schwarzenbergplatz.

»Ein Tsunami des Glücks«

Für Harri Stojka, der später mit Ratzer, Peter Wolf, dem späteren Supermax-Kopf Kurt Hauenstein sowie kurz auch Richard Schönherz in der All-Star-Band Gipsy Love zusammenspielte, waren ebenfalls die Beatles Auslöser für die allmählich um sich greifende Veränderung.

Aus jedem Fenster, aus jeder Wohnung – wir haben damals in Floridsdorf gewohnt – hat man Beatles-Lieder gehört! Das war ein Lebensgefühl – ein Tsunami des Glücks! Ich habe in der Schule Beatles-Lieder gesungen, wenn mir etwa fad war, und die Lehrerin hat mich dann ermahnt. Meine Schwester, die ja eine begabte Gitarristin gewesen wäre, hat mir die Beatles-Songs beigebracht. Wir haben die Singles der Beatles alle gekauft und sie so lange abgespielt, bis sie zerkratzt und nicht mehr spielbar waren. Und die Eltern haben gesagt, hört endlich auf – spielt besser Frank Sinatra! Wobei meine Mama die Beatles schon bald sehr geliebt hat. Als die Beatles 1965 in Österreich waren – für mich war das so unfassbar, dass ich das einfach nicht geglaubt habe. Mein Vater hat auch gesagt, das ist ein Schmäh. Die sind in Wahrheit in Alaska.

Unterdessen teilte sich sein Cousin Karl Ratzer als Teil der Slaves im Zuge der Band-Tourneen bereits die Bühnen mit Größen wie The Lords, The Sevens, die zur Speerspitze der Schweizer Beatszene gehörten, und sogar The Kinks. Als die aus Muswell Hill im Norden Londons stammende, von den Brüdern Ray und Dave Davies gegründete Gruppe, die zu einer der einflussreichsten britischen Bands werden sollte, dann später in der Wiener Stadthalle auftrat, kam der deutsche Road-Manager auf die Bühne, hielt eine Lobesrede auf die Kinks und schrie ganz euphorisch: »Und ich bin der Kinks-Fan Nummer 1!« Im Publikum saß der heutige Metropol-Direktor Peter Hofbauer mit einer Gruppe von Freunden, stilsicher im Carnaby-Look gekleidet mit ihren Ringelpullovern und Halstüchern, als einer aus der Freundesrunde laut als Antwort rief: »Dann lass dir gefälligst die Haare wachsen!«

Dieser Aufforderung hatte es bei Karl Ratzer nie bedurft, die langen Haare gehörten für ihn dazu. In leicht geänderter Besetzung traten die Slaves 1966 in Zürich auf: Karl Ratzer und Paul Fischer an der Gitarre, Bob Gardner am Bass sowie Ernst Josef Lauscher am Schlagzeug. Noch heute wird berichtet, dass die Slaves in der Schweiz damals ähnlich populär waren wie die Beatles. Auch dort trägt Ratzer neben seiner langen Mähne seine in Wien erworbenen Beatle-Boots – mit immer größer gewordenen Schmerzen, aber noch immer voller Stolz. Ratzer appelliert – auch das mit den Beatles zum Vorbild – an seine Mitmusiker: »Alle Lieder um eine Quart höher!« Er hatte gehört, dass der Beatles-Produzent damit für seine »Boys« erfolgreich gewesen war, die Songs und die Musik hätten dadurch mehr Licht und Glanz bekommen.

Im April 1966, am Höhepunkt des Erfolgs der Slaves, wollte die britische EMI, das Label der Beatles, unbedingt ein Album der Slaves auf ihrem Sublabel EMI Columbia Records herausbringen. Die Band flog nach London. Die Platte war bereits aufgenommen, als sich die Musiker heillos zerstritten und die Band sich noch vor Ort auflöste. Der Verbleib der Aufnahmen ist nicht überliefert.

1967 startete Karl Ratzer ein neues Bandprojekt: die Charles Ryders Corporation. Seinem Ruf als Ausnahmegitarrist war es zu verdanken, dass diese rasch nach ihrer Gründung beim Schweizer Decca-Label unter Vertrag kam, wo sie zwei Singles herausbrachte. 1969 war auch diese Formation Geschichte und Ratzer realisierte in Österreich noch einige weitere Bandprojekte, ehe er zu einer internationalen Größe als Jazz- und Blues-Gitarrist aufstieg und später sogar mit Chet Baker auf Tour ging.

PETER HOFBAUER: DER BRIAN EPSTEIN AUS WIEN

Nach Auflösung der Charles Ryders Corporation wechselte deren Drummer Georg Hieblinger zu der Gruppe The Hards rund um Sänger und Gitarrist Thomas Nordegg. Ihr Manager, Peter Hofbauer, steuerte den Text zu ihrer auf dem Welt-Label erscheinenden und von Peter Schlabitz komponierten Single »The Knight's Ballad« bei.

Hofbauer, der bereits mit zwölf Jahren bei jeder sich bietenden Gelegenheit Radio Luxemburg hörte – damals noch heimlich in der Nacht und unter der Bettdecke –, betreute als Student in seinen Anfangssemestern die ersten Beatgruppen in Österreich und vermittelte diese gegen Provision an verschiedene Lokale. Drei Beatbands hatte er unter seine Fittiche genommen: Jerry and the G-Men von Lukas Resetarits, The Hards sowie eine Formation mit dem Namen Motion Crew, allesamt in klassischer Besetzung mit zwei Gitarren, Bass und Schlagzeug, so wie ihre berühmten Vorbilder aus Liverpool. Gecovert wurden vor allem die Songs der Beatles, Rolling Stones und der Kinks. Alle hatten den Ehrgeiz, die Songs so wie das jeweilige Original erklingen zu lassen. Und Hofbauer, ihr Manager, bewunderte ebenfalls das Original: Beatles-Manager Brian Epstein.

Mit einem Kollegen, der als Manager einer Beatgruppe, der auch Ludwig Hirsch angehörte, seine geschäftlichen Kreise gestört hatte und auch sonst ziemlich aufdringlich war, erlaubte sich Hofbauer einen Streich. Er wollte ihm einen Denkzettel verpassen: »Das war in der Zeit, als man auf die Landung der Beatles im März 1965 wartete. Ich schrieb dem Kollegen eine Ansichtskarte, wonach ich gehört hatte, wie beeindruckend erfolgreich er in der Beatszene Wiens war, und fügte hinzu, dass ich ihn gerne einmal persönlich kennenlernen wollte. Die Karte zeichnete ich als ›Brian Epstein‹.« Wenig später sei der ehrgeizige Jungmanager mit Triumphgeheul im

Lokal in der Neubaugasse erschienen, wo sich damals die Beatszene traf. »Zeig uns dieses Schreiben!«, in Ehrfurcht und Staunen wollte das Lokalpublikum die Ansichtskarte sehen, sie hatten schon erfahren, welch berühmten Absender diese angeblich hatte. Der Jungmanager streckte triumphierend den Arm samt Karte in die Höhe. »Einer von denen, der mich gut kannte, sagte daraufhin: ›Das ist doch die Handschrift vom Hofbauer!‹« Von diesem Tag an vermied der unliebsame Konkurrent, auch nur anzustreifen bei dem späteren Medienmanager, Radiomacher und Metropol-Direktor.

Die Zeit war also günstig geworden für Beatbands »made in Austria«, freilich nur in subkultureller Ausprägung. Entgegen dem Rat von Hofbauer vermieden es die meisten Beatbands, ihr Repertoire zu erweitern, auch wenn sie nur fünf Schilling für ihren Beat-Auftritt bekamen. Gegen diesen Purismus sei nichts auszurichten gewesen, so der Theaterdirektor. Die breite Anerkennung blieb den österreichischen Bands somit versagt, und in der klassischen Musik hatten sie nach wie vor einen übermächtigen Gegner. Wie Irene Suchy im Ausstellungskatalog »Der Klang der 60er Jahre« anlässlich der Ausstellung auf der Schallaburg im Jahr 2010 »Die 60er: Beatles, Pille und Revolte auf der Schallaburg« erläutert:

Das öffentliche Österreich sah sich in Mozart am besten vertreten, mischte als Tribut an die Zeit ein wenig Joseph Marx hinein, duldete den Eurojazz Friedrich Guldas. Über allem tönte der philharmonische Klang in der gesellschaftlichen Gunst am höchsten. Es tat Politikern aller Couleurs – sogar Kreisky – gut, im Philharmonischen gesehen zu werden.

The Vienna Beatles

Zu den frühen Beatbands zählten neben den Teenbeats von Karl Ratzer und Rudi Biber, Jerry and the G-Men und The Hards mit ihrem Manager Peter Hofbauer auch noch zwei weitere Bands: Die Beatniks – Kärntner Studenten, die später nach dem Vorbild der Beatles und Byrds eine Sitar in ihre Musik einbauten – und die Vienna Beatles. Letztere waren um den Jahreswechsel 1963/64 aufgetaucht, gegründet von Hannes Patek. Dieser moderierte im nach dem gleichnamigen Hamburger Vorbild geschaffenen, Wiener Star Club eine wöchentliche Veranstaltungsreihe im Albert-Seever-Saal, vormals »Tanztee für die junge Generation Ottakring«. Ab 1965 lud Patek die Vienna Beatles dorthin ein, nachdem sich die Austrian Evergreens von dort verabschiedet hatten.

Mit ihren schwarzen Pilzkopf-Perücken spielten die Vienna Beatles ganz bewusst die Image-Karte. Das war zu dieser Zeit nur üblich: Im Böhmischen Prater traten im Sommer Livebands wie The Thunderstorms in Anzügen auf, das Beatles-Image war eine lebendige Vorlage, die nicht nur musikalisch, sondern auch optisch ausgefüllt werden wollte. Die Vienna Beatles hatten, wie Hannes Patek erzählte, auch die richtigen Akkorde der Beatles-Songs herausgefunden, was die meisten anderen gar nie schafften. Denn die Beatles klangen zwar nicht nach komplizierten Songs, verwendeten aber ziemlich verzwickte Harmonien. Neben Sigi Nentwich und seinem Bruder Willi war bei den Vienna Beatles auch der Sänger Errol Ribeiro an Bord. Für das deutsche Polydor-Label wurde schließlich in den heimischen Symphonia-Studios ein Tonträger aufgenommen: »Jeannie, Jeannie« mit Patek als Sänger, sowie auf der Rückseite die Fats-Domino-Nummer »Sick and Tired« mit Ribeiro.

Diese Veröffentlichung zählt für manche zu den innovativsten Produktionen der Sixties-Ära, die im Nachhinein mit dem Gütesiegel »Garagen-Punk« oder »Proto-Punk« versehen wurde. In die Reihe der österreichischen Beatbands fügten sich auch die Hubbubs, die Sunset Combo, die V-Rangers oder die Counts ein. Letztere veröffentlichten auf dem Staatslabel Amadeo schließlich die erste österreichische Beat-LP, die aber als zu brav und sauber empfunden wurde. Härtere Aufnahmen wie etwa von den Slaves und Karl Ratzer waren in Österreich nur schwer erhältlich.

Gut also, dass sich die österreichischen Beatmusik-Fans durch den akustischen Verzehr von Beatles-Platten schadlos halten konnten. Harri Stojka etwa würde, wenn er heute für die einsame Insel packen müsste, »A Hard Day's Night« mitnehmen. »Auch die ›Help!‹-LP ist ein Wahnsinn – vor allem der Song ›Help!‹. Als ich den Film als Kind gesehen habe, und der erste Akkord des Songs erklang, hat es mich wirklich gerissen. Auch ›You're Going to Lose That Girl‹ ist ein Wahnsinnslied. Und wenn ich ›Because‹ aus der Spätphase der Beatles höre, kommen mir die Tränen. Da falle ich um – da haut es mich nieder.«

DIE SCHUTZHEILIGEN DES NINO AUS WIEN

Er spürte, dass es Zeit war, Österreich hinter sich zu lassen. Nach den grauen Herbsttagen in den fensterlosen Veranstaltungshallen und einem Winter, in dem er nicht recht in Schwung kam, sehnte er sich nach dem Licht und den Farben des Südens. »Bob Dylan vom Praterstern« konnte er in letzter Zeit über sich lesen. Auch bei den jüngsten Auftritten in Basel, Zürich, Regensburg, München oder Innsbruck – schnell war jemand mit diesem Vergleich zur Hand. Es ist schwer, sich davon nicht geschmeichelt zu fühlen, dachte er, und die letzten zehn Jahre waren ja tatsächlich nicht übel – beinahe jedes Jahr ein neues Album, ein gewonnener Amadeus Award und die ihm entgegengebrachte Begeisterung des Publikums. Dennoch dachte er dieser Tage weniger an Dylan, sondern an jemand anderen – der ihn noch länger begleitet hatte, und den er vermisste. Den die ganze Welt vermisst. Der Mann und seine Band sind für ihn seit jeher wie eine Wolke, auf die er sich zurückziehen und in die er eintauchen kann. Er erinnert sich, dass ihm das Sicherheit gegeben hat: Beatles hören war wie zu Hause sein.

In der Hafenstadt Almería, die von der Fischereiwirtschaft geprägt ist, gibt es eine maurische Festung, eine Kathedrale und eine für Spanien typische Stierkampfarena zu besichtigen. Die Kathedrale liegt in der Innenstadt, ihr Bau wurde 1524 begonnen. Besonders interessant sind die beiden Portale, das Querschiff, die Sakristei, der Hochaltar, die Kapellen sowie der Chor. An der Fassade dieser Kirchenburg wachsen stolz vier Türme aus großen Quadersteinen in die Höhe. Der Nino aus Wien dachte bei dem Anblick an den Ruhm der vier Liverpooler, der sie in den 1960er Jahren in ähnlich schwindelerregende Höhen gehoben hatte. Es zog ihn aber an einen anderen, unscheinbareren

Ort: das Zwei-Sterne-Hotel Delfinas Verdes. Eigentlich gar kein Hotel, sondern ein Hostel für Individualreisende und Backpacker.

Zwei Wochen lang war John Lennon 1966 in dem Hostel untergebracht. Das war am Beginn der Dreharbeiten zu dem Film *How I Won the War* (deutscher Titel: *Wie ich den Krieg gewann*), der auf einem Roman von Patrick Ryan aus dem Jahr 1963 basiert. Gedreht wurde in den staubigen und trockenen Tälern rund um Almería, in dem über fünfhundert Westernfilme entstanden. *Wie ich den Krieg gewann* handelt von grotesken Abenteuern einer Gruppe britischer Soldaten, die im Zweiten Weltkrieg in Afrika gegen die Deutschen kämpfen, darunter John Lennon als Soldat »Gripweed«. In dem britischen Antikriegsfilm, in dem mit filmischen Mitteln des Absurden gerade die Absurdität des Krieges aufgezeigt werden soll, wird gleichzeitig der heroisierende Kriegsfilm als Genre demontiert. Verantwortlich zeichneten, wie auch schon bei *Help!*, Regisseur Richard Lester und Drehbuchautor Charles Wood. Auch der Schauspieler Roy Kinnear war, dieses Mal als »Clapper«, wieder mit an Bord. Das Lexikon des internationalen Films schreibt über den Streifen: »Eine boshafte Satire auf Militarismus, Heldenkult und Veteranensentimentalität, zugleich eine respektlose Demontage sämtlicher Kriegsfilmklischees. Komödienregisseur Richard Lester benutzt Stilelemente der Popavantgarde und des Comicstrip, um herkömmliche Erzählmuster spielerisch zu karikieren.«

Am Weg von der Kathedrale hinab in die Stadt machte der Nino aus Wien kleine Pausen auf der Rambla de Almería und auf der Plaza de las Flores und setzte sich dort neben John Lennon. Ihm hat die Stadt Almería eine 250 Kilo schwere Bronzestatue gewidmet. Immerhin hatte er während seines sechswöchigen Aufenthalts in der Stadt seinen weltberühmten Song »Strawberry Fields Forever« komponiert. Es ist Ninos Lieblingslied der Beatles und ein wahres Wunder an Inspiration, Fantasie sowie musikalischer Experimentierfreude. Würde der Funke der Stadt auch bei ihm als kreative Zündung funktionieren? Er war entschlossen, sich in das ehemalige Hotelzimmer von John Lennon einzuquartieren und abzuwarten, was geschehen würde. Zwei Wochen wollte er bleiben, so wie damals Lennon, ehe der Beatle in das etwas luxuriösere Cortijo

Romero, auch Finca Santa Isabel genannt, gezogen war. Dort hatten ihn auch Cynthia und der vierjährige Julian besucht. Heute beherbergt es als »Casa del Cine« das Filmmuseum von Almería. Als Nino das Hostel betrat, war das Lennon-Zimmer besetzt, jedoch das Zimmer unmittelbar daneben war noch frei, mit dem gleichen Blick auf den Strand von Almería, ganz in der Nähe des ehemaligen Haupthafens des maurischen Herrschers Abd ar-Rahmān III.

Für Nino war Lennon immer schon mindestens so sehr Dichter wie Musiker. Lennons absurde Poesie in dessen Büchern »In His Own Write« (deutsch: »In seiner eigenen Schreibe«) und »A Spaniard in the Works« (deutsch: »Ein Spanier macht noch keinen Sommer«) ist für ihn sogar »ein bisschen jazzig«. Einmal so richtig eingestiegen, verlor es für ihn, ähnlich wie »Finnegans Wake« von James Joyce, allmählich seinen absurden Charakter und wurde auf eigenartige Weise real. Nino liebt aber auch das Surreale, das in den Songtexten Lennons aufblitzt. Zu seinem literarischen Pantheon gehören auch der Schriftsteller Edward Lear, von dem ein eindringliches Porträt in der Liverpooler Walker Art Gallery zu bestaunen ist, mit seinem »Book of Nonsense«, sowie Lewis Carrol, dessen Seelenverwandter und ein weiterer von John Lennon bewunderter Meister der viktorianischen Nonsense-Literatur.

Keine Frage, auch Lennon hätte den Nino gemocht, wären die beiden einander begegnet. Dann hätte Nino ihm auch gesagt, wie sehr er seine Stimme mag und dass er sie für eine der besten im Rock 'n' Roll hält. Nachzuhören auf »A Ticket to Ride« und »Twist and Shout«. John Lennons Stimme ist für den Barden aus Wien »gleichzeitig sanft und rau. Wenn er rau singt, ist sie besonders rau, wenn er sanft singt, ist sie besonders herzerwärmend sanft.« Das Lied »Jealous Guy« etwa ist der »sanfte Lennon«, der Nino sehr berührt. Und dann gibt es den »Come Together«-Lennon, der ziemlich »hart nach vorne drischt«. Auch das gefällt ihm. Vermutlich wäre das Balsam für die Seele von Lennon gewesen, der seine Stimme nie mochte und sie deshalb vor allem nach der Auflösung der Beatles regelmäßig mit Hall belud.

Im Winter 2019 am Strand von Almería und im Nebenzimmer von John Lennons ehemaliger Bleibe schreibt der Nino aus Wien schließlich zwei Songs – fröhliche noch dazu –, die er aber vorläufig unveröffentlicht lässt. Seine Mission war erfüllt. Ein Jahr später erscheint das Album »Ockermond«, aufgenommen in einer einzigen Februarnacht in der Cselley Mühle in Oslip im Burgenland. Darin beschreibt er seine Sehnsuchtsorte – der instrumentale Song »Almería« erinnert an die südspanischen Wintertage. Kein Beatles- oder Lennon-Song ist auf dem Album, auch nicht auf den später erscheinenden. Seit der Nino aus Wien eigene Lieder schreibt, hält er sich von Beatles-Coverversionen fern: »Ich will nicht Lieder wie jene der Beatles nachspielen, denn so gut wie die Beatles bringe ich es ohnehin nicht zusammen. Ich kann mich nicht hinsetzen und ein ›Come Together‹ oder ein ›Hey Jude‹ schreiben. Ich musste meine eigene Sprache, meinen eigenen Weg finden.« Selbst bei Konzerten hat er noch nie ein Beatles-Cover gespielt, nicht in der Öffentlichkeit zumindest, nur im eigenen Keller oder Wohnzimmer. Zweimal allerdings hat er versucht, deutsche Versionen von Beatles-Songs zu schreiben, einmal eine von »She Said, She Said« und eine von »Being for the Benefit of Mr. Kite«. Diese waren zwar nicht direkt übersetzt, aber doch stark ans Original angelehnt. Obwohl ihm diese Arbeit großen Spaß gemacht hat, hat sie Nino bislang noch niemandem gezeigt.

Wir sind alle Beatles

Gehört hat Nino die Beatles zum ersten Mal im Alter von zehn Jahren. Seine Eltern hörten damals oft Musik aus dieser Zeit. Begonnen für Nino hat alles mit dem Song »Hey Jude« – Nino war fassungslos und tief berührt. Es war ein völlig neues Gefühl für ihn, dass Musik so etwas auslösen kann. Von da an hatte er die Beatles auf dem Schirm, aber als er mit 15 Jahren die »Anthology«-Alben hörte, begannen sie sein Leben unmittelbar zu beeinflussen und auf eine neue Spur, eine Tonspur gewissermaßen, zu stellen. Er fing an, Gitarre zu spielen. Die Bilder der »Anthology«-Dokumentation ließen ihn nicht mehr los und es fiel ihm wie Schuppen von den Augen: »Das will ich machen! Eine Rockband gründen!«

Bald spielte er die Musik der Beatles seinen Freunden vor. Er wollte, dass sie an der Musik teilhatten, die ihn bewegte, oder sie zumindest einmal reinhörten. Über die Beatles ist Nino dann noch als Teenager weiter in das 1960er-Jahre-Feeling eingetaucht, er hörte

Bob Dylan und entdeckte andere englische Bands wie die Kinks, und The Who für sich. Doch stets waren die Beatles der gemeinsame Nenner. Marco Wanda von der Band Wanda entdeckte zeitgleich mit Nino die Beatles – »das war das Schöne, dass wir dann in dieser Szene zusammengekommen und draufgekommen sind, dass wir eigentlich alle Beatles sind«.

Auf der Website des Nino aus Wien gibt es ein Schwarz-Weiß-Foto von Nino mit einer Sitar, die er sich spontan zugelegt hatte, weil er dieses indische Instrument so schön fand. Ein wenig habe er auch auf einem Album damit experimentiert, aber verstehen, meint er nachdenklich, werde er es nie. Anders als George Harrison, der schon bald für den Song »Norwegian Wood« darauf spielte und wesentlich dazu beitrug, dass indische Einflüsse Aufnahme in die Popmusik fanden. Diese Experimentierfreude der Beatles fasziniert und inspiriert ihn auch heute noch. »Sie haben immer weiter experimentiert, obwohl sie kommerziell so erfolgreich waren. Nie sind sie in die Gewässer des seichten Kommerzes geraten. Das ist das eigentliche Wunder. Sie sind wie Schutzheilige über mir! Sie beschützen mich und sorgen dafür, dass ich weitermache.«

Auch sieht Nino bei sich direkte musikalische Einflüsse der Beatles, vor allem durch die sich allmählich herausschälenden psychedelischen Nummern aus der Mitte der 1960er Jahre. Die Aufnahmen zum Album »Help!« und die Dreharbeiten in Obertauern markierten für den Songwriter aus Wien eine wichtige Zeit der Veränderungen. Paul McCartney, dessen Stimme und Songmaterial, einschließlich seiner frühen Solowerke – darunter vor allem das Album »Ram« aus 1971 –, er ebenfalls außerordentlich schätze, habe John Lennon in Österreich erstmals seinen Jahrhundert-Song »Here, There and Everywhere« vorgespielt. Ein Vorgriff auf das 1966 erscheinende Album »Revolver« mit dem legendären Cover von Klaus Voormann. In Ninos Musik gibt es Momente, in denen er sich gerne auf »Revolver« und den in dieser Zeit entstandenen Song »Rain« bezieht. Auch die Basslinie von »Plurabelle« auf seinem 2011 erschienenen Album »Schwunder« erzeuge ein Beatles-Feeling. Sein Bassist habe sich dabei stark am Bass-Spiel von Paul McCartney orientiert. Das gilt auch für die Drums – er habe sich damals gedacht: »Ich habe einen

Ringo in der Band!« Der treue Ringo, der damals auch nicht darauf verzichten wollte, seinem Freund John in Almería einen Kurzbesuch abzustatten, um ihm die Zeit bei den Dreharbeiten zu verkürzen. Die Erzählung, dass John Lennon in dem spanischen Küstenort gegenüber Ringo erste Andeutungen gemacht habe, die Beatles verlassen zu wollen, hält sich bis heute.

Als im November 2021 der Dokumentarfilm *Get Back* über die Beatles, in drei Teilen von jeweils über zwei Stunden Länge, von Regisseur Peter Jackson, veröffentlicht wurde, sah sich der Nino aus Wien diesen fast in einem Durchgang an. Unterbrochen nur durch einige Pausen, um seine Gitarre zu nehmen und zu spielen, weil ihn die Bilder, so wie schon damals, als »Anthology« erschienen war, dazu verleiteten. Beim Blick auf seine Epiphone Casino huscht in Gedanken daran ein Lächeln über sein Gesicht.

FALCO UND DIE BEATLES

Johann Hölzel alias Falco konnte es nicht glauben: Dieser Mann hatte ihn geprägt wie kein anderer, als Songschreiber und auch als Bassist. Er und sein kongenialer Partner waren die besten Songschreiber aller Zeiten! Von ihnen konnte er alles lernen – von ihnen können alle alles lernen. Und jetzt stand er mit ihm gemeinsam auf einer Bühne. Nur wenige Schritte vor ihm, Paul McCartney da vorne in der ersten Reihe.

Als das offizielle Gruppenbild geschossen war, bahnte er sich den Weg zu dem Beatle. Dann stand er ihm gegenüber, sie blickten sich in die Augen. Paul lächelte und auch Linda schien beeindruckt von der eleganten Erscheinung des Falken. Ein freundlicher Händedruck zwischen dem frischgebackenen Preisträger in der Kategorie »Pop« und dem Preisträger für das Lebenswerk, und dann noch ein Foto für die Nachwelt. Die 38. »Bambi«-Verleihung im November 1986 in München hatte sich für immer in sein Herz eingeschrieben.

Im Alter von fünf Jahren wurde bei Falco während eines Vorspieltermins an der Wiener Musikakademie ein absolutes Gehör festgestellt. Bereits als Kind lernte er Schlagerlieder auswendig, und auf dem von seiner alleinerziehenden Mutter für ihn mit den letzten Geldreserven gekauften Plattenspieler hörte er am liebsten Elvis Presley, Cliff Richard und die Beatles. Bereits 1980, als Mitglied in der Unterhaltungsband Spinning Wheel, hatte er die Songs der Beatles »draufgehabt« und sie bei Tanzabenden in Hotels und in Einkaufszentren zum Besten gegeben.

Mit seinem Freund, dem »Rennbahn-Express«-Journalisten Peter Leopold, sollte er in dieser Zeit oft stundenlang über die Beatles und ihre Musik diskutieren. Und für das Video zu »The Sound of

Musik« im Juli 1986, die erste Singleauskoppelung des Studioalbums »Emotional«, trug er standesgemäß eine rote Uniformjacke, die frappant an das Outfit der Beatles auf dem Cover des legendären »Sgt. Pepper«-Albums erinnerte. Er singt dazu: »The Sound of Musik / It's Lennon-McCartney, Cole Porter too / They're dancin' with my babe, babe-ba-ba-ba-babe-blue / Hey daddy, don't you bother me / It's gonna be my Rock 'n' Roll day / Give the children what they want / Hear the universal choir pray«.

»viva la poesia«

Die Liebe von Falco zu den Beatles war bekannt und wurde nicht immer gutgeheißen: Ein David Bowie passe doch viel besser zu seiner Attitüde und auch zu seinem Gesangsstil. Doch Falco ließ erst gar nicht mit sich reden. Als 1995 auf seine Initiative hin zur finanziellen Rettung der »schule für dichtung« eine Benefizveranstaltung organisiert wurde, performte Falco Beatles-Songs anstelle eigener Lieder aus seinem bereits weltweit erfolgreichen Repertoire – auch aus Ehrfurcht vor den im Publikum anwesenden Dichter-Persönlichkeiten H. C. Artmann, Wolfgang Bauer und Gerhard Rühm. Er hatte das, was er an jenem 22. April 1995 im Rahmen der »Nacht der

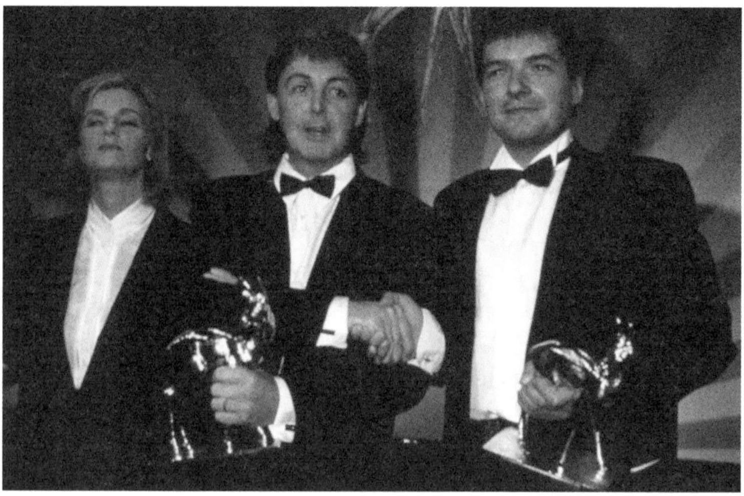

Linda, Paul und Falco

Poesie« in den Wiener Sofiensälen spielen wollte, mit der Band nicht diskutiert. »Ich komme mit dem Beatles-Songbook auf die Bühne und beginne wie bei einer Dichterlesung und lese eben Lennon/ McCartney. Ich lese große Poesie. ›Drive My Car‹ und ›Revolution‹. Und dann werde ich's eben auch singen.«

Im anschließend im Residenz Verlag erschienenen Buch »viva la poesia« waren nicht nur Fotos und Texte der prominenten Lehrer der »schule für dichtung«, Nick Cave, Allen Ginsberg und Johann Hölzel enthalten, sondern auch eine CD-Beilage mit Textauszügen und den von Falco vor 3.000 begeisterten Fans souverän interpretierten Beatles-Nummern vom Benefizkonzert. Auch Blixa Bargeld, Frontman der Band Einstürzende Neubauten und Bandmitglied von Nick Cave and the Bad Seeds, der Liedermacher Konstantin Wecker und die aus Südsibirien stammende tuwinisch-österreichische Sängerin Sainkho Namtchylak staunten nicht schlecht. Falcos Beatles-Medley beinhaltete drei Songs aus unterschiedlichen Schaffensperioden. Er startete mit »Drive My Car«, einer Nummer vom Album »Rubber Soul« aus 1965, ging über zu »She Loves You« aus 1963 und schloss mit »Back in the USSR« vom Album »The Beatles« aus dem Jahr 1968. Falco blieb dabei eng am Original, nur manchmal baute er für ihn typische Elemente wie »Say!«, »Alright!« oder »Eh!« ein. Nach dem Song »Revolution« spielte er als Finale »Sgt. Pepper's Lonely Hearts Club Band«. Dieser Song hatte es ihm besonders angetan.

Zwei Jahre später feierte er seinen 40. Geburtstag im Kreis von Freunden wie Niki Lauda und Otto Retzer in der Dominikanischen Republik mit einem fulminanten Live-Auftritt in seiner Pepper-Uniform und spielte neben dem brandaktuellen Song »Out of the Dark« noch einmal »Sgt. Pepper's Lonely Hearts Club Band«. Wenige Monate später war er tot. Er wurde genauso alt wie sein Idol John Lennon.

DER URKNALL IM LEBEN DES MARCO WANDA

Die Beatles waren zwar nicht der Soundtrack meiner Kindheit – dieser war die Radiomusik meiner Generation: der frühe Boyband-Sound und der frühe Hip-Hop –, aber erst mit den Beatles bin ich tief in das Handwerk und die DNA des Liederschreibens eingedrungen. Als sie kamen, habe ich gemerkt: Songwriting ist ein Handwerk, es ist eine Kunst, die man lernen kann. Ich habe die Beatles jahrelang als eine Wissenschaft verstanden. Durch die Beatles habe ich gelernt, wie man ein gutes Lied schreibt, auf allen Ebenen, in seiner Struktur, in seinem Inhalt, in seiner Emotion und in seiner Innovation. Das alles führe ich auf die Beschäftigung mit den Beatles zurück.

Die Beatles waren in meinem Leben sozusagen der Urknall. Ich habe die Beatles für mich in meinem Leben erst relativ spät entdeckt – das war etwa in meinem 20. Lebensjahr. Ich habe sie nicht nur über die Musik schätzen gelernt, sondern auch über die Texte – die Beatles waren für mich so etwas wie die Revolution des Geistes. Sie waren überhaupt eine der ganz wenigen Bands, die eine Art Philosophie in ihrem textlichen Kosmos hatten. Über dieses textliche Universum vermittelten die Beatles in Wahrheit eine ganze Weltsicht – und das in lediglich sieben Jahren, was erstaunlich wenig ist. Es ist eine Art moralisches Handbuch, wie der Mensch sein könnte. In diesem Fall voller Liebe, voller Empathie. Dazu kommen auch ihre Ausflüge nach Indien, ins Spirituelle. Man kann das eigentlich gar nicht so richtig fassen – und das muss man den Beatles ja in erster Linie zusprechen, diese unglaubliche Innovation in der Musik und in den Texten.

Der Sprung von »Rubber Soul« zu »Revolver« ist schon so groß, dass man sich gar nicht vorstellen kann, dass da noch etwas Neues kommen kann. Aber »Revolver« war eigentlich nur eine Fingerübung für »Sgt. Pepper's Lonely Hearts Club Band«, das bahnbrechendste Album aller Zeiten. Selbst Michael Jackson hat einmal gesagt, »Thriller« sei für ihn nur der Versuch gewesen, ein so bahnbrechendes Album für seine Musik zu schreiben, wie die Beatles es mit »Sgt. Pepper« geschafft haben. Anhand dieses Albums konnte man erkennen, wie aus den Rock-'n'-Roll-Kids und Skiffle-Fans diese unglaublichen Musiker wurden – welche unglaublichen Innovationssprünge sie machten und wie sie authentische, herausragende Künstler wurden. Diese Entwicklung bietet keine andere Band der Musikgeschichte. Die Beatles waren ja zunächst Teil einer Mersey-Beat-Szene und es gab damals viele »Beatles« – sie waren nur die Besten.

Den innovativen Sprung muss man ganz eindeutig zwischen »Beatles for Sale« und »Rubber Soul« sehen. Als alle diese Referenzen sichtbar wurden – die Musik der Girlgroups, der Everly Brothers –, da haben sie dennoch etwas originär Neues geschaffen. Eine Band, die drei Monate an einem Song arbeitet wie bei »Strawberry Fields Forever« – das ist schon unglaublich. Lennon hatte damals die Tragik dieser jungen Mädchen in dem gleichnamigen Waisenheim vor Augen gehabt. Das Leben in diesen Heimen war damals genauso verrückt, wie es wohl auch heute noch ist.

Funk, Soul, Rock 'n' Roll bedeuteten ein starres Akkordschema. Dann, bei den Beatles, haben sich auf einmal zahlreiche verminderte Akkorde gebildet, mixolydisch, aus dem Kirchenschema. Das haben sich die Beatles selbst beigebracht. Ich habe mich mit der Musik der Band, mit den Biografien der Mitglieder – jede für sich eine interessante eigene Welt –, aber auch mit den unscheinbaren Figuren im Hintergrund beschäftigt.

Geoff Emerick, der Toningenieur der Beatles, hat sich stark anstecken lassen von diesem innovativen Klima. Da gab es wildeste Experimente. John Lennon wollte sich bei »Tomorrow Never Knows« von der Decke hängen lassen und im Kreis baumelnd singen. Das hat zwar nicht funktioniert, aber war ein Beispiel, wie weit der Wille der Beatles ging, weit über die Grenzen des Machbaren zu gehen.

Diese Platte kann ich nicht zu Ende begreifen

Alle 13 Alben der Beatles decken etwas ab: Wenn ich mich jung und verletzt fühlen will, greife ich auf das Beatles-Frühwerk zurück. Es macht Mut. Wenn ich mich cool fühlen will, dann ist es »Rubber Soul«. Wenn ich staunen möchte, dann bin ich bei »Revolver«. Aber wenn ich mein Hirn vollkommen überfordern möchte, dann gehe ich zu »Sgt. Pepper«. Diese Platte kann ich in einer Lebensspanne gar nicht zu Ende begreifen. Sie ist für mich die eindrucksvollste Beatles-Platte. Ohne die emotionale Wirkung, ohne diese therapeutische Wirkung der Beatles-Songs, hätte ich gar nicht auf die analytische Ebene gehen können. Es hätte mich sonst gar nicht interessiert. Der Einfluss der Beatles hat mir die Tür zu einem höheren Songwriting geöffnet.

Was mich vor allem an Lennons Gesang fasziniert, ist das Wort-Ton-Verhältnis. Wo Lennon die Stimmen-Melodie ansetzt und dazu die Phrasierung, und das Verhältnis zum Akkord, der darunterliegt – das ist magisch, das ist so speziell und durchgehend interessant. Ich habe irgendwann gewusst, nur das kann mein Anspruch sein. Das werde ich zwar nie schaffen, aber so weit wie möglich möchte ich zumindest hinarbeiten. Was mich an John Lennon auch beeindruckt, ist der Individualismus in seiner Stimme. Ein Geschenk. Dabei ist es nicht einmal eine schöne Stimme im herkömmlichen Sinne. In der Anfangsphase der Beatles wollte man Lennon daher eher in den Background setzen. Lennon mochte seine Stimme nicht. Aber wer seine Stimme mag, ist kein guter Sänger. Singen ist wie ein Boxkampf, man kämpft gegen sich selbst, um wirklich ausdrucksstark singen zu können. Bis zum Album »Sgt. Pepper« war eher Lennon der Leader, dann hat sich die Gewichtung in Richtung McCartney verschoben.

Zur Banddynamik ist zu sagen, dass großartige Musik nur dann entstehen kann, wenn die Bandmitglieder tief befreundet sind und wie in einer Beziehung das Bedürfnis haben, sich immer weiter kennenzulernen und dabei immer mehr gemeinsam über das Menschsein herauszufinden. Das haben die Beatles vorgelebt. Es ist kein Zufall, dass es im Zuge der Gründung von Wanda zwar zunächst noch unterschiedliche Konstellationen gab – z. B. mal ein neuer Gitarrist, mal dieser oder jener Schlagzeuger oder Bassist – und das, was dann zu Wanda wurde, vier bis zu fünf Beatles-Fans waren, darunter drei Hardcore-Fans. Ohne dieses Verständnis und diese Liebe zu den Beatles hätte es auch die Band Wanda in der Form nicht geben können. Dieser Prozess hin zu einer Band war auch bei uns weniger ein musikalischer, sondern ein freundschaftlicher. Denn irgendwann hockt man dann in einem Turbospeed – zweihundert Tage im Jahr im Einsatz – und wenn man dann nicht tief befreundet ist, wird es nicht funktionieren.

Der Verlust der einzelnen Freundschaften oder zumindest die Verschiebung der Freundschaften war der Untergang der Beatles. Denn was sie zusammengehalten hat, war nie der Erfolg, sondern die Freundschaft. Der Verlust ihrer Freundschaft war jedoch auch die Folge eines übermäßigen Drogenkonsums. Dazu kam, dass nicht alle Bandmitglieder die gleichen Drogen genommen haben. Das funktioniert dann schon gar nicht. Jede Band hat zwar mal eine heftige Drogenphase, aber nur wenn alle wieder rauskommen, geht es weiter. Die Beatles aber haben diesen Punkt nicht erreicht. Lennon hatte lange Zeit mit Drogen zu kämpfen. Er hatte neben dem Bett eine Schatulle mit Drogen und in der Früh hat er blind reingegriffen und geschaut, was passiert. Und wenn das ein LSD-Trip war, dann war das schon hart. Dann kann man eben keine Freundschaft mehr pflegen, geschweige denn eine Business-Struktur aufrechterhalten.

John Lennon hatte als Solokünstler zwar die Nase vorne, aber in allen vier Solokarrieren hört man, was fehlt, und das sind die drei jeweils anderen. Die Synergien der vier waren unschlagbar. Es war aber auch nicht der Anspruch in den Solokarrieren, das zu toppen oder da wieder ranzukommen. Diese damals auch noch jungen Menschen haben es sich ja irgendwie auch verdient, sich nach dem Ende der Karriere mal künstlerisch auszuleben. Für uns als Musikfans ist diese Phase allerdings nicht mehr so spannend. Aber sie haben es sich hart verdient. Wenn man so lange der Öffentlichkeit ein solches Geschenk macht, dann kann man auch sagen, jetzt mache ich einmal etwas für mich.

Wandamania

Als Wanda haben wir zwar keine Beatles-Songs gecovert, aber auf den ersten Tourneen und auch in der Stadthalle 2016 haben wir »A Hard Day's Night« gespielt. Das war der einzige Song, den ich auf der Gitarre spielen konnte. In der Zeit der – für österreichische Verhältnisse jedenfalls – um sich greifenden »Wandamania« habe ich immer wieder in den Beatles-Biografien Halt und Trost gefunden, um mich daran zu erinnern: Das ist schon mal jemandem passiert, da ist man nicht alleine. Denn man fühlt sich sehr einsam, wenn man so von seinem Leben entkoppelt ist und 300 Tage im Jahr auf Tour ist.

In rein technischer Hinsicht mag es sein, dass es versiertere Musiker gibt. Harrison war nicht Jeff Beck und John Lennon nicht Anna Netrebko. In der Komplexität der Kompositionen – man sollte die Beatles weniger als Instrumentalisten betrachten, sondern eigentlich als Komponisten – gibt es für mich Songs, die sind auf einer Stufe mit Schubert und mit Bach. Diese nehmen sich zwar im Gewand der Popmusik ihrer Zeit aus, aber sind am ehesten vergleichbar mit klassischer Musik.

Es ist erstaunlich, dass sich so viele Fraktionen und Genres auf die Beatles einigen konnten. Aber nicht nur die Denker und die Musiker. Die Beatles, das ist Musik für jede und jeden. Ein Fünfjähriger versteht die Magie dieser Musik. Und dann kommt sogar noch der Respekt der Kunstwelt dazu. Dazu fällt mir kein zweites Beispiel ein. Diese weltweite Einigung auf die Qualitäten dieser Band – die ist ohne Beispiel.

BIERTRINKEND UND PFEIFENRAUCHEND: DIE BEATLES UND DER JAZZ

Die riesigen Reklametafeln an den Wolkenkratzern in Downtown Los Angeles, inmitten eines gigantischen Häusermeers, reflektieren das gleißende Licht. Ganz schwach sind die Umrisse der darauf abgebildeten Köpfe zu erkennen. Nur langsam verschwindet die Sonne in den Häuserschluchten, doch plötzlich sind die überlebensgroßen Porträts von Picasso, Muhammad Ali, dem Dalai Lama, Ted Turner sowie etwas weiter seitlich und direkt nebeneinander jene von Miles Davis und John Lennon ganz deutlich erkennbar. Darüber eine einzige Aufforderung: Think Different! Die 1998 von dem US-amerikanischen Hard- und Softwareentwickler und Technologieunternehmen Apple lancierte Werbekampagne gilt als eine der erfolgreichsten in der Geschichte der amerikanischen Werbeindustrie.

Ob die Verantwortlichen der Kampagne bewusst Miles Davis neben John Lennon platziert haben, ist nicht bekannt. Ob sie von jener Gartenparty zum Anlass des Geburtstags von Betty Klein, der Frau des umstrittenen Beatles-Managers Allen Klein, am 12. Juni 1971 in dessen Haus in Riverdale, New York, wussten? Damals sind Miles Davis, von Duke Ellington einst als »Picasso des Jazz« bezeichnet, und John Lennon erstmals aufeinandergetroffen. Sogar gleich zu einem kleinen gemeinsamen Basketball-Spiel, das von den Avantgarde-Filmemachern Jonas Mekas und Shirley Clarke auf Zelluloid sowie von Andy Warhol auf zahllosen Polaroid-Fotos festgehalten wurde. Auch Allen Ginsberg, Ringo Starr, Phil Spector und der Journalist Al Aronowitz, der schon bei jener denkwürdigen Begegnung der Beatles mit Bob Dylan im Jahr 1964 dabei war, waren Teil der fröhlichen Partygesellschaft.

Nicht immer war John so aufgeschlossen gegenüber dem Jazz und seinen Stars gewesen. So soll er einmal gesagt haben, der Jazz, das seien für ihn bloß ein paar alte Typen, die sich biertrinkend und pfeifenrauchend hinter der Bar verkriechen, ohne wirkliches Interesse an der Musik. Gelegentlich wird sogar davon gesprochen, dass John Lennon den Jazz gehasst hätte. Dabei hatten die Beatles insbesondere in der zweiten Hälfte der 1960er Jahre begonnen, sich gegenüber neuen musikalischen Einflüssen zu öffnen. Der Jazz sollte dabei keine Ausnahme sein. Im Fall von John Lennon hatte daran auch seine Frau, die Avantgardekünstlerin Yoko Ono, einen großen Anteil. So legte John Lennon Wert darauf, in einem persönlichen Schreiben an das Musikmagazin »Melody Maker« im Jahr 1971 darauf hinzuweisen, dass seine Frau Yoko Ono bereits 1968 in der Royal Albert Hall mit Ornette Coleman, einem Pionier des Free Jazz, ein Konzert gegeben hatte. Ausschnitte einiger Proben vom 29. Februar 1968 in der Royal Albert Hall mit Coleman an der Trompete und Charlie Haden am Bass sind danach in Form des Stücks »AOS« auf dem Album »Yoko Ono/Plastic Ono Band« veröffentlicht worden. Der Autor der »Raver Column« im »Melody Maker« hatte zuvor mit ironischem Unterton vorgeschlagen, dass die »ach so innovative« Künstlerin Yoko Ono mit Miles Davis zusammenarbeiten sollte. John replizierte wütend, dass Miles Davis sicher nicht so verächtlich und beleidigend wäre wie die Autoren des »Melody Maker« Er sollte recht behalten. Aus Anlass von Lennons 50. Geburtstag flog der legendäre Jazztrompeter und Musiker gemeinsam mit seinem Saxophonisten Kenny Garrett nach Japan, um mit Yoko Ono auf einer Bühne zu stehen. Das »Greening of the World«-Konzert wurde von Yoko organisiert und Miles wollte ihr durch seine Anwesenheit Respekt zollen.

Am 2. März 1969, in der Lady Mitchell Hall in Cambridge, begleitete John Lennon mit improvisierten, heftigen Amplifier-Feedback-Geräuschen seiner Gitarre die Vokal-Performance seiner Frau. Gemeinsam mit dem dänischen Free-Jazz-Saxophonisten John Tchicai sowie John Stevens am Schlagzeug. Das dabei entstandene Stück »Cambridge 1969« fand sich anschließend auf dem Experimental-Album »Unfinished Music No. 2: Life with the Lions« wieder.

Zu dieser Zeit nahmen die Beatles und ihr Label Apple auch das Modern Jazz Quartet, eine der bekanntesten Bands der internationalen Jazzwelt, unter Vertrag. Ihr Manager Monte Kay, der sich als Gründer des weltberühmten Jazzclubs Birdland einen Namen gemacht hatte, wollte damit erhöhte Aufmerksamkeit für seine Band erzeugen, deren Popularität zuletzt im Sinken gewesen war. Mit einer einzigartigen Mischung aus Jazz, Blues und Barock-inspirierter Kontrapunktik hatten Milt Jackson (Vibraphon), John Lewis (Klavier), Percy Heath (Bass) und Connie Kay (Schlagzeug) lange Zeit auch bei breiteren Publikumsschichten Erfolg. Die beiden auf Apple Records erschienenen Alben »Under the Jasmin Tree« (1968) und »Space« (1969) werden von der Fachwelt noch heute mit Bestnoten gewürdigt.

John Lennon und Paul McCartney bewunderten auch die Jazzadaptationen des Charles Lloyd Quartet mit Keith Jarrett und Jack DeJohnette, die als erste Supergroup des Rockjazz galten, und besuchten sogar deren Konzerte in der Royal Albert Hall. Ihr Album »Dream Weaver« sowie die zwei Live-Aufnahmen aus dem Fillmore mit den Stücken aus »Love-In« und »Journey Within« gelten als Zeugnis einer gelungenen Weltmusik, die alles einzuschließen vermag – darunter auch das bekannte Beatles-Stück »Here, There and Everywhere«. Die McCartney-Komposition bewegte sogar Lennon zu einem seltenen Lob für seinen kongenialen Partner.

George Harrison setzte sich ebenfalls den Einflüssen des Jazz aus, bevorzugte aber dessen traditionellere Formen. Er liebte Django Reinhardt und Stéphane Grappelli mit ihrem Quintette du Hot Club de France, einem ausschließlich von Saiteninstrumenten besetzten Jazz-Ensemble, deren ungewöhnliche Klangfarben ihn bereits mit zwölf Jahren in ihren Bann gezogen hatten. Zudem verehrte er den amerikanischen Sänger und Pianisten Hoagy Carmichael, der bei dem grandiosen Jazz-Saxophonisten und Sänger Frank Trumbauer, den Dorsey Brothers, Clarence Williams und Louis Armstrong engagiert war und auch als Bandleader mit den berühmtesten Jazzmusikern seiner Zeit auftrat. Auch Kay Starr, die amerikanische Jazz-Sängerin mit irokesisch-schottischen Wurzeln, hatte es George angetan.

21. OKTOBER 1969: DAS TELEGRAMM VON JIMI HENDRIX UND MILES DAVIS

Paul McCartney war bereits Mitte der 1960er Jahre, nicht zuletzt über seinen Freund, den Schriftsteller und Journalisten Barry Miles, damals Miteigentümer der im exklusiven Londoner Stadtteil Mayfair gelegenen progressiven Indica Gallery, mit Musikern und Wegbereitern des Free Jazz wie Albert Ayler, Ornette Coleman oder auch dem Pianisten Sun Ra bekannt gemacht worden. Am 21. Oktober 1969 jedoch ging ein Telegramm bei Apple Records in der Londoner Savile Row ein, welches das Potenzial hatte, die Geschichte der Popularmusik nachhaltig zu verändern:

We are recording an LP together this weekend in New York – STOP – How about coming in to play bass – STOP – Peace – Jimi Hendrix Miles Davies [sic!] *Tony Williams*

Das Telegramm war an Paul McCartney gerichtet, der ein großer Bewunderer von Jimi Hendrix und dessen musikalischem Genius war. Tony Williams wiederum, in dieser Zeit einer der weltbesten und progressivsten Schlagzeuger, war als Mitglied des Miles Davis Quintet zu einem »echten Beatles-Fanatiker« geworden. Seine Wohnung war tapeziert mit Beatles-Postern, 1965 schlug er Miles Davis sogar vor, mit den Beatles auf Tournee zu gehen und in deren Vorprogramm zu spielen. Das Telegramm blieb jedoch ohne weitere Folgen, der Apple-Manager Peter Brown antwortete am nächsten Tag an die drei Musikgrößen:

Ref. cable received from Hendrix, Davies and Williams. Paul McCartney away from London on holiday, not expected to return for two weeks

Dieser 21. Oktober 1969, an dem das Telegramm von Hendrix und Miles Davis einlangte, war auch jener Tag, an dem ein amerikanischer Radiosender verkündet hatte, dass Paul tot sei. Ein absurdes, aber hartnäckiges Gerücht, das bald weltweit verbreitet wurde. Zusätzlich kamen rund um die Beatles verstärkt Trennungsgerüchte auf. McCartney war daher nach Schottland gereist, um sich in seinem Landhaus von der Öffentlichkeit abzuschirmen. Als er nach seiner Rückkehr das Telegramm sah, war er aufgebracht darüber, nicht sogleich informiert worden zu sein. So oft hatte er bereits davon geträumt, einmal mit Jimi Hendrix zu spielen, nachdem er ihn 1966 im Speakeasy Club in der Londoner Margaret Street gesehen hatte. Damals hatte er gedacht, sie hätten noch alle Zeit der Welt dafür. Doch ein Jahr nach der Anfrage per Telegramm war Jimi Hendrix tot – kein absurdes Gerücht, schmerzliche Wahrheit. Die nicht beantwortete Einladung von Miles Davis, Jimi Hendrix und Tony Williams betrachtet McCartney auch heute noch als die größte versäumte Gelegenheit seines Lebens.

DAS APFELMUS IM BEATLES-SONG – CHRISTIAN UND WOLFGANG MUTHSPIEL ÜBER DIE BEATLES

An das Faible des Beatles-Gitarristen George Harrison für Django Reinhardt musste der österreichische Gitarrist Wolfgang Muthspiel, einer der international erfolgreichsten und einflussreichsten Jazzmusiker seiner Generation, denken, als er an jenem Tag im Februar 2022 in einem kalifornischen Tonstudio gemeinsam mit Scott Colley am Bass und Brian Blade an den Drums den letzten Song für sein neues Album »Dance of the Elders«, erschienen bei ECM, einspielte. Muthspiel hatte kurz davor in einem entlegenen Winkel des Studios einen uralten, amerikanischen Originalverstärker entdeckt, den er vor dem Ende der Aufnahmesessions noch unbedingt ausprobieren wollte. Er steckte das Gerät an und war verzückt von der Verzerrung des alten Fender-Modells. Spontan fiel ihm George Harrisons Welthit »Something« ein, den er zunächst ein wenig »verrotzt« interpretierte. Daraus wurde dann innerhalb von 20 Minuten eine gepflegt-charmante Version im Trio. Da sich der Mix zu sehr von den anderen Songs des Albums abhob, beschloss Muthspiel, ihn vorläufig nicht zu veröffentlichen.

Dennoch wird Muthspiel im Zuge der Aufnahme nochmals bewusst, dass George Harrison ein großartiger Melodiker und Musiker war, der stets einen Gitarren-Part fand, der perfekt zum Song passte. Die Soli sind derart gelungen, dass der Hörer und die Hörerin sie wie eine zusätzliche Melodie mitspeichern – anders als bei den meisten Jazzaufnahmen. Beim Jazz erinnert man sich an das Lied – beim extrem soundbewussten George Harrison jedoch vor allem auch an das jeweilige Solo oder den sonstigen Gitarren-Part. In diesem Moment fällt ihm ein, dass er einmal in seiner New Yorker Zeit dem Sohn von John Lennon, Sean Lennon, begegnet war. Auf einer Party in einem Loft Downtown in Tribeca mit gemeinsamen Freunden hatten sie sich intensiv über Musik ausgetauscht. Sean hat ihm sogar ein Lied vorgespielt, das er damals gerade neu herausbrachte. Wolfgang Muthspiel beschließt spontan – von der Leidenschaft für die Musik der Beatles erfasst – seinen Bruder Christian in Wien anzurufen. Der geht sofort ran, als er sieht, dass es sein Bruder ist, obwohl es früh ist und er eben erst aufgestanden.

Bereits seit den frühen Jugendtagen verbindet die beiden Brüder die Liebe zu den Beatles. Für die Eltern waren die Pilzköpfe jedoch so etwas wie ein Schreckgespenst. Die Steiermark und die Umgebung um Judenburg waren sehr wertkonservativ, da hatten die Beatles keinen guten Leumund. Die Brüder erinnern sich noch an den Spruch »Du schaust aus wie ein Beatles« – so im Plural – gegenüber den jungen Leuten mit langen Haaren.

Die Familie Muthspiel war zwar sehr musikalisch, aber auf Klassik und Volksmusik ausgerichtet. Pop und Rock und Jazz gab es zu Hause nicht – Klassik, Volksmusik sowie Hausmusik und gemeinsames Singen jedoch in der vollen Dosis. Der Vater Kurt Muthspiel war zudem Chormensch und Gesangslehrer, hat Schallplatten aufgenommen und komponiert und leitete überdies ein wunderschön klingendes Männerquintett. »Hätte mein Vater, der ein hochmusikalischer Mensch war, die ›ideologischen Grenzen‹ überschritten, hätte er in vollen Zügen genießen können, was die Beatles gemacht haben«, meinte Christian Muthspiel einmal. Christian war zehn Jahre alt, als er erstmals mit den Beatles konfrontiert wurde. Ein Freund, der immer im Sommer zu Besuch war, hatte ihm in einer Hütte die Beatles vorgestellt. Nicht auf einem Rekorder, denn in der Hütte gab es keinen Strom und Batterien waren nicht verfügbar, der Freund hatte ihm die Beatles-Lieder vorgesungen.

Wolfgang: Weißt du noch, Christian, wie ich immer geglaubt habe bei der Textzeile »Something in the way she moves«, da geht es um Apfelmus? Es war die erste nicht klassische oder volksmusikalische Musik, die mich erreicht hat, ohne anfangs auch nur im Geringsten die Texte zu verstehen. Diese schillernde Welt, diese fantasievoll arrangierten Lieder haben für mich dennoch eine starke Verwandtschaft gehabt zur Klassik. Es ist zwar nicht klassische Musik im engeren Sinn, aber so klang- und farbbewusst wie viele klassische Stücke. Nicht schnell für die Saison geschrieben, obwohl die Stücke so locker und spontan daherkommen. Es sind letztlich richtige Welten, jedes Lied für sich, wie ein Planet! Und es hat sich dann bei mir, wie du weißt, extrem festgesetzt und bis heute ist dieses Universum der Beatles-Lieder neben den großen klassischen Komponisten sowie den großen Jazz-Improvisatoren so eine Art Dreigestirn.

Christian: Das habe ich ähnlich erlebt, lieber Wolfgang. Unglaublich toll habe ich immer diesen aufregenden mehrstimmigen Gesang der Beatles – wie Engelsstimmen – gefunden. Unfassbar schön! Die Gegenstimmen – die untersten – sind sehr oft ungewöhnlich. Das ist weit weg vom üblichen »Terzenschmäh«. Wenn man sich das genau ansieht, dann merkt man, dass da oft recht strenge Dissonanzen in ihrer Stimmführung sind. Die Solostimmen sind oft kunstvollster Kontrapunkt. So individuell die einzelnen Stimmen waren, so war der Stimmklang der Chöre immer sehr homogen. Man tritt als Individuum heraus und fügt sich wieder ein. Das ist auch ein schönes Bild für eine Gesellschaft. Für mich sind die Chornummern der Beatles die schönsten Beatles-Stücke. Die wenigsten individuellen Stimmen schaffen es bei Chorpassagen, ihre Stimmen so zurückzunehmen, dass der Klang als Chor wahrgenommen wird. Dieses Phänomen kennen wir aus der Oper, wo das nicht immer gelingt. Das Lied »Because« von dem Album »Abbey Road« ist so ein Beispiel für einen einheitlichen Stimmklang. Bei diesem ist nicht zu erkennen, wer die höhere oder niedrigere Stimme singt, so eine perfekte Einheit ist das. Das nenne ich »intuitive musikalische Intelligenz«. Auch der Klang ist extrem durchdacht und intelligent. Der Chor in »Because« wirkt umso himmlischer, weil unten dieses sture, leicht verzerrte Cembalo spielt und damit eine entgegengesetzte Klangfarbe erzeugt. Kontrapunktisch ist hier nicht die Stimmführung, sondern der Klang.

Wolfgang: Ja, diese Chöre sind ein weiteres schillerndes Detail. Irgendjemand findet immer eine Gegenstimme. Paul die höhere, John die tiefere. Und ich stimme dir zu: Außerordentlich ist »Because« auch aufgrund des abgefahrenen Moog-Synthie-Sounds. Dieser komische Zawinul-Sound über dem dreistimmigen Chorwerk, über den Engelsstimmen, mit der unüblichen Fortschreitung. Das war eine kluge Entscheidung. Und diese Songs waren auch kommerziell erfolgreich, obwohl ohne Drums und ohne Beat. Man muss auch die Intonation erwähnen, so sauber – das war ja lange vor »Autotune«. Im Studio waren sie bei den Proben ja nicht immer so exakt, aber sobald es um etwas ging, haben sie alles Können unglaublich geschärft.

Christian: Weißt du, dass ich kürzlich das Rooftop Concert im Kino gesehen habe und wirklich geweint habe, als ich sah und hörte, wie gewaltig Paul McCartney da oben gesungen hat? Was da für ein druckvoller Sound erzeugt wurde mit zwei kleinen Verstärkern und zwei Mikrofonen! Man kann sich nicht vorstellen, dass dies das Ende der Band war, die haben so einen Spaß gehabt. Und wie der Bass von McCartney die Band antreibt, hat mich besonders beeindruckt. Das E-Bass-Spiel klingt fast akustisch – unglaublich, dass Paul noch dazu so »relaxed« singt.

Wolfgang: Ja, diese originellen Basslinien von Paul sind bemerkenswert. Ein Sound, der an einen Kontrabass erinnert, jedenfalls ein unüblicher Elektro-Bass-Sound. Nicht viel »Sustain«, sondern prägnanter »Attack«. Das hat mit seiner Spieltechnik mit dem Plektron zu tun. Was für ein »Attack«! Bei vielen Beatles-Songs hat sich einem die Basslinie eingeprägt, weil sie so unkonventionell ist.

Christian: Die Beatles haben sich wahnsinnig intensiv mit Tontechnik und Verstärkern auseinandergesetzt. Sie waren immer am Experimentieren, was ihren Sound betraf. Ihr Interesse dafür war von Anfang an da. Du erinnerst dich – das hat auch uns inspiriert. Weißt du noch, als wir im Sommer in einer Fabrik gearbeitet haben, und mit dem Lohn haben wir uns eine Loop-Maschine gekauft und dann stundenlang experimentiert? Das Experimentieren darf natürlich kein Selbstzweck werden, sondern soll der musikalischen Aussage dienen. Genau das haben die Beatles beherrscht.

Die Klangvielfalt ist daher für mich eine besondere Qualität der Beatles. Die Stones klingen immer gleich, egal welches Lied sie spielen. Ein gutes Beispiel ist der erste Akkord von »A Hard Day's Night«. Das muss man erst einmal schaffen, dass ein einziger Akkord für ein ganzes Stück steht. Damit einher geht auch noch die Zuspitzung auf den Text, eine zusätzliche Qualität. Bei den Liedern von John Lennon geht mir das Herz auf. Viele von ihnen, z. B. der Song »Julia« auf dem »Weißen Album«, machen einen Raum auf, der beinahe schon meditativ ist.

Diese klangliche Qualität zeichnet auch den Gitarrensound der Beatles aus – sie haben offensichtlich immer viel Wert gelegt auf den einheitlichen Klang. Normalerweise sind zwei Gitarren und ein Bass ein wenig »fad«, aber durch die scharfen Aufnahmen und den sauberen Klang wird diese Besetzung zu einem gut instrumentierten Kammerorchester. Die Virtuosität ist bei den Beatles nie Selbstzweck geworden, sie war nie zu viel. Die Instrumentierung war meist eher sparsam. Als virtuos würde ich aber jedenfalls Paul McCartney als Bassisten bezeichnen und entgegen landläufiger Meinung auch Ringo Starr als Schlagzeuger. Ringo Starr war der beste »Weglasser« aller Zeiten. Ringo Starr hat jedem Stück einen anderen Schlagzeug-Sound verpasst. Du weißt, es gibt viele Jazzschlagzeuger, die sich auf Ringo Starr berufen. Einerseits beeindruckt in seinem Spiel die Sparsamkeit, aber auch das sehr spezielle Timing, das man eigentlich gar nicht richtig beschreiben kann. Man könnte sagen, es holpert ein wenig, aber nicht, weil er es nicht kann, sondern es holpert genial – es ist sein bewusst gewähltes Timing.

Wolfgang: Was du sagst, kann ich nur unterschreiben. Bei den Beatles handelt es sich eben um den glücklichen Fall von vier Hochtalentierten, die sich gegenseitig auch noch fordern und dadurch noch weiter fördern. Das ging schon los beim Songschreiben im Hause McCartney als Teenager. Die Beatles hatten es sich früh zur Gewohnheit gemacht, in allem, was sie hörten, die Qualität des Songs zu bewerten. Der Song hatte immer die oberste Priorität, und nicht, wie jemand zur Geltung kommt. Zusammengearbeitet wurde immer im Sinne des Stücks. Ich sag's nochmals: Bei allem Ego-Clash war dennoch immer der Song das höchste Prinzip. Und es ist eben nicht so ein ständiges Sich-Feiern. Man feiert den Song! Das ist auch der Grund, weshalb so viele Menschen fasziniert sind von den Beatles: Weil deren Musik hundertprozentiger Ausdruck ohne Klischees ist, also wahrhaftig. Davon träumt jeder Künstler, jede Künstlerin – jeder Mensch eigentlich.

Auch der Produzent George Martin ist »egofree« und gibt etwa in der *Get-Back*-Doku, die ich mir auch angeschaut habe, bloß kurze, kleine Feedbacks. In erster Linie ist er einfach daran interessiert, dass die »Boys« weitermachen – einfach weitermachen, und dann wird es gut werden. Dieses spielerische Ausprobieren nimmt viele Umwege, bis es dann zu diesem Song wird. Die Beatles zitieren tausend andere Songs und dieses Spielerische und Kindliche ist ein wichtiges Element dabei. Da gibt es diese große Ehrfurcht vor Blues und Early Rock 'n' Roll. Bei der Doku hat man gesehen, dass sie immer auf der Suche nach der Form und sehr hellhörig sind, wenn irgendetwas zu oft vorkommt. Da haben sie den Riecher. Entweder kurze Formen oder die ganz ausufernde, wie bei »Hey Jude«.

Die Beatles haben nur durch Gehör und Gefühl diese Musik erschaffen. Umso toller sind diese schlüssigen Akkordfolgen. Die einzelnen Teile der Songs schaukeln sich gegenseitig auf – das ist ganz selten, diese Art der Originalität. Auf rein musikalischem Gebiet vielleicht noch bei Burt Bacharach erkennbar. Dylan oder Cash bestechen zwar durch ihre Persönlichkeit, können aber rein songmäßig überhaupt nicht mit den Beatles mithalten. Kein Wunder also, dass die Beatles in der kollektiven Erinnerung der gesamten Bevölkerung sind. Die Tatsache, dass sie diese spielerische Haltung beibehalten haben, obwohl sie so erfolgreich waren, ist bemerkenswert. Sie hatten ja gelegentlich auch Spaß daran, zu verstören oder vor den Kopf zu stoßen.

Christian: Weißt du, ich werde immer wieder gefragt, ob ich bei den Beatles die Virtuosität vermisse, die etwa die Jazzmusiker auszeichnet. Aber auch den Jazzern geht es um die Aussage. Virtuosität kann zwar etwas aussagen, sie kann aber auch komplett inhaltlos sein. Thelonious Monk etwa konnte in gewisser Weise gar nicht richtig Klavier spielen, aber er hat einen eigenen Stil gemacht, der die Jazzmusik revolutioniert hat. In diesem Sinn ging es bei den Beatles um die Botschaft, unabhängig davon, ob virtuos oder nicht. Aber schlecht im technischen Sinn spielten die Beatles nie, auch und vor allem George Harrison. Er und Ringo Starr haben sich immer etwas zurückgenommen. Vier Alphamännchen, das wäre sich auch musikalisch nicht ausgegangen. Das macht also auch die Qualität ihrer Musik aus, dass sie sich nicht hinreißen lassen, Unnötiges zu spielen. Die Beatles verstärkten die Message durch Reduktion. Das zieht sich bei den Beatles durch. Jazz läuft oft Gefahr, sich in der Virtuosität zu verlieren.

Aus einer rein technischen Sicht würde ich die Beatles zwar nicht als Virtuosen bezeichnen, aber: Who cares? Das Großartige ist, dass sie immer ihren Part finden. Und die Stimme und der Sound passen dann so perfekt zu dem Stück, dass man sich denkt: Gott sei Dank sind sie keine Virtuosen! Die Popmusik ist ja mittlerweile sehr kalkulierend, es klingt alles sehr ähnlich. Toll ist auch, dass selbst Paul als älterer Musiker noch immer überrascht und begeistert ist von dem, was die Beatles gemacht haben, wie die jüngste Doku mit Rick Rubin gezeigt hat. Das war eben die wahnsinnige Chemie der vier. Das kann man nur im Kollektiv machen, diese Art von Dichte geht nur im Kollektiv. Das ist eben eine Band, diese gegenseitige Befruchtung – man muss sich vorstellen, man schreibt einen Song und muss ihn John Lennon oder George Harrison vorlegen –, alles großartige Songschreiber. Gar nicht so leicht! Toll finde ich auch, dass sie sich etwa im Studio nie kritisiert haben, wenn einer falsch gespielt hat. Das finde ich auch eine großartige Bandkultur. Dieser Arbeitsprozess ist vorbildlich – spielerisch und darauf vertrauend, dass es im Kollektiv doch etwas wird.

Die wenigen Sachen, die Harrison beigesteuert hat, waren Perlen. Aber – ich muss das nochmals betonen – auch Ringo hat singuläre Parts für die Songs geschaffen. Seine Attitude – das Element, das er einbringt – war dabei fast väterlich, geduldig. Viele großartige Jazzdrummer der Welt, mit denen ich spiele, verehren Ringo. Schlagzeuger, die Ringo abwerten, betrachte ich mit großem Vorbehalt. Worum geht's? Schlagzeuger sollten mit ihrem Spiel den Song aufwerten – darum geht's! Es kommt überhaupt nicht darauf an, dass jemand als Schlagzeuger technisch brilliert. Später hat Ringo meist nicht mehr das geeignete Songmaterial zur Verfügung gehabt. Bei den Beatles hat er zu Songs getrommelt, die top waren. »Come Together«, der *signature sound* des Ringo. »My Sweet Lord« ist auch ein bemerkenswerter Song – zwar etwas eintönig, aber auch magisch. Auch John Lennon hat nach der Trennung von den Beatles noch einige interessante Songs veröffentlicht. Ihm ging es vor allem um die Message und er war derjenige, der am wenigsten gefallen wollte. Bei allen ging es immer um dieses Dienen im Sinne des Songs, nie um ein Herzeigen oder ein Gut-Dastehen. Das ist manchmal bei den Jazzern etwas anders.

Christian: Die Beatles haben ja selbst nur selten Jazzelemente verwendet, auch wenn es gelegentlich gewisse Jazzreferenzen in deren Musik gab. Der Weg war und ist umgekehrt, der Jazz hat sich von den Beatles inspirieren lassen. Jazz hat sich immer wieder von der Popularmusik inspirieren lassen, aber es ist für ihn letztlich das Kriterium der Improvisation entscheidend.

Das Publikum in den Jazzclubs war hinsichtlich des sozialen Backgrounds in den 1950er Jahren sehr wesentlich mittelständisch geprägt, die Beatles, vor allem John Lennon, wollten jedoch als »Underdogs« wahrgenommen werden. Steven Swallow hat mir erzählt, dass damals jeden Abend in den Jazzclubs vier Sets gespielt wurden und das Publikum ursprünglich vor allem Schwarze waren. Die zweite Welle der Rassentrennung habe diese Jazzszene zunichtegemacht und sie wurde durch einen dann dominierenden »weißen Jazz« abgelöst. Aus der Sicht von John Lennon war dieser »weiße Jazz« in den Liverpooler Jazzclubs dann vermutlich auch zu bürgerlich, weshalb er in jüngeren Jahren eine gewisse Abneigung gegenüber der Jazzmusik geäußert hat.

Wolfgang: Ich höre bei der Beatles-Musik den Blues heraus, etwa den Muddy Waters, aber nicht den Jazz. Jazz war nicht unmittelbar auf ihrer Agenda, auch wenn Harrison etwa den Django Reinhardt liebte. Die progressivsten Jazzmusiker waren schon damals recht abgefahren – da gab es einen Aufbruch in die Elektronik. Swing höre ich bei den Beatles keinen heraus, sehr wohl jedoch einen gewissen Groove.

Wenn der Groove stark ist, wird es organisch und ist eben nicht etwas, das metronomisch genau »hingenagelt« ist. Im Jazz ist der jeweilige Beat etwas unschärfer, der einzelne Schlag ist runder und weiter. Auch die Beatles nageln ihre Grooves nicht einfach metronomisch stur hin. Das haben die Jazzer und die Beatles gemein.

Die Beatles haben das alles erschaffen, ohne viel über Musik zu wissen. Deshalb habe ich selbst relativ wenige Beatles-Lieder interpretiert, da ich gespürt habe, ich muss dem Lied gerecht werden, damit dieses einerseits nicht in eine völlig andere Richtung geht bzw. ein anderes Wesen wird, andererseits aber auch etwas Eigenes dazuzufügen ist, damit es nicht eine Kopie wird. Mein Album »Loaded, Like New« von Mitte der 90er Jahre enthält zwei Beatles-Songs. »Something« habe ich später auch bei Konzerten gespielt. Es hat eine wahnsinnig tolle Akkordfolge und gestern im Tonstudio konnte ich nicht widerstehen, es gleich mit meinem wunderbaren Trio einzuspielen.

Aber es gibt auch aktuell exzellente Jazzaufnahmen von Beatles-Songs. Ich habe das Programm von Brad Mehldau im Konzerthaus gehört, bevor er die Beatles-Platte »Your Mother Should Know« herausgebracht hat. Mir gefällt die Herangehensweise, dass er den Beatles gegenüber bescheiden ist. Mir gefällt, dass er sich nicht als großer Interpret darüber erhebt, sondern dass er das Wesen der Songs und deren Details erfasst und sie dann weiterentwickelt. Brad hat mir erzählt, dass er die genauen Details der Songs sehr bewusst aufgenommen hat und auch die Details der Arrangements. Vor allem die Gegenstimmen. Es findet sich kaum ein Klischee in den Beatles-Songs, stattdessen immer eine originelle Linie oder ein origineller Sound. Auch Pat Metheny ist ein richtiger Beatles-Fan und es gefällt mir, wenn er Beatles-Songs spielt. Pat kann ziemlich viel, aber wenn er Beatles spielt, interpretiert er diese bewusst bescheiden. Auch Brian Blade liebt die Beatles. Sie sind ein riesiges Kapitel für all jene, die an dem Genre »Song« interessiert sind, so wie klassische Musik, nur halt ohne Bach. Der Katalog von Songs, den Pat Metheny und Keith Jarrett geschrieben haben, gehört zu den großen *Collections* im Jazz. Songs wie »Belonging« oder »My Song« schillern wie Beatles-Lieder. Diese frühen Songs von Keith Jarrett sind ästhetisch nicht weit weg von den Beatles-Liedern.

Joe Zawinul und sein Beatles-Plan

Mittlerweile war es spät geworden in Kalifornien, trotzdem: Wenn Christian Muthspiel nicht zu einer Probe müsste, würden sich die beiden – obwohl durch den Atlantik getrennt – noch lange Zeit über die Beatles und deren Einfluss unterhalten, z. B. anhand des Albums »Bitches Brew« von Miles Davis, bei dem es sich zum ersten Mal nicht, wie im Jazz bislang üblich, um eine real-time performance handelte, sondern um eine ausgeklügelte Studioproduktion, wie sie die Beatles im Pop in der zweiten Hälfte der 1960er Jahre perfektionierten. An dem Album hat auch maßgeblich der herausragende Musiker und Komponist mit Wiener und niederösterreichischen Wurzeln, Joe Zawinul, mitgewirkt. So wie die Beatles war auch er ein »genialer Orchestrator«, »ein Meister des Wenigen«, wie ihn Wolfgang Muthspiel bezeichnet. Sein Stück »Arrival in New York« von der LP »Zawinul« etwa enthält eine Soundcollage wie sie auch von den Beatles gerne verwendet wurde und die darin eingesetzten Hörner und Schiffssirenen erinnern an klassische, in Beatles-Songs auftauchende Klangmuster.

Ende der 1960er hatte Joe Zawinul Pläne, gemeinsam mit Roberta Flack, die sowohl mit Zawinul als auch mit John und Yoko gut befreundet war, mit den Beatles zusammenzuarbeiten. Doch deren baldige Auflösung machte ihm einen Strich durch die Rechnung. Zumindest bei der Gründung der Band Weather Report wenige Zeit danach dienten die Beatles als Vorlage. Beim Management der Jazzrock-Formation fiel die Wahl Zawinuls auf Sid Bernstein, der die Beatles bekanntlich als Konzert-Promoter nach Amerika brachte und damit die »British Invasion« auslöste. Kein schlechtes Vorzeichen.

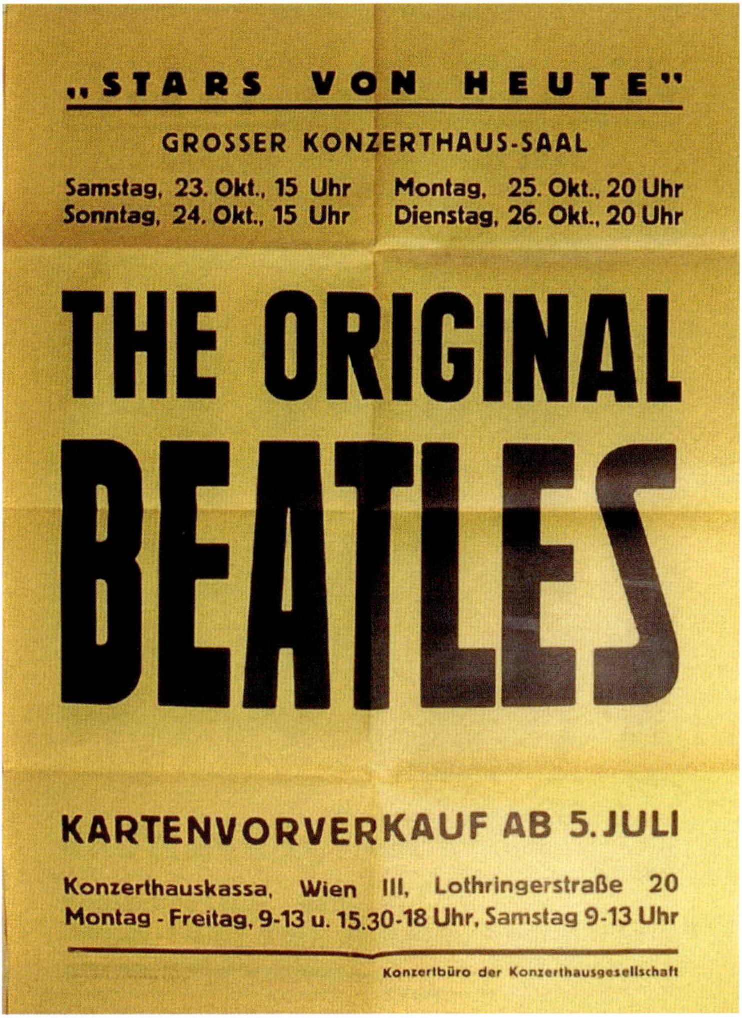

Plakat für vier Beatles-Konzerte im Oktober 1965 im Wiener Konzerthaus, die jedoch nicht stattfanden

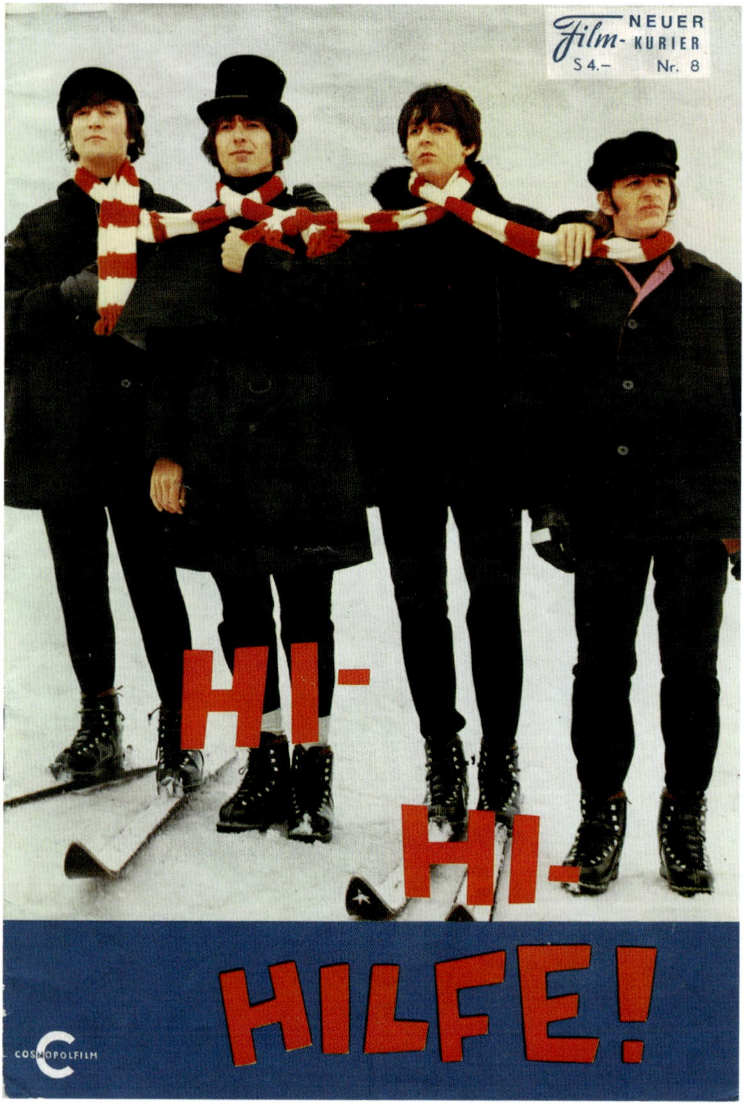

Cover des österreichischen Filmprogramms zum Film *Hi-Hi-Hilfe!*

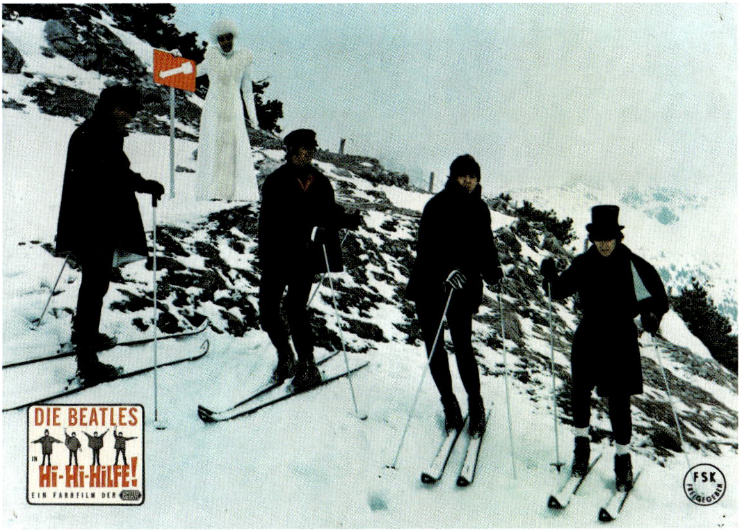

Help!-Aushangfoto für die Schaukästen der österreichischen und westdeutschen Kinos 1965/66

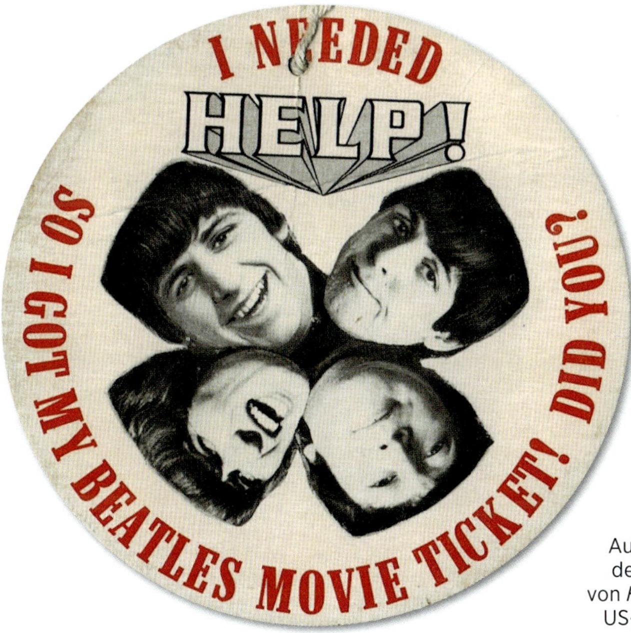

Promotion-Aufhänger für den Kinostart von *Help!* in den US-Kinos 1965

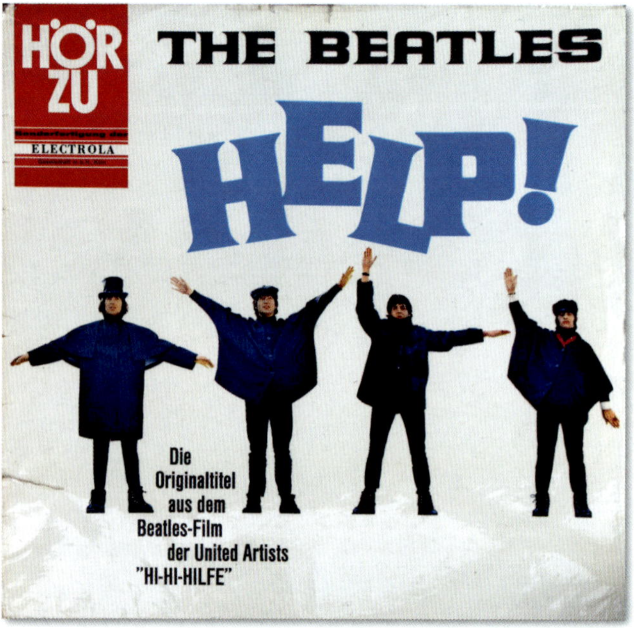
HÖR ZU
Sonderfertigung der
ELECTROLA
THE BEATLES
HELP!
Die
Originaltitel
aus dem
Beatles-Film
der United Artists
"HI-HI-HILFE"

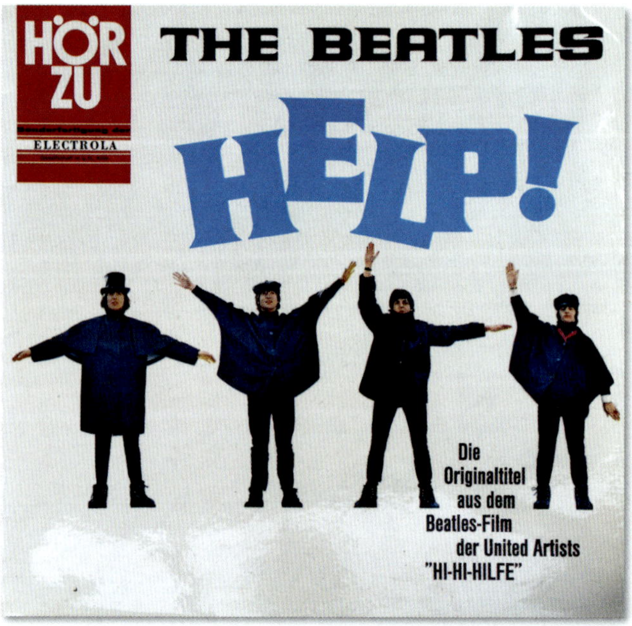
HÖR ZU
Sonderfertigung der
ELECTROLA
THE BEATLES
HELP!
Die
Originaltitel
aus dem
Beatles-Film
der United Artists
"HI-HI-HILFE"

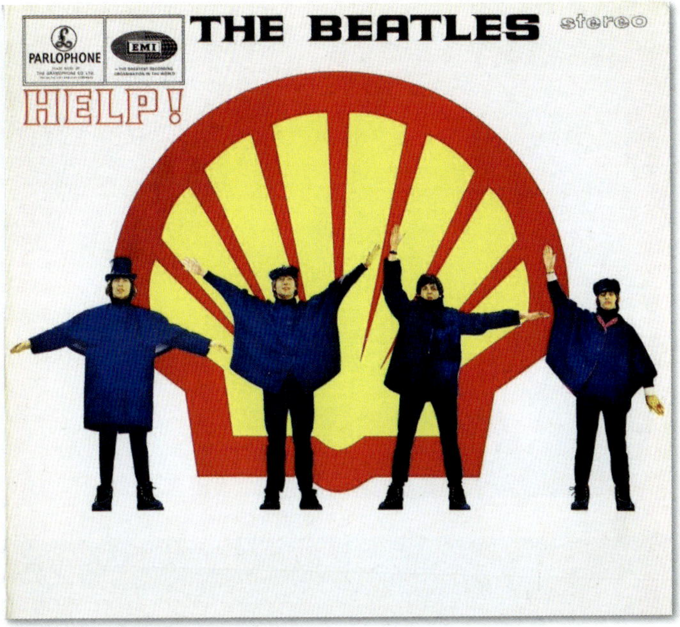

Niederländisches LP-Cover der Platte »Help!«, die 1979 als Werbung für die Mineralölfirma Shell produziert wurde

Links oben:
Deutsche Erstpressung der LP »Help!« auf dem Plattenlabel Hör Zu (Schrift zwischen den Fotos von George Harrison und John Lennon)

Links unten:
Deutsche Zweitpressung der LP »Help!« auf dem Plattenlabel Hör Zu (Schrift zwischen den Fotos von Paul McCartney und Ringo Starr)

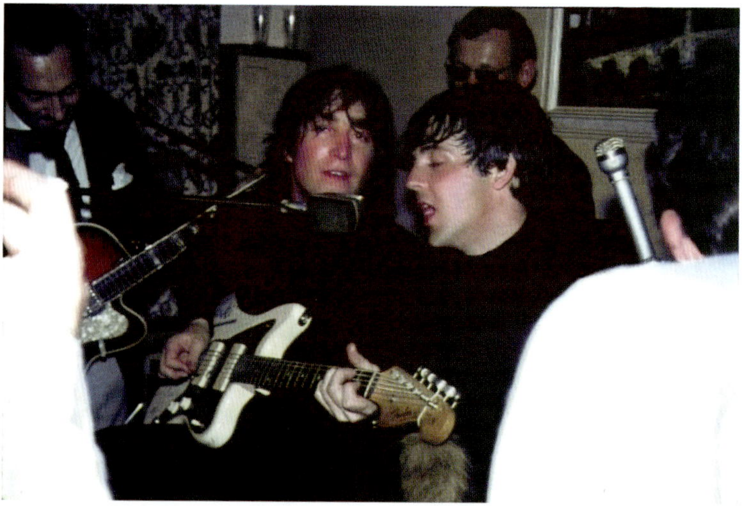

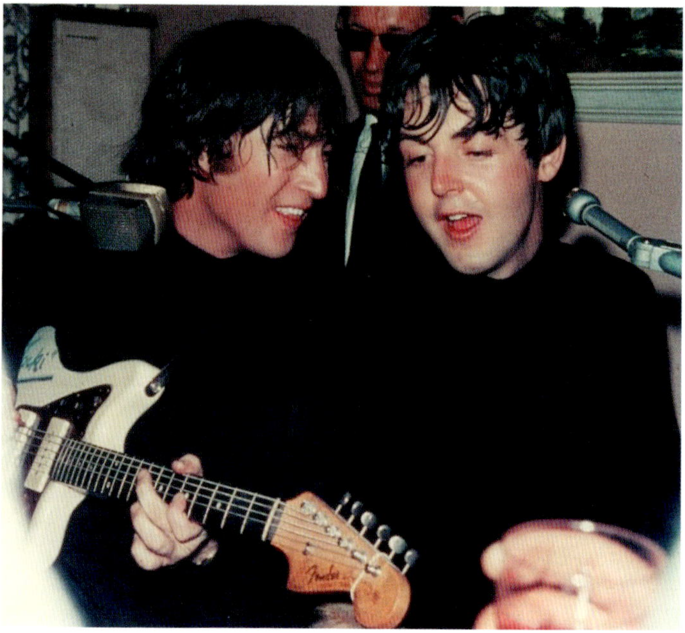

Die Beatles geben am 18. März 1965 im »Skistall« des Hotels Marietta ihr einziges Konzert auf österreichischem Boden

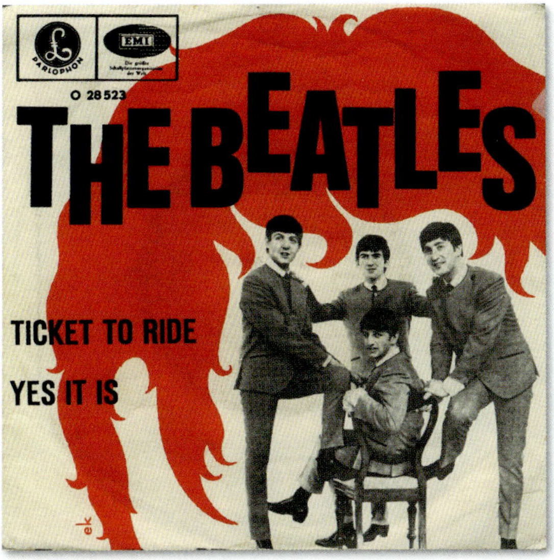

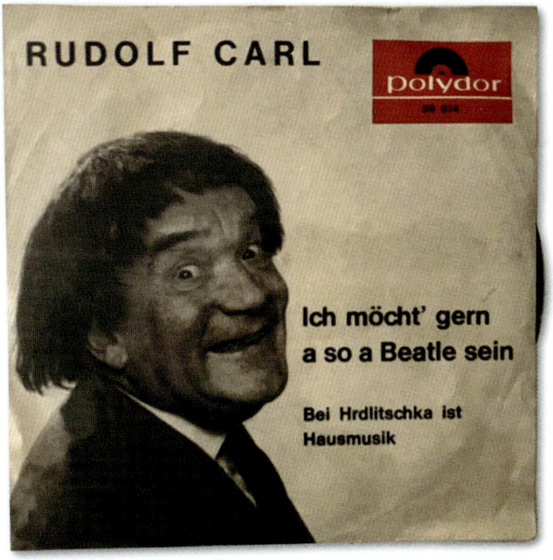

Oben: Die österreichische Pressung der Single »Ticket to Ride« (B-Seite: »Yes It Is«) auf Parlophon 1965

Unten: Der österreichische Schauspieler Rudolf Carl outet sich 1965 als Beatles-Fan

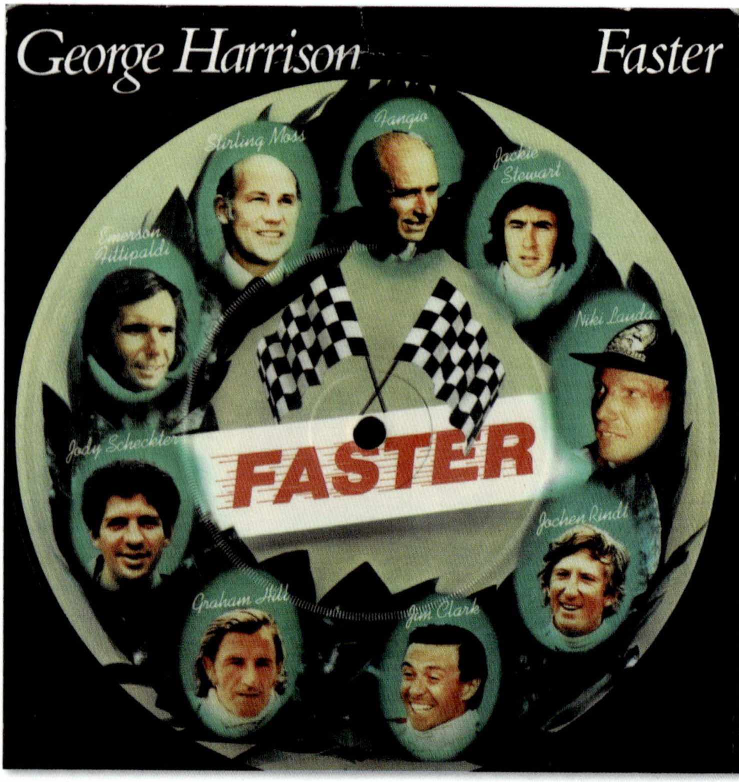

George Harrisons Lied »Faster« (B-Seite: »Your Love Is Forever«) als limitierte U. K. Picture Disc 1979 auf Dark Horse Records, den Stars der Formel 1 wie Jochen Rindt und Niki Lauda gewidmet

PETER HANDKE WIRD EIN BEATLE

An einem Spätwinterabend saß er, in den Skripten das umso stärker anstreichend, was er umso weniger aufnahm, in einem seiner bewährten Jukebox-Cafés. Dieses lag an einem für dergleichen eher untypischen Ort, am Rande des Stadtparks, und auch die Kuchenvitrinen und die Marmortischchen passten nicht zu seinem Ding. Die Box spielte, aber er wartete wie immer auf die von ihm selbst gedrückten Nummern; dann erst war es richtig. Auf einmal, nach der Plattenwechselpause, die mitsamt ihren Geräuschen – dem Klicken, dem Suchsurren, hinwärts und herwärts durch den Gerätebauch, dem Schnappen, dem Einrasten, dem Knistern vor dem ersten Takt – gleichsam zum Wesen der Jukebox gehörte, scholl von dort aus der Tiefe eine Musik, bei der er zum ersten Mal im Leben, und später

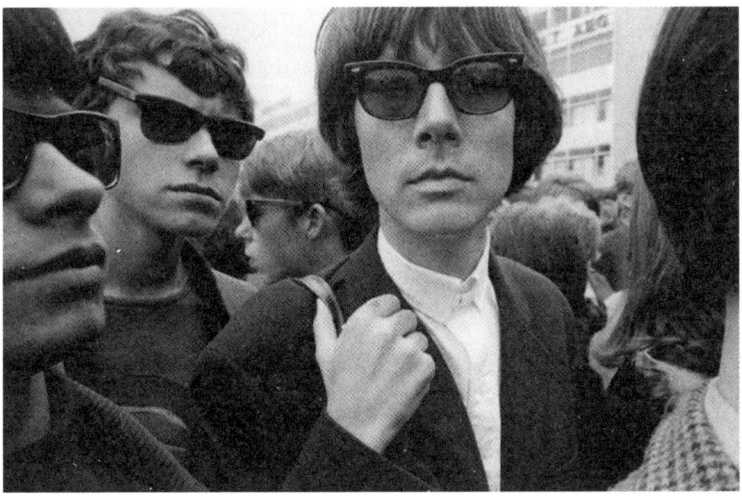

Peter Handke beim Beatles-Konzert in Essen im Jahr 1966

nur noch in den Augenblicken der Liebe, das erfuhr, was in der Fachsprache »Levitation« heißt, und was er selber mehr als ein Vierteljahrhundert später wie nennen sollte: »Auffahrt«? »Entgrenzung«? »Weltwerdung«? Oder so: »Das – dieses Lied, dieser Klang – bin jetzt ich; mit diesen Stimmen, diesen Harmonien bin ich, wie noch nie im Leben, der geworden, der ich bin; wie dieser Gesang ist, so bin ich ganz!«?

[…] Ohne zunächst wissen zu wollen, wer die Gruppe war, deren Stimmen, getragen von den Gitarren, gleichermaßen einzeln, durcheinander und endlich unisono erbrausten – er hatte in den Jukeboxen bisher die Alleinsänger bevorzugt –, staunte er einfach. Auch in den folgenden Wochen, da er täglich für Stunden in das Lokal kam, um in diesem großen, dabei so leichtsinnigen Schall zu sitzen, den er sich von den anderen Gästen bieten ließ, verharrte er in einem Staunen, das keine Namens-Neugier kannte […]. Als er dann aber bei seinem selten gewordenen Radiohören einmal erfuhr, wie der Chor der frechen Engelszungen hieß, die mit ihrem mir nichts, dir nichts hinausgeschmetterten »I Want to Hold Your Hand«, »Love Me Do«, »Roll Over Beethoven« alles Gewicht der Welt von ihm nahmen, wurden das die ersten sozusagen »unernsten« Platten, die er sich kaufte (er kaufte in der Folge fast nur noch solche), und war dann in dem Säulen-Café er es, der so lange die Tasten für »I Saw Her Standing There« (eben an der Jukebox) und »Things We Said Today« drückte (inzwischen blind, die Zahlen und Buchstaben besser im Kopf als die Gesetzestexte), bis da eines Tages die falschen Lieder, die lügnerischen Stimmen losschnackten: man hatte das alte Schild stehengelassen und den »aktuellen Hit«, deutschsprachig untergeschoben … Und bis heute noch dachte er, das Anfänger-Schallen der Beatles im Ohr, aus jener von Parkbäumen umstandenen Wurlitzer: Wann würde je wieder eine solche Anmut in die Welt treten?

Aus »Versuch über die Jukebox«, Peter Handke, 1990

Die Beatles in Essen – eine denkwürdige Begegnung

Zügig wurden die Beatles von der Garderobe durch den Personalaufgang in das Foyer der Halle gebracht und von dort über den rechten Personalaufgang in das Restaurant der Grugahalle. Routiniert, aber beinahe unbeteiligt absolvierten sie die lustlos an sie herangetragenen Fragen. Doch ein Mann stach plötzlich heraus. Ein junger Reporter des »Stern« interessiert sich für die literarische Seite des John Lennon. Mit kaum hörbarer Stimme fragt er, ob Lennon ein neues Buch plane. Der schien plötzlich aus seiner Lethargie herausgerissen, kniff die Augen zusammen und richtete seinen Blick auf den Fragesteller.

Die einige Jahre zuvor aus Stahl und Beton erbaute Grugahalle in Essen mit ihrer markanten Schmetterlingsform war die größte und modernste Halle im Ruhrgebiet. Mit ihr konnte es höchstens noch die Dortmunder Westfalenhalle aufnehmen. Ella Fitzgerald, Oscar Peterson, Bud Powell, Oscar Pettiford, Kenny Clarke, Coleman Hawkins, das Dave Brubeck Quartet oder die Quincy Jones Big Band, sie alle waren dort schon aufgetreten. Am 2. September 1965 waren dann die Rolling Stones zu Gast. Und jetzt, nach einer langen Durststrecke, ihre Hamburger Zeit lag schon einige Jahre zurück, waren die Beatles im Rahmen der »Bravo-Beatles-Blitztournee« endlich wieder nach Deutschland zurückgekehrt.

Aus ganz Deutschland und auch aus Österreich strömten die Fans mit Sonderzügen herbei: Nach München etwa fuhren der »rasende John« aus Stuttgart, »der fliegende Paul« aus Innsbruck, der »schnelle George aus Würzburg« und der »rollende Ringo aus Ulm«. Insgesamt wurden 18 solcher Sonderzüge eingesetzt. Als Tribut an ihre österreichischen und bayrischen Fans setzten sich die Beatles im Backstage-Bereich Tirolerhüte auf und ließen sich für »Bravo« fotografieren. Die Bühne in Essen, in deren hinterem Bereich ein schwerer, glänzender Vorhang mit einem aufgesetzten Schriftzug »Bravo-Beatles-Blitztournee« zu Boden fiel, lag sehr hoch – eine Vorsichtsmaßnahme des Konzertveranstalters, wie es hieß. Davor gab es Polizeiabsperrungen. Ein Fan sollte trotzdem wenig später einen Versuch unternehmen, die Sperrholzwand hinaufzuklettern, wurde aber noch rechtzeitig von den Ordnern gestoppt, bevor er auf die Bühne gelangen konnte. Die Karten in Essen kosteten zwischen 10 und 20 D-Mark, das Doppelte des Eintrittspreises der Konzerte der Rolling Stones und der Beach Boys.

Am 25. Juni um 17.58 Uhr war es dann so weit: Charlie Hickman, ein amerikanischer Schauspieler und Sänger, der vor allem als Radio-

und Fernsehmoderator bekannt war und die Deutschland-Tournee der Beatles moderieren durfte, verkündete das Eintreffen der Band im Backstage-Bereich der Bühne. Begleitet wurden die Beatles von Neil Aspinall, Mal Evans, Brian Epstein, Chauffeur Alf Bicknell, Presseagent Tony Barrow sowie der Sekretärin von Brian Epstein, Wendy Hansen.

Noch stehen Peter & Gordon auf der Bühne. Bei der Tournee sind sie stets die Letzten vor dem Haupt-Act. Auch die Fans der Beatles lieben sie. Peter Asher, die eine Hälfte des Gesangsduos, ist der Bruder von Jane Asher, der Verlobten von Paul McCartney. Für die Konzerte in Deutschland bekamen sie eine eigene Begleitband aus versierten Musikern des »Orchester Kurt Edelhagen« zur Seite gestellt, darunter auch die österreichische Jazzlegende Karl Drewo. Doch dann ein Aufschrei. Die Beatles mit ihren dunkelgrünen Anzügen und gelben Hemden kommen federnden Schrittes auf die Bühne gelaufen. John mit einer kreisrunden Sonnenbrille schlägt die ersten Takte von »Rock and Roll Music« auf seiner Gitarre, der Sunburst Epiphone Casino, an. Die Beatles, die an diesem Abend konzentrierter wirkten als in München, leisteten ganze Arbeit. Das »Bravo« titelte: »1.800 Sekunden Glück«. Gerade einmal 30 Minuten sollte das Publikum die Beatles zu sehen und zu hören bekommen.

»Ich schreibe gerade an der zweiten Seite meines dritten Buchs«, antwortete John auf die Frage des »Stern«-Reporters Peter Handke. Nur wenige der 80 Medien- und Pressevertreterinnen und -vertreter wussten, wie John Lennon das genau meinte. Der schüchtern wirkende junge Mann mit der Pilzkopffrisur und der schwarzen Sonnenbrille, der die Frage gestellt hatte, wusste es jedoch ganz genau. Lennon hatte nicht gelogen, wenn er »drittes Buch« sagte. Auch wenn der Beatle letztlich nur zwei literarische Werke veröffentlichen sollte, war zum damaligen Zeitpunkt tatsächlich ein drittes Buch vorgesehen, das der englische Jonathan Cape Verlag 1966 veröffentlichen wollte, aber letztlich nicht zustande kam. Lennon meinte einmal in einem BBC-Interview, dass seine Bücher nur mit sehr viel Whiskey entstehen konnten. Deshalb habe er das Schreiben dann bleibengelassen. Erst Jahre nach Lennons Tod erschien unter dem Titel »Skywriting by Word of Mouth« ein Buch mit den literarischen

Texten, die John Lennon in seinen letzten 15 Lebensjahren schrieb. Der britisch-deutsche Journalist und Autor Alan Posener zeichnete für die deutsche Fassung mit dem Titel »Zwei Jungfrauen oder Wahnsinnig in Dänemark« verantwortlich.

Nachdem der offizielle Teil der Pressekonferenz um 19.50 Uhr zu Ende war, gab es für die Journalistinnen und Journalisten die Möglichkeit, nach vorne zu den Tischen zu gehen und noch persönlich ein paar Worte mit den Beatles zu wechseln oder sich ein Autogramm geben zu lassen. Peter Handke reihte sich in die Schlange ein, die sich vor Lennons Tisch gebildet hatte. Schlampig unterzeichnete Lennon alles, was man ihm hinlegte, ohne auch nur ein einziges Mal aufzuschauen. Doch als Handke ihm ganz sanft das Buch »A Spaniard in the Works« hinschob, blickte er auf. Es war das Buch, das John Lennon während eines Urlaubs 1964 auf Tahiti zu schreiben begonnen hatte und in einer Szene des Films *Help!* in der Wohnung der Beatles aus dem Regal nimmt. Erst fünf Wochen vor der Film-Premiere, am 24. Juni 1965, war es in England erschienen. Beim Titel handelt es sich um ein Wortspiel, das sich auch auf die Redewendung *a spanner in the works* (sinngemäß »Sand im Getriebe«) bezieht. Lennon lächelte Handke an. Für einen Moment wurde es ganz still. Er sagte kein Wort und auch Handke schwieg. Im hinteren Bereich des Restaurants pfiff jemand. Es hörte sich an wie die Melodie von »In My Life«. Das signierte Buch, die Unterschrift gestochen scharf, wird bis heute von Handke und seiner Familie wie ein Schatz gehütet.

Based on a novel by a man named Lear

Lennon erzählte gegen Ende seines Lebens, dass das Buch »A Spaniard in the Works« ihm damals, so wie auch sein erstes Buch »In His Own Write«, jenen Schub Selbstvertrauen verpasst hatte, den er so dringend benötigte – auch wenn es sich schlechter verkaufte als das erste Buch. Das 96-seitige Werk, mit einem Cover von Robert Freeman, der auch die Beatles-Alben »With The Beatles«, »Beatles for Sale«, »Help!« und »Rubber Soul« gestaltet hatte, enthielt auch zahlreiche Zeichnungen und Illustrationen des Pilzkopfs. Diese erinnern an den Stil von James Thurber, des amerikanischen Zeichners und Schriftstellers, der nur wenige Jahre zuvor verstorben war. »A Spaniard in the Works« gehört zur Gattung der Nonsense-Literatur, voll von satirischen Knittelversen, Sprachschöpfungen sowie Wortspielen in der Tradition eines Edward Lear, dem 1812 geborenen Schriftsteller und Naturmaler. »Based on a novel by a man named Lear«, heißt es in einer Textzeile des Beatles-Songs »Paperback Writer«, der kurz davor auch die Grugahalle zum Beben brachte.

In dem Buch findet sich auch Lennons Version der Parlamentswahlen 1964 im Vereinigten Königreich, aus denen die Labour Party und ihr Leader Harold Wilson als Sieger hervorgingen: »We must not forget the general erection: Azue orl gnome, Harassed Wilsod won the General Erection, with a very small marjorie over the Torchies. Thus pudding the Laboring Partly back into powell after a large abcess.«

Sehr persönlich hingegen scheint sich das Gedicht »Our Dad« direkt an Lennons Vater Alfred zu richten, der ihn und seine Mutter sehr früh verlassen hatte: »It wasn't long before old dad / Was cumbersome – a drag. / He seemed to get the message and / Began to pack his bag.«

Lennon gab zu, dass nicht einmal er alle in seinem Buch »A Spaniard in the Works« enthaltenen Geschichten verstehen würde, diese sich aber in seinem Innersten aufgestaut hatten und danach schrien, nach außen gestülpt und veröffentlicht zu werden. »Your inside is out and your outside is in«, hieß es wenige Jahre danach in der 1968 veröffentlichten Beatles-Nummer »Everybody's Got Something to Hide Except Me and My Monkey«. Der Songtitel inspirierte auch Handke, als er seinen 1969 erschienenen Gedichtband »Die Innenwelt der Außenwelt der Innenwelt« nannte. Darin findet sich der objet-trouvé-ähnliche Text »Die japanische Hitparade vom 25. Mai 1968«. Sie symbolisiert durch ihr selbstverständliches Nebeneinander die Sprengung nationaler und kultureller Grenzen durch die Rockmusik. Schallplatten brauchen nicht erst übersetzt zu werden, sondern können direkt und unverändert rezipiert werden. Zuvor hatte Handke im Kölner »Stadt-Anzeiger« das damals neu erschienene Doppelalbum der Beatles »The Beatles«, das als das »Weiße Album« Berühmtheit erlangte, rezensiert.

»Partei ergriffen wird für die Beatles«

Knappe zwei Wochen bevor Peter Handke zum Beatles-Konzert nach Essen fuhr, hatte er die Uraufführung seines ersten Theaterstücks »Publikumsbeschimpfung« gefeiert. Er hatte 1965 gerade seinen Debütroman »Die Hornissen« bei Suhrkamp veröffentlicht, als Verleger Siegfried Unseld ihm riet, lieber ein Theaterstück zu schreiben, wenn er Geld verdienen wollte. Der Ansatz, den Handke in seinem Ende Oktober 1965 fertiggestellten Stück »Publikumsbeschimpfung« verfolgte, überzeugte Unseld. Handkes Beschimpfungen zielten nicht auf einzelne Zuschauer ab, sondern allgemein auf das Theater jener Zeit. Theater, nach Handke, dürfe keine falsche Wirklichkeit vorspielen. »Das Theater soll wieder Teil der Welt der Zuschauer werden«, meinte er. Das Stück wurde am 8. Juni 1966 unter der Regie von Claus Peymann am experimentellen Frankfurter Theater am Turm uraufgeführt. Es besteht aus einem einzigen Akt und es wird nicht gespielt, sondern gesprochen. In »Publikumsbeschimpfung« zertrümmert Handke Theaterkonventionen – bis nichts als das nackte Gerüst übrigbleibt: die Sprache. Theater soll demnach nicht erklären, abstrahieren oder analysieren, sondern sinnlich erfahrbar werden. Wichtig ist nicht der Inhalt, sondern der Klang des Gesprochenen.

Dieser Klang ist die Musik der 1960er Jahre. Handke nannte das Stück ein »verbales Rockkonzert«. »Partei ergriffen wird für die Beatles«, konstatierte er in seiner ersten Radiosendung. In seinen Anweisungen an die Schauspieler forderte er diese auf, sich Beatles-Filme anzuschauen und »Tell Me« von den Rolling Stones oder katholische Litaneien anzuhören. Der Drummer der Beatles hatte es ihm besonders angetan: »In dem ersten Beatles-Film Ringo Starrs Lächeln ansehen, in dem Augenblick, da er, nachdem er von den anderen gehänselt worden ist, sich an das Schlagzeug setzt und zu trommeln beginnt.« In seinen viel später erschienenen Aufzeichnungen »Das Gewicht der Welt« singt das Mädchen beim Bügeln zu einem Lied, das aus dem Radio kommt – den von den Sherman Brothers komponierten Song »You're Sixteen«, mit dem Ringo Starr 1973 einen Nummer-1-Hit in den USA landete.

Peter Handke hatte sich zwei Monate vor der »Publikumsbeschimpfung«-Premiere bereits ein Beatles-Image verschafft. Ihm hatten dabei drei Minuten genügt, um in der deutschsprachigen

Literaturwelt berühmt zu werden: Mit einer Wutrede im Beatles-Look und mit Beatles-Mindset. Die Geschichte trug sich im April 1966 zu, als die Gruppe 47 an die Princeton University eingeladen war: Die Gruppe 47 war eine Schriftstellervereinigung, die sich von 1947 bis 1967 regelmäßig auf Initiative von Hans Werner Richter traf und der unter anderen Günter Grass, Heinrich Böll, Uwe Johnson, Hans Magnus Enzensberger und Ingeborg Bachmann angehörten. Das vom *German Department* der Universität Princeton organisierte Treffen diente wie auch alle anderen Treffen zuvor der gegenseitigen Kritik der vorgelesenen Texte und der Förderung junger, noch unbekannter Autorinnen und Autoren.

Nach einer Lesung des Adorno-Schülers Hermann-Peter Piwitt, der 1965 sein Romandebüt gab, stand Handke mit seinen über die Ohren stehenden längeren Haaren und einer Mütze, ähnlich wie sie John Lennon im Film *Help!* trägt, plötzlich auf, ergriff das Wort und setzte – obwohl ihm fast die Stimme brach – zu seiner Wutrede an: »Ich bemerke, dass in der gegenwärtigen deutschen Prosa eine Art Beschreibungsimpotenz vorherrscht. Man sucht sein Heil in einer bloßen Beschreibung, was von Natur aus schon das Billigste ist, womit man überhaupt erst Literatur machen kann. Wenn man nichts mehr weiß, dann kann man immer noch Einzelheiten beschreiben. [...] Das Übel dieser Prosa besteht darin, dass man sie ebenso gut aus einem Lexikon abschreiben könnte. Man könnte den Sprachduden, diesen Bilderduden verwenden und nun diese Bilder aufschlagen und auf die einzelnen Teile hinweisen. Und dieses System wird hier angewendet und es wird vorgegeben, Literatur zu machen, was eine völlig läppische und idiotische Literatur ist. *(Schallendes Gelächter)* Und die Kritik – ist damit einverstanden, weil eben ihr überkommenes Instrumentarium noch für diese Literatur ausreicht, gerade noch hinreicht. *(Schallendes Gelächter)* Weil die Kritik ebenso läppisch ist wie diese läppische Literatur.«

Die Medien schlachteten Handkes Beitrag anschließend weidlich aus und viele seiner auch jungen Schriftstellerkollegen fanden, dass Handke zu weit gegangen war. Man müsse ihm nur fünf Minuten Zeit geben, meinte Peter Handke einmal in einem »Zeit«-Interview, das würde ihm reichen, um noch jeden tödlich zu beleidigen. Als Friedrich Luft Peter Handke 1969 auf Princeton ansprach und fragte, ob er geplant habe, das Establishment aufzuschrecken, oder ob es spontan zu diesem Ausbruch gekommen sei, antwortete Handke: »Ich hatte das natürlich nicht vor. Aber in dem Augenblick geschah es dann spontan. Ich habe mich später dann gewundert, wie es überhaupt möglich war, weil ich mich selber in einer solchen Situation noch nicht gekannt hatte.« Andere wiederum erzählen, sie hätten Handke beim minutiösen Proben seines Auftritts beobachtet.

Wie immer es sich zugetragen haben mag – selbst seine schärfsten Kritiker verblüffte Handke durch seine überragende Kenntnis der Musik, die weit über die aktuellen Hits hinausging. Sein Freund Alfred Kolleritsch, selbst erfolgreicher Schriftsteller, Lyriker und Begründer der Literaturzeitschrift »manuskripte«, bestätigt das: »Durch ihn bin ich überhaupt erst auf die Beatles gekommen. Er hat mich in Graz ins Café Promenade geschleppt und mir aus der Jukebox alle Beatles-Songs vorgespielt.«

Zurück in Österreich bemühte sich Handke unterdessen um eine baldige Uraufführung seiner Texte »Weissagung« aus dem Jahr 1964 und »Selbstbezichtigung« von 1966. Letzteren hatte Handke in einem Brief an den Suhrkamp Verlag und den Verlagschef Siegfried Unseld vom 23. November 1965, damals noch unter dem Titel »Beichte«, angekündigt und kurz vor Weihnachten 1965 abgeschlossen: »Es ist ein ähnliches Beatband-Stück wie die zwei ersten. Dazu habe ich eine kleine Abhandlung über die Beatles geschrieben, die man dem allen voranstellen könnte. Bitte, schreiben Sie, ob Sie damit einverstanden wären«. Unseld war es. Und wie er es war. Karlheinz Braun, der damalige Leiter des Suhrkamp Theaterverlags, kümmerte sich um eine rasche Herstellung der Textbücher und vermittelte das Stück zusammen mit dem zweiten kurzen Sprechstück »Weissagung« an die Städtischen Bühnen Oberhausen und den dortigen Regisseur Günther Büch, einen großen Förderer des jungen Peter Handke.

Die Liebe zu den Beatles sollte Peter Handke auch in den folgenden Jahren nicht loslassen. Das 1969 realisierte »Hörspiel Nr. 2«, geschrieben im Oktober und November 1968, das auf dem Kommunikationsmodell des Taxifunkverkehrs basiert und den instrumentalen Anfang von Jimi Hendrix' »Hey Joe« beinhaltet, schließt mit der Einspielung von Ringo Starrs Schrei »I've got blisters on my fingers!« am Ende des Songs »Helter Skelter«. Der Song dauerte in der ursprünglichen Einspielung 26 Minuten. Die 1972 erschienene Handke-Erzählung »Der kurze Brief zum langen Abschied«, eine Art Reiseroman, der den Weg seines Protagonisten von Providence an der Ostküste der USA bis an die Pazifikküste nachzeichnet, ist zwar literarisch in erster Linie im Mythos Amerika verankert, allerdings mit einer Portion englischer Popkultur versehen: »[D]as Liebespaar spielte sich alte Platten vor. Sie erinnerten einander daran, was sie erlebt hatten, als die Platten gerade herausgekommen waren. ›I Want to Hold Your Hand‹ – damals haben wir aus den eisgekühlten Bierkrügen getrunken, in dem mexikanischen Restaurant in Los Angeles.« In seinem 1974 geschriebenen Gedicht »Die Sinnlosigkeit und das Glück« reflektiert Handke einen Satz aus dem Beatles-Song »She Said She Said« und kritisiert ihn in Bezug auf die eigene Erfahrung: »when I was a boy, everything was right«: welche falsche Sehnsucht/denn nur selten war etwas richtig, als man ein Kind war.« Und in »Am Felsfenster morgens«, einer Journalabschrift Peter Handkes über die 80er Jahre in Salzburg, schreibt er: »Wie war es mit den Liedern der Beatles, der Rolling Stones, der Creedence Clearwater Revival? Sie haben mich ›gehoben‹, wie man einen Schatz hebt«.

Ein »Schatz« der ganz anderen Art wurde 1974 gehoben. Als das Beatles-Lied »Lucy in the Sky with Diamonds« in Hadar in der Afar-Region in Äthiopien aus einem Kassettenrekorder eines Forschungsteams erschallte, feierte dieses soeben eine Sensationsfund, nämlich das bis dahin älteste und erstaunlich gut erhaltene Skelett eines menschenähnlichen Primaten. Die Spezies war längst ausgestorben und ähnelt heute lebenden Menschen in manchen Eigenschaften auf verblüffende Weise. Kurzerhand wurde der Spitzname »Lucy« an den fossilen Fund vergeben, dessen offizieller Name »AL 288-1« (AL für *Afar Locality*) war. Das trug seinen Teil zur enormen Popularität dieser entfernten Menschenverwandten bei. Davon ist der britische Anthropologe Richard Wood überzeugt: »Alles wäre anders gelaufen, wenn das Skelett etwa den Beinamen ›Basil‹ bekommen hätte. Ich finde, das hat nicht den gleichen Klang wie ›Lucy‹.« Auch Peter Handke hat sich möglicherweise daran erinnert, als er den Songtitel als Motto seines 2001 erschienenen Prosatexts »Lucie im Wald mit den Dingsda« wählte. John Lennon selbst griff den Namen ebenfalls derart skurril referenzierend auf: Er gab einem Text aus der 1986 post mortem veröffentlichten Textsammlung »Skywriting in the Words of Mouth« den Untertitel »Lucy in the Scarf with Diabetics«.

Zu welchen sachkundigen Schwärmereien Handke über die Beatles fähig war, versetzte Manche in großes Staunen. Vor allem sein 1973 erschienener Text »Von der Schwierigkeit, einen Schlagertext zu schreiben«, darin schreibt er:

Die Vereinfachung ist bis vor einigen Jahren auch das Kennzeichen der weitaus meisten Schlagertexte gewesen und, zumindest in den deutschen Schlagern, bis heute geblieben. Aber seit 1962 hat sich die Weltliteratur der Schlagertexte geändert. Im Jahre 1962 ist der Durchbruch der Beatles und damit der Beatmusik erfolgt. Es war das Ende aller musikalischen Verschrobenheit, Verlogenheit, Fadheit, Erstarrung. Die Beatles waren gleich ganz da, ganz vorn, ganz ungestüm, ganz einfach. Wie ihre Musik, waren ihre Worte nicht künstlich vereinfacht, sondern von Natur aus einfach, Alltagsgespräche, von Mund zu Mund, unsentimental, da der Rhythmus Sentimentalität nicht zuließ. Von Anfang an waren die Texte der Beatles anspruchsvoller und besser als die Chansons, weil sie nicht die ganze Welt in ihre Worte hineinzwängten, sondern mit kleinen Worten auf kleine Punkte in der Welt abzielten und so nebenbei die ganze Welt damit trafen. Das geschah ohne die tiefgründige Hinterlist der Chansons, ohne deren Zutatenpoesie, ohne die wiederholte Alte-Leute-Romantik, die hinter den Dächern versinkt, ohne die amerikanische Nobelrestaurant-Romantik, die von dem Rauch schwärmt, der in deine Augen dringt: das geschah so frank und frei, so selbstverständlich, einfach in der Anrede eines anderen, des anderen. Dazu kommt freilich noch die großartige Eignung der englischen Sprache für diese Texte. Während die deutsche Sprache sich leider nach wie vor gegen Schlager sträubt, weil sie belastet ist von den vielen Missbräuchen. Die Thematik ist in den Beatles-Songs sehr einfach, aber nicht gewaltsam, sondern natürlich. Die Beatles lehnen soziales, rassisches oder kulturkritisches Engagement ab. Ihre Lieder sind ganz ohne Attitüde, ohne vorbedachten Weltbezug, ohne Gemeinschaftsfanatismus wie etwa die Songs der amerikanischen Folksinger, die sich betont anti geben. Die Songs der Beatles sind gesellschaftlich durch ihre Wirkung, durch die Fröhlichkeit oder die Melancholie, die sie in anderen erzeugen. Durch diese gemeinsame Freude oder Melancholie ihrer Zuhörer kommen eben diese dazu, dass sie miteinander reden, ohne Vorbehalte und rassische und soziale Aggressionen: denn all dies gibt es nach den Songs der Beatles nicht mehr bei denen, die die Beatles mögen. Paul McCartney, der gemeinsam mit John Lennon bei den Beatles die Lieder schreibt, antwortet auf die Frage, was er von den amerikanischen Protestsongs halte, er kenne keine Protestsongs, er kenne nur gute und schlechte Songs.

In einem Interview mit der »Kleinen Zeitung«, veröffentlicht am 24. Juni 2016, wurde Peter Handke gefragt, »Mögen Sie noch gerne, was Sie früher mochten: die Beatles, die Stones, Kino, das Unterwegssein?« Seine Antwort:

»Ja, wenn ich die Rolling Stones oder Beatles von Weitem höre, zufällig, irgendwo in einem Café, bin ich ganz erschüttert.«

»Wieso erschüttert?«
Na gerührt, bewegt. Ich bin bewegt. Weil das war so eine Zeit, das war meine Achtundsechzigerzeit. Da bin ich erwacht aus meiner Seminarzeit. Ich war ja nie Achtundsechziger. Ich war ja das rote Tuch von denen. »Literatur ist tot«, hat der Scharlatan Enzensberger gesagt, der sich als Dichter ausgibt und nie im Leben ein wirkliches Gedicht geschrieben hat. Für mich sind das meine Feinde. Und wo das hingeführt hat, hat sich später ja auch gezeigt. Von Cohn-Bendit bis Joschka Fischer.

»Wohin hat das geführt?«
In eine totale Unkultur, in die Unkultur, genau zu wissen, wo die Guten und wo die Bösen sind. Aber 68 und davor die Beatles, das war für mich die Musik. »Love Me Do« und »All My Loving«. Mensch, habe ich mir damals gedacht: Das ist das Leben. Und immer noch, wenn ich das von ferne höre, denke ich: Ja, das ist das Leben.

Seinen Toast anlässlich der Verleihung des Literaturnobelpreises im Festsaal des Rathauses von Stockholm am 10. Dezember 2019 beschloss Handke mit den Worten: »Selma Lagerlöf's wild geese for ever. Strawberry fields for ever. Wild strawberries for ever«.

IM STUDIO MIT WILLIAM S. BURROUGHS: DIE BEATLES UND DIE BEAT-AUTOREN

Neben der Gruppe 47 fanden sich in jenen Apriltagen 1966 in Princeton auch führende amerikanische Autoren und Künstler wie Tom Wolfe, Susan Sontag, Duke Ellington und Allen Ginsberg zu einer Zusammenkunft unter dem Titel: »What's Happening: The Arts 1966« ein. Zwischen den beiden Schriftstellergruppen gab es wenig Kontakt. Die Deutschen und Österreicher sprachen nicht gut Englisch, die New Yorker kein Deutsch. Nur einmal, bei einer Party, trafen sie kurz aufeinander. Von dieser Party wird erzählt, dass Ginsberg in ein Nebenzimmer verschwand und sich nicht dabei stören ließ, mit einer Affäre zur Sache zu gehen. Schade wegen der verpassten Gelegenheit; Handke und Ginsberg hätten sich bestimmt lange über ihre gemeinsame Liebe zur Musik unterhalten können. Und es darf angenommen werden, dass Handke mit seiner musikalischen Sachkenntnis dem berühmten amerikanischen Kollegen zweifelsohne selbstbewusst gegenübergetreten wäre. Wie sein Freund Alfred Kolleritsch betont, war »Handke immer felsenfest von sich und seiner Schreibkraft überzeugt. Und was er gesagt hat, war blitzgescheit«.

Der Jodelsound, der in den Schädel schoss

Als Allen Ginsberg mehr als zwei Jahre zuvor, Anfang 1964, im New Yorker East Village, im früheren Stanley's, jetzt The Dom – eine Bar und beliebter Künstlertreff, erstmals den Song »I Want to Hold Your Hand« hörte, begann er spontan zu tanzen und meinte danach: »Ich hörte diesen hohen Jodelsound, der mir direkt in den Schädel schoss, und ich merkte, dass es der gesamten westlichen Zivilisation genauso erging«. Die Zeitschrift »Rolling Stone«schrieb später über den Song:

Die geballte Energie der Nummer wird von einem knackigen Rhythmus vorangetrieben, der so vertrackt ist, dass viele Coverbands beim Nachspielen kläglich scheitern. Die Stimmen von Lennon und McCartney wechseln ständig zwischen Einstimmigkeit und Harmoniegesang, jedes Element des Songs ist ein Hook in sich, von Lennons knalligen Riffs über Harrisons Gitarren-Intermezzi bis zum synkopierten Klatschen.

Am 3. Juni 1965 besuchten John Lennon und Cynthia sowie George Harrison und seine Freundin Pattie die Party anlässlich des 39. Geburtstag von Allen Ginsberg, diese fand in einer Erdgeschoßwohnung am Londoner Chester Square im noblen Stadtteil Belgravia statt. Als sie sahen, dass Ginsberg seine Gäste im Adamskostüm empfing, wurden sie ärgerlich und gleichzeitig nervös. Möglicherweise waren Fotografen anwesend, die sie gemeinsam mit dem nackten Ginsberg ablichten könnten. John Lennon schnaubte Ginsberg an, er möge so einen Aufzug in Gegenwart der Frauen gefälligst unterlassen! Daraufhin zogen sie rasch wieder ab. Dennoch wurde Ginsberg später ihr Freund. Am 22. August 1965, als die Beatles zwei Konzerte im Portland Memorial Coliseum im Bundesstaat Oregon spielten, war Ginsberg im Publikum und Lennon grüßte ihn von der Bühne herab. Ginsberg bedankte sich mit seinem Gedicht »Portland Coliseum« – eine Erinnerung an diesen Abend. Ginsberg wurde ein großer Beatles-Fan und als er 1965 die Heimatstadt der Beatles besuchte, bezeichnete er Liverpool als »das derzeitige Zentrum des Bewusstseins des menschlichen Universums«. Die Stadt Liverpool und die vielen dort ansässigen Künstler und Musiker fühlten sich geschmeichelt.

Doch nicht nur John Lennon, auch Paul McCartney suchte den Kontakt zu den amerikanischen Beat-Autoren. Mit ihnen vertraut gemacht wurde er über den Buchladen »Better Books«, in dem Barry Miles arbeitete, ein britischer Journalist und Schriftsteller, der u.a. mit Allen Ginsberg, Lawrence Ferlinghetti und Gregory Corso befreundet war. Paul freundete sich mit Miles an und verbrachte Mitte der 1960er viel Zeit mit ihm. Bald dazu stieß auch John Dunbar, Künstler, Kunstsammler und damals auch Ehemann von Marianne

Faithfull, der späteren Muse von Mick Jagger. Barry Miles gründete noch im Jahr 1965 gemeinsam mit Peter Asher, dem Bruder von Jane Asher, sowie John Dunbar, die Firma MAD (Miles, Asher und Dunbar) und eröffnete kurz danach die Buchhandlung Indica Books sowie die dazugehörende Indica Gallery. Beim Ausmalen der Wände und Aufstellen der Regale hatte auch McCartney beherzt mitgeholfen. Damals ahnte er freilich noch nicht, dass es dort später, am 7. November 1966, zu einer schicksalshaften Begegnung kommen würde, die auch über die Zukunft der Beatles entscheiden sollte.

Paul und seine Künstlerfreunde trafen einander in der Buchhandlung und in einer Wohnung am Montagu Square, die Ringo gehörte, aber von Paul als experimentelles Tonstudio genutzt wurde. Als eines Tages William S. Burroughs zu Gast war, spielte ihm Paul eine Aufnahme auf Acetat-Platte des kurz vor der Veröffentlichung stehenden Beatles-Albums »Rubber Soul« vor. Auch die ersten Einspielungen von »Eleanor Rigby« fanden in der Wohnung in Gegenwart des berühmten amerikanischen Dichters statt. William S. Burroughs, der in Wien Medizin studiert hatte und, für einen Beat-Autor eher ungewöhnlich, den Wiener Walzer liebte, war fasziniert von der Fähigkeit McCartneys, berührende und großartige Geschichten in einem kurzen Song unterzubringen. Zurück in New York berichtete er voller Begeisterung seinen Freunden Allen Ginsberg und Jack Kerouac, weitere zentrale Figuren der Beat-Generation, von der Begegnung in London.

Jack Kerouac erzählte, dass John Lennon ihn einmal telefonisch kontaktierte, um ihm mitzuteilen, dass der Bandname »Beatles« sich vom »Beat« ableitete und damit dem literarischen Einfluss der Beat-Generation mit geschuldet sei. Lennon soll bei dieser Gelegenheit sein Bedauern geäußert haben, dass er es verabsäumt hätte, Kerouac anlässlich des Konzerts der Beatles 1965 im Shea Stadium im New Yorker Stadtteil Queens zu besuchen. Paul McCartney machte diesen Fehler wieder gut und setzte die Freundschaft mit den Autoren der Beat-Generation bis in die Gegenwart fort. 1996 vertonte er unter Mitwirkung von Philip Glass am Klavier gemeinsam mit Allen Ginsberg dessen Gedicht »Ballad of the Skeletons«. Produziert wurde die Live-Aufnahme in der Royal Albert Hall von Lenny Kaye, dem Gitarristen der Patti Smith Group.

Ein Jahr später war Allen Ginsberg tot. Die gemeinsame Aufnahme von McCartney und Ginsberg wurde schließlich Teil der 2020 erschienenen Deluxe-Neuauflage des McCartney-Albums »Flaming Pie« und erinnert damit an die engen Bande zwischen der Musik und der Literatur der Beat-Generation.

TEIL 4

JOHN LENNON UND YOKO ONO AUF BESUCH IN WIEN

FILM NO. 6 RAPE

John Lennon wollte sehnlichst das von ihm als so eng empfundene Beatles-Korsett abstreifen, um ein künstlerisches Leben ohne Grenzen zu führen. An der Seite von Yoko Ono beschloss er, sich neu zu erfinden. Noch vor ihrer schicksalhaften Begegnung mit John Lennon in der Londoner Indica Gallery hatte Yoko Ono mit ihrem damaligen Ehemann Anthony Cox den Experimentalfilm *No. 4 Bottoms* gedreht. Darin werden 200 nackte Hinterteile für fünf Minuten und 30 Sekunden in Großaufnahme gezeigt. Dieser und auch ihre vorherigen Schwarz-Weiß-Kurzfilme widmen sich der Wiederholung jeweils eines einzigen Motivs. Zwei Jahre später waren John Lennon und Yoko Ono ein Paar und veröffentlichten gemeinsam *Film No. 5 Smile*, der sein Publikum vor die Herausforderung stellte, Johns Gesicht ganze 52 Minuten lang in Slow Motion zu beobachten. Gedreht wurde im Garten von Johns Haus »Kenwood« in Weybridge/Surrey. Der Film erhielt zwar mehr Aufmerksamkeit als *Film No. 4*, dafür aber auch viele schlechte Kritiken.

Mit seinen Bestsellern »In His Own Write« (1964) und »A Spaniard in the Works« (1965) hatte er als Buchautor Erfolge gefeiert und als Musiker war er ohnehin weltberühmt. Doch ganz schien ihm das noch nicht zu genügen. Mit dem Cover-Foto seiner Avantgarde Platte »Unfinished Music No. 1: Two Virgins« wollte er allen zeigen, dass er es ernst meinte. Die Aufnahme vom Oktober 1968, die im Keller der Wohnung von Ringo Starr mit Selbstauslöser aufgenommen wurde, zeigt ihn und seine Lebensgefährtin, wie Gott sie geschaffen hatte. Die Skandal-Platte wurde, mit braunem Packpapier verhüllt, im November 1968 ausgeliefert. Zahlreiche Plattengeschäfte weigerten sich, die LP überhaupt feilzubieten. In England wurden lediglich knapp 5.000 Stück von »Two Virgins« verkauft, das musikalische Experiment mit seinen seltsamen Geräuschen und Gesangs-Improvisationen war für die Hitparaden untauglich. Die Platte verschwand in Rekordtempo vom Markt. Jahrzehnte später avancierte sie zu einem begehrten Sammler-Stück.

Getreu dem Motto Albert Einsteins, »Kreativität ist die Intelligenz, die Spaß hat«, ließ sich das Power-Paar auch durch harsche Kritik nicht entmutigen und startete am 9. November 1968 sein neuestes Projekt, den *Film No. 6* mit dem Titel *Rape*. Der junge Kameramann Nic Knowland wurde verpflichtet, die Ideen von Yoko Ono basierend auf ihrem aktuellen Buch »Thirteen Film Scores« filmisch umzusetzen. Die Grundidee war, zufällig ausgewählte Passantinnen oder Passanten an verschiedensten öffentlichen Plätzen mit der Kamera stumm zu verfolgen. Dadurch sollte der Druck, den die Medien auf eine einzelne ungeschützte Person ausüben können, auf drastische Weise verdeutlicht werden.

Anlässlich der Premiere von *Film No. 6 Rape* kamen die beiden zu diesem Zeitpunkt Frischvermählten, im Frühling 1969 nun erstmals nach Wien. Am 31. März gegen Mittag setzte ihr Flieger in Schwechat auf. Die Aufregung war allerseits groß.

WITH A LITTLE HELP FROM … AUSTRIA!

Die Entscheidung, ihren Film in Zusammenarbeit mit dem Österreichischen Rundfunk (ORF) umzusetzen, wurde von der internationalen Fachwelt staunend zur Kenntnis genommen. »Wir haben John Lennon im richtigen Augenblick alle Möglichkeiten angeboten, damit er seine Ideen umsetzen kann. Außerdem kennt man uns bereits in diesen Kreisen, wir haben einen guten Namen«, so der nach der Rundfunkreform 1967 vom frisch gewählten Generalintendanten zum Unterhaltungschef des ORF bestellte Kuno Knöbl. Er war neuen Herausforderungen gegenüber aufgeschlossen und bewies wenig später mit der Familien-Spiele-Show »Wünsch Dir was« (1969–1972) mit Moderator Dietmar Schönherr und Moderatorin Vivi Bach, dass eine »gesunde Mischung aus Provokation und Unterhaltung« für Einschaltrekorde sorgen kann. »Das österreichische Fernsehen scheint damals ziemlich liberal und avantgardistisch gewesen zu sein«, urteilte rückblickend Yoko Ono als Gast der Viennale 2002.

Gemeinsam mit Hans Preiner, der als Produzent (»Mundl«) und Programmgestalter (»Apropos TV«) dem Projekt mit Rat und Tat zur Seite stand, besiegelte Knöbl die Zusammenarbeit mit John Lennon und Yoko Ono – handschriftlich und formlos auf einem Blatt ORF-Briefpapier. Die Quintessenz des Vertrages: John und Yoko übernehmen Regie und musikalische Leitung der Dokumentation – die damit eingeräumte »Narrenfreiheit« für die beiden Kunstschaffenden löste freilich nicht nur Begeisterung aus. Der ORF kommt laut Vertrag für die Gehälter, Spesen und Materialkosten der Film-Crew inklusive der Postproduktion auf und erhält im Gegenzug die Rechte am weltweiten Vertrieb von *Rape*.

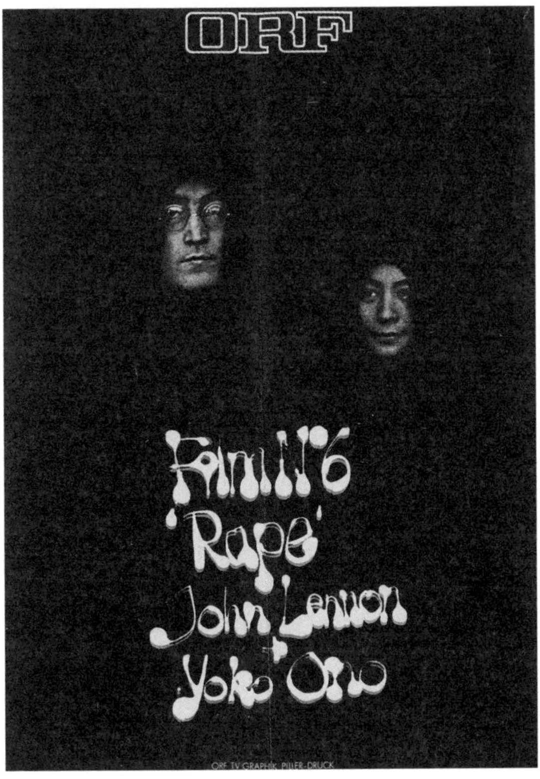

Das offizielle *Rape*-Plakat des ORF

Anfang November 1968, kurz vor Drehbeginn, hatte Yoko Ono eine Fehlgeburt und durfte ihr Bett im Londoner Queen Charlotte's Hospital drei Wochen lang nicht verlassen. Ihr Filmprojekt wollte sie aber unter keinen Umständen absagen. »Ich konnte nicht nach Wien, also wurde in London gedreht und ich gab vom Spital aus Regie-Anweisungen.«

Zu Beginn der Dreharbeiten in London war auch ein ORF-Team von Hans Preiner vor Ort, um für die Hintergrund-Dokumentation *Ein Bericht über die Autoren der ORF-Sendung: Die Vergewaltigung von Hans Preiner* Material zu sammeln. So wurden auch die ORF-Leute Zeugen der ersten missglückten Versuche des *Rape*-Kameramanns Nic Knowland, diverse Passantinnen und Passanten vor die Linse zu bekommen, um eine Person zu finden, an der er dranbleiben und die er verfolgen konnte. Die meisten reagierten überhaupt nicht auf die Kamera und gingen wie an lästigen Zettelverteilern einfach an ihnen vorbei. Einem Passanten reichte es schließlich, nachdem er stundenlang von den Kameras beobachtet worden war, er gab seine britische Zurückhaltung auf und drohte, die Polizei zu holen. Damit schied er als mögliche Hauptfigur dieser Dokumentation aus. Frustriert stellte das Filmteam die Suche nach neuen Protagonistinnen und Protagonisten zunächst einmal ein und Preiner dokumentierte stattdessen die unterschiedlichen Aktivitäten von John und Yoko abseits von *Rape*.

Nachdem John gemeinsam mit Yoko als Gast der Rolling Stones bei der legendären TV-Show »Rock and Roll Circus« am 11. Dezember 1968 teilgenommen hatte, filmte Preiner ihn in seinem Garten in Kenwood. Auf diesen Aufnahmen singt John den Song »Everybody had a hard Year«, eine frühe Version von »I've got a Feeling« vom letzten Beatles-Album »Let It Be«. Diese Sequenz wurde später für das Film-Ende von *Rape* verwendet, das allerdings nur bei der ORF-Premiere am 31. März 1969 in einer 78-Minuten-Fassung gezeigt wurde. Bei allen nachfolgenden Vorführungen des Streifens, meist auf unter 50 Minuten gekürzt, fehlt der Song.

Das *Rape*-Filmprojekt war ins Stocken geraten, die Suche nach einer Zielperson für die Kameraverfolgung war bis dahin ein einziges Scheitern. Da erinnerte sich Hans Preiner an seine Bekannte Judith

Majlath aus Wien, die in London lebte, und bekniete sie, an dem Filmprojekt mitzumachen, damit die Dreharbeiten endlich weitergehen konnten. Majlath, die 1956 mit ihrer Familie aus Ungarn nach Wien geflüchtet und dann nach London übersiedelt war, sagte ihm ab. Von ihr kam aber die letztendlich rettende Idee: Sie schlug ihre 21-jährige Schwester Eva vor, die ehemalige Studentin am renommierten Max Reinhardt Seminar in Wien wäre durch ihr Talent und gutes Aussehen bestens geeignet. Preiner war beruhigt und die bisherige Mühe bald vergessen.

Eva Majlath traf am 22. Jänner 1969 – noch nichtsahnend – in London ein und freute sich in erster Linie auf ein Wiedersehen mit ihrer Schwester. Judith hatte der Produktionsleitung im Vorfeld versprechen müssen, kein Wort über das Lennon-Ono-Projekt zu verlieren, um sicherzustellen, dass die Reaktion ihrer Schwester vor der Kamera so unverfälscht wie möglich aufgenommen werden konnte und dem Projekt dienen würde: die unvorbereitete Bedrängung durch die Kamera. Die Verfolgung begann auf dem Highgate Cemetary, den Eva auf ihrer Tour durch London auf ihrer Besuchsliste hatte. Das Filmteam war von Judith über diesen Ausflug rechtzeitig informiert worden und wartete dort mit seinem Equipment. Eva wurde auf ihrem Spaziergang über den Friedhof auf Schritt und Tritt mit der Kamera verfolgt, ohne dass auch nur ein Wort gewechselt wurde. Am Anfang schien das Opfer die skurrile Situation noch zu amüsieren. Die ehemalige Schauspielschülerin hoffte anscheinend auf eine lustige Auflösung wie bei »Versteckte Kamera«, ein Format, das 1969 auch im ORF gestartet wurde. Ihre Stimmung wurde zunehmend feindseliger, als sie auf die wiederholte Frage nach dem Zweck dieser unverschämten Beobachtung keine Antwort erhielt. Die Crew blieb ihrem Opfer pausenlos und über lange Distanzen auf den Fersen. Als Eva Majlath nur einige Zeit später auf der Flucht vor dem lästigen Kamera-Team in Panik gegen einen Laternenpfahl lief und kurz danach auf dem Cheyne Walk, wo ihre Schwester wohnte, beim Heimkommen beinahe überfahren worden wäre, zog Judith Majlath für ihre Schwester die Reißleine.

Nachdem Eva ins Bild gesetzt worden war über das seltsam anmutende Filmprojekt, spielte sie für die Kamera das verfolgte Opfer mit vollem Einsatz weiter – zur großen Erleichterung Preiners, der eher damit gerechnet hatte, sie würde unversöhnlich bleiben und die aufgezwungene »Rolle« hinschmeißen. Am 26. Jänner 1969 wurden noch etliche Szenen im Apartment ihrer Schwester gedreht. Die Wohnung auf Nummer 100 am Cheyne Walk hatte bereits ein paar Jahre zuvor als Filmkulisse für den Sixties-Klassiker *Blow Up* von Michelangelo Antonioni gedient. Am 29. Jänner 1969 gingen die Dreharbeiten zu Ende. John und Yoko, die noch die schriftliche Einwilligung von Eva Majlath für die Vermarktung von *Rape* benötigten, luden ihre Hauptdarstellerin und deren Schwester als Übersetzerin zum Essen ein. Im Laufe der Unterredung sollen die beiden Eva eine Summe von 40.000 Pfund als Entschädigung für die »unfreiwillige Mitarbeit« an der Dokumentation versprochen haben. Ein schriftlicher Vertrag wurde jedoch nicht aufgesetzt. Vorerst erhielt sie lediglich eine signierte Lennon-Ono-LP und die Einladung für das bevorstehende »Rooftop Concert« am 30. Jänner 1969 auf dem Dach von Apple Corps in der Londoner Savile Row. Auch ein Model-Vertrag mit dem Mode-Magazin »Vogue« wurde ihr in Aussicht gestellt. Danach hörte sie von all dem nichts mehr.

Im Jahr 2002 erhielt Eva Majlath plötzlich die unverhoffte Gelegenheit, Yoko Ono noch einmal mit der Tatsache zu konfrontieren, dass sie noch immer auf die Summe der versprochenen »Wiedergutmachung« wartete. Die Wiener Galerie Engelhorn eröffnete am 19. Oktober 2002 die Yoko-Ono-Ausstellung »From My Window« und im Künstlerhaus Kino sollte im Rahmen der Viennale am selben Abend in Anwesenheit der Lennon-Witwe die ungekürzte *Rape*-Fassung gezeigt werden. Da im Archiv des ORF nur eine 38-minütige Version des Streifens zu finden war, hatte Yokos Assistentin Karla Merrifield dafür die vollständige Kopie aus dem Studio 1 in New York ausheben lassen. Damit konnte die angekündigte Langfassung des Streifens gezeigt werden, die Viennale war gerettet.

Die an die Filmvorführung anschließende Podiums-Diskussion mit Yoko Ono brachte dann die überraschende Wendung im *Rape*-Fall. Eva Majlath saß gemeinsam mit ihrer Tochter und ihrer Enkelin als Überraschungsgast im Kino-Saal. Sie eröffnete die Publikumsdiskussion mit den Worten: »Ich habe damals mitgespielt!«, und Yoko Ono staunte nicht schlecht. Niemand hatte ihr gesagt, dass die ehemalige Hauptdarstellerin ihres Films an diesem Abend kommen würde. Eva Majlath sprach ohne Umschweife die noch ausstehende Gagen-Zahlung an. Die Lennon-Witwe wirkte überrumpelt, sagte ihr aber am Ende doch zu, die Summe als Spende an Majlaths Tierheim in Ungarn zu überweisen. Im Anschluss lud sie Eva und ihre Familie noch zu einem versöhnlichen Abendessen ein. Es sollten jedoch wieder ein paar Jahre vergehen, bis – nach einigen juristischen Querelen – wenigstens ein Viertel des im Jahr 1969 ausgemachten Betrages als Spende auf dem Konto des Tierheims landen sollte.

URAUFFÜHRUNG IN WIEN

Am 20. März 1969 heirateten John Lennon und Yoko Ono in Gibraltar, danach verbrachten sie von 25. bis 31. März ihre Flitterwochen im Amsterdamer Hilton-Hotel. Das wohl berühmteste Liebespaar seiner Zeit nutzte die allgegenwärtige Aufmerksamkeit der Medien, um in ihrer Hotel-Suite Nr. 1902 ein »Bed-in« als Protestaktion gegen den Vietnam-Krieg und für den Frieden abzuhalten. Sie empfingen nun täglich von ihrem Bett aus zwischen 9 und 21 Uhr Pressevertreterinnen und -vertreter aus aller Welt, die sich zu Beginn der Kampagne noch erwartet hatten, die beiden dort in aller Ruhe nackt fotografieren zu können. Doch die beiden behielten, zur Enttäuschung der Voyeure, bei allen Interviews ihre Pyjamas an. Ein Skandal, wie jener nach Veröffentlichung des Nackt-Covers ihrer Experimental-LP »Unfinished Music No. 1: Two Virgins« im November 1968, blieb diesmal also aus. Nic Knowland, der Kameramann von *Rape*, filmte mit und veröffentlichte später einen Dokumentarfilm mit dem Titel *Bed Peace*.

Für die österreichischen Medien bahnte sich dennoch eine Sensation an. Das frisch vermählte Paar versprach in einem seiner Interviews, rechtzeitig am 31. März 1969 zur TV-Premiere von *Rape* nach Wien zu kommen. Berichterstattende aus aller Welt spitzten ihre Bleistifte und machten sich auf den Weg nach Wien, in der Hoffnung auf eine größere Sensation. Als Einstimmung auf den sehnlich erwarteten Film brachte der ORF am Vorabend, Sonntag, den 30. März 1969 um 22.20 Uhr, im Programm »Speziell für Sie« die Dokumentation von Hans Preiner. Daraus sticht ein Lennon-Zitat hervor: »Kapital,

Gewalt und Revolution können die Welt nicht verändern. Gewalt nützt nichts gegen das Establishment. Man muss die Etablierten unterwandern und mit Geschick entmachten.« Der letzte Teil der Dokumentation zeigte auch bereits erste Ausschnitte der Dreharbeiten für *Rape*. Der ORF-Sprecher fasste den Film für die österreichischen Fernsehzuschauenden zum Schluss noch einmal zusammen: »Es ist das erschütternde Ergebnis eines Experiments, das die Gefahr des ›großen Bruders‹ im mächtigen Medium Fernsehen entlarvt!«

Als John und Yoko am Tag der Fernsehpremiere in Schwechat landeten, befanden sich auch die KRO-Filmcrew sowie Hans Boskamp, ein Vertreter des Plattenlabels Bovema aus den Niederlanden, an Bord. Sie sollten nach dem »Bed-in« in Amsterdam nun in Wien ihre Arbeit fortsetzen. John Lennon stieg mit seiner Frau, beide ganz in Weiß gekleidet, die Melodie des Donauwalzers trällernd, die Gangway hinunter. In aller Eile brachten sich die heimischen und internationalen Medienleute in Stellung, um John mit mehr oder weniger intelligenten Fragen zu konfrontieren. Ein Reporter, der es bis ganz nach vorne in die Nähe von Lennon geschafft hatte, fragte: »Warum tragen Sie zu dieser Jahreszeit Turnschuhe statt Lederschuhe?« Lennon: »Ich will nichts mit dem Tod der Tiere, die das Leder liefern, zu tun haben!« Ein anderer Journalist sprach ihn auf seine langen Haare an. Lennon antwortete blitzschnell, »ich will mir lieber meine Haare wachsen lassen, anstatt zu kämpfen, denn Haare sind friedvoll!«.

Vom Flughafen eskortierte Kuno Knöbl seine Gäste ins Hotel Sacher, wo John und Yoko Suite No. 101 bezogen und sich in Ruhe auf ihren Auftritt vorbereiten konnten. Die Suite kostete den ORF pro Tag 12.000 Schilling, damals schon nicht günstig, allerdings heute für ca. 3.000 Euro mit einem noch stolzeren Preis beziffert. Die Ankündigung einer Pressekonferenz um 17 Uhr im Roten Salon des Sacher erzeugte nahezu Panik unter den verantwortlichen Hotelangestellten. In aller Eile wurden wertvolle Gemälde des bayrisch-osttirolerischen Genre- und Historienmalers Franz von Defregger (1835–1921) abgehängt und in Sicherheit gebracht. Anstelle der Bilder wurden die Wände des ehrwürdigen Salons nun mit Botschaften von John und Yoko versehen. Die beiden hatten vor Beginn der Pressekonferenz in dicken Lettern auf Karton-Tafeln »Hair Peace«, »Bed Peace«, »Stay

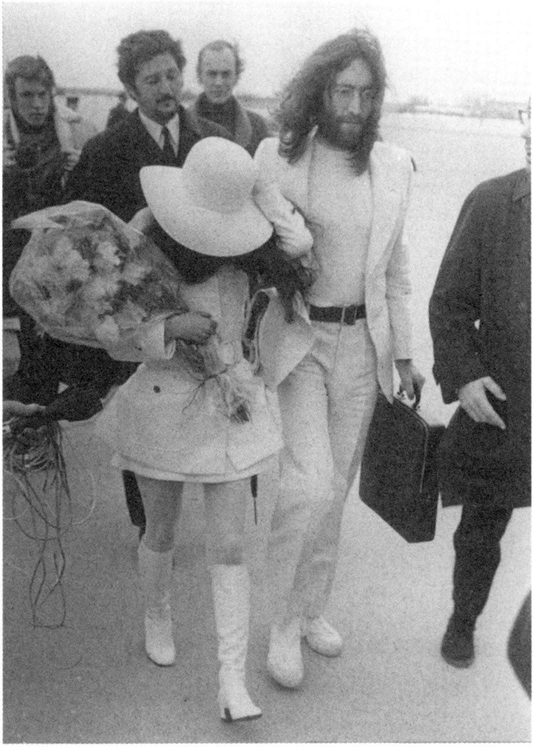

John Lennon und Yoko Ono in Schwechat

in Bed«, »Grow your Hair«; »It's Spring«, »I Love John« und »I Love Yoko« oder »Bagism« gemalt. Gut möglich, dass die handbeschriebenen Kartons, gelangten sie heute zur Versteigerung, an den Wert eines Defregger Gemäldes heranreichen würden.

Die Vertreter zahlreicher nationaler und internationaler Radio- und Fernsehanstalten strömten nun in den Roten Salon und verteilten sich im Halbkreis um einen leeren Tisch. Sie beeilten sich, ihr technisches Equipment aufzubauen, das Gerangel um die beste Aufnahme-Position hatte im Moment des Betretens des Raums begonnen. Die meisten erwarteten, dass John und seine Frau Rede und Antwort zu ihrem Filmprojekt stehen und sie danach ein paar gelungene Nahaufnahmen der Superstars im Kasten haben würden. Den entscheidenden Hinweis in Form des Plakats mit der Aufschrift »Bagism« hatten die meisten übersehen.

Der Wiener Aprilscherz

Pünktlich erschienen John Lennon und Yoko Ono im Salon. Vollständig von Kopf bis Fuß – und zu zweit – in ein weißes Sacher-Leintuch gehüllt. »Pass auf, dass du nicht stolperst«, warnte John seine Frau auf dem Weg in den Saal. Die beiden setzten sich auf den Konferenztisch und lösten unter den Anwesenden Verwirrung, aber auch Enttäuschung und Frustration aus. Eine »Frotzelei« dieser Art hatten sie wirklich nicht erwartet. »Hamma Fasching?«, war der Kommentar eines Journalisten, und auch ein Fotograf, der dichtgedrängt mit vielen anderen vor dem weißen Leintuch stand, die auf das Bild ihres Lebens gehofft hatten, stöhnte hörbar auf. »Des is' aber jetzt ein April-Scherz! Oder?« Ein anderer Fotograf stellte später fest, dass es sinnvoller gewesen wäre, anstatt des Leintuchs die enttäuschten Gesichter im Saal zu fotografieren. »Wie ich aussehe, wisst ihr«, tönte die gedämpfte Stimme John Lennons. »Wichtiger ist, was ich zu sagen habe, sonst verlieren die Worte durch die Konzentration auf mein Gesicht an Bedeutung.« Ein Kellner im Sacher, der die Szenen beobachtete, lachte: »Der Gary Cooper war auch schon einmal bei uns, das aber hätte er sich nicht getraut.« Die Idee zu »Bagism«

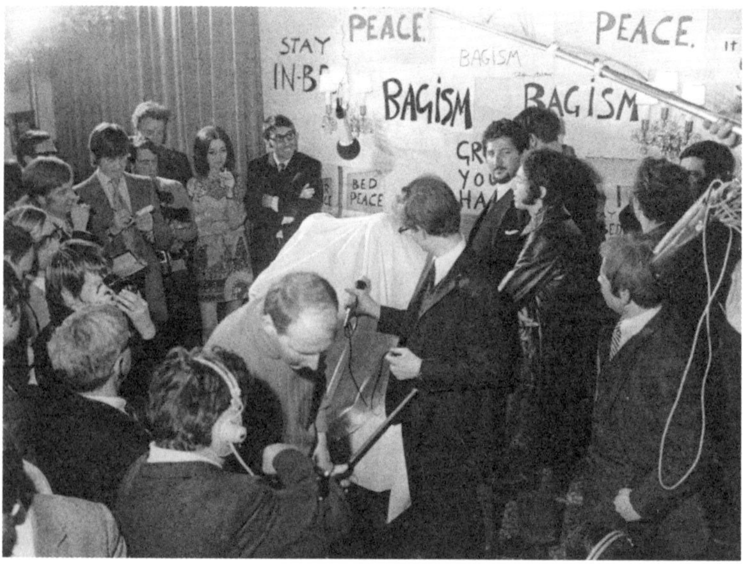

»Bagism« im Hotel Sacher

war während John Lennons »Bed-in for Peace«-Performance in Amsterdam entstanden und Wien war jetzt Schauplatz seiner »Uraufführung«. In der »Kronen Zeitung« wurde am nächsten Tag der Name »Bagism« kurzerhand durch »Sackismus« ersetzt.

Die versammelte Presse, darunter auch der bekannte Regisseur und Drehbuchautor Peter Hajek, war sich zunächst noch nicht ganz sicher, ob der berühmte Beatle wirklich unter dem Leintuch steckte. Die reißerische Ankündigung zu Beginn der Pressekonferenz, »Ladies and Gentleman, Mr. and Mrs. Lennon naked in a bag«, konnte nicht alle Zweifler überzeugen. John sang daraufhin ein kurzes Stück von »Those Were the Days«. Paul McCartney hatte den Hit-Song mit der walisischen Sängerin Mary Hopkin produziert und auf dem Beatles-Label Apple herausgebracht. Die Single wurde in Österreich gerne im Radio gespielt und erreichte 1968 Platz 7 der Ö3-Charts. Yoko stimmte ein japanisches Volkslied an. Die Pressevertreter waren beruhigt. Obwohl die Temperatur hinter dem Leintuch durch die Scheinwerfer der Kamerateams in schwindelnde Höhen stieg, blieben die beiden Medienprofis cool.

Die Gespenster-Befragung beginnt

Frage: Wann kommen Sie wieder heraus?
John: Wenn die Pressekonferenz vorbei ist.

Würden Sie herauskommen, wenn wir Ihnen eine Sachertorte geben?
John: Wir werden, solange die Pressekonferenz andauert, nicht herauskommen. Aber wir werden später ein Stück Schokoladen-Torte essen.

Gibt es irgendwelche Löcher in dem Sack?
John: Es gibt ein Loch, um hinein- und wieder herauszukommen.

Wissen Sie, dass Sie sich in der Stadt der Liebe befinden?
John: Sind wir? Tja, das ist schön!

Wie lang ist Ihr Haar?
John: Aha! Da müssen Sie raten.

Sind Sie der Geist von John Lennon?
John: Könnte sein.

Einen besonders günstigen Platz neben dem sprechenden Leintuch nahm André Heller ein. Heller war Moderator der »Musicbox« beim jungen, wilden Radio-Sender Ö3. Diese populäre Sendung ging am Gründungstag des Senders am 1. Oktober 1967 zum ersten Mal on air. Plattenneuerscheinungen wurden von Heller mit Orangen positiv oder mit Zitronen negativ bewertet. Sein Geschmack war für viele junge Ö3-Hörerinnen und -Hörer meinungsbildend. Im Laufe seiner Radiokarriere konnte er viele Größen aus Kunst und Kultur wie Brian Jones, Andy Warhol, Jimi Hendrix oder Frank Zappa als Studio-Gäste in seiner Sendung begrüßen.

Heller: Aus welchem Grund sind Sie beide nach Wien gekommen?

John: Einer der Gründe ist die heutige *Rape*-Filmpremiere. Wir möchten auch ein bisschen Frieden aus diesem Sack verbreiten. Wir haben uns entschlossen, »Bagism« in Wien zu verkünden. Das heißt, wenn wir etwas zu sagen haben, oder irgendjemand hat etwas zu sagen, können sie von einem Raum zum anderen kommunizieren, ohne sich dabei durch die Hautfarbe oder wie lang seine Haare sind oder, wie viele Pickel du hast, ablenken zu lassen.

Heller: Können Sie uns ein Beispiel dafür geben, was Sie mit dieser Aktion geändert haben?

John: Wenn wir damit zumindest jemanden zum Lachen bringen können, machen wir uns gerne überall auf der Welt zu Clowns, weil es derzeit viel zu ernst und intellektuell zugeht. Das ist das Mindeste, was wir tun können, weil jeder nur über Frieden redet, aber keiner tut etwas mit friedvollen Mitteln dafür.

Mit dem Absingen des Donauwalzers beendete John die 20-minütige Pressekonferenz und wurde gemeinsam mit seiner Frau von Kuno Knöbl und Hans Preiner stolperfrei auf ihr Hotelzimmer geleitet. Dort wollten sich alle vier gemeinsam die Film-Premiere von *Rape* um 22.25 Uhr im Ersten Programm des ORF ansehen. Das TV-Team KRO blieb ebenfalls im Sacher, um die Reaktionen des berühmten Paares vor dem Fernsehschirm hautnah mitzufilmen.

Der holländische Plattenmanager Hans Boskamp stand während des »Leintuch-in«, so titelte später eine österreichische Tageszeitung, genau hinter André Heller. John und Yoko baten ihn nach der Pressekonferenz, André Heller eine Nachricht zukommen zu lassen. Sie wollten am nächsten Tag mit dem Musicbox-Moderator frühstücken und ihm dabei ein Exklusiv-Interview gewähren. Hellers »gscheite Fragen« hätten sie dazu bewogen, mit ihm noch einmal in Ruhe über ihre Anliegen sprechen zu wollen. »Aber vergessen Sie nicht, Ihre Aufnahmegeräte mitzubringen!«, ermahnte Boskamp zum Schluss noch den jungen Ö3-Discjockey.

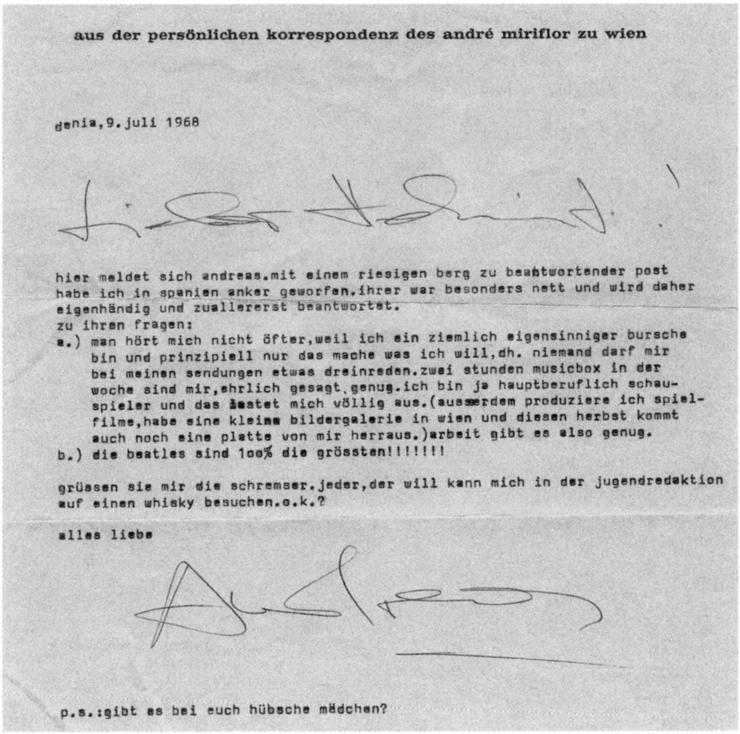

aus der persönlichen korrespondenz des andré miriflor zu wien

denia,9.juli 1968

hier meldet sich andreas.mit einem riesigen berg zu beantwortender post habe ich in spanien anker geworfen.ihrer war besonders nett und wird daher eigenhändig und zuallererst beantwortet.
zu ihren fragen:
a.) man hört mich nicht öfter,weil ich ein ziemlich eigensinniger bursche bin und prinzipiell nur das mache was ich will,dh. niemand darf mir bei meinen sendungen etwas dreinreden.zwei stunden musicbox in der woche sind mir,ehrlich gesagt,genug.ich bin ja hauptberuflich schauspieler und das lastet mich völlig aus.(ausserdem produziere ich spielfilme,habe eine kleine bildergalerie in wien und diesen herbst kommt auch noch eine platte von mir herraus.)arbeit gibt es also genug.
b.) die beatles sind 100% die grössten!!!!!!!

grüssen sie mir die schremser.jeder,der will kann mich in der jugendredaktion auf einen whisky besuchen.o.k.?

alles liebe

p.s.:gibt es bei euch hübsche mädchen?

André Heller beantwortet einen Fanbrief unter dem Pseudonym André Miriflor

DEN MUTIGEN GEHÖRT DIE WELT!

Wie verabredet, standen Heller und seine Kollegen Alfred Treiber und Richard Goll, die sich um die Aufnahme-Technik kümmern sollten, gegen 9.30 Uhr mit leichtem Herzklopfen vor der Zimmertür von Suite 101. Sie klopften, doch niemand öffnete ihnen. Dann riefen sie auch noch laut, doch wiederum keine Reaktion. Nach kurzer Beratung und frei nach dem Motto »Den Mutigen gehört die Welt!« gingen sie einfach die unverschlossene Eingangstür hindurch. Sie entdeckten das Paar durch die offene Schlafzimmertür, friedlich auf einem goldgrünen Rokoko-Bett schlafend. Heller kam auf die glorreiche Idee, gemeinsam mit seinen Kollegen die österreichische Bundeshymne zu singen, um die selig Schlafenden aufzuwecken. Das Interview wollte begonnen werden. Die beiden fuhren in die Höhe und riefen nach ein paar Schrecksekunden zunächst einmal nach den beiden Etagenkellnern. Eine Viertelstunde später standen Suppe, Ham and Eggs, Porridge, Obst, Käse- und Wurstaufschnitt, Spaghetti, Schnitzel und eine Sachertorte auf dem Tisch. Sie hatten den gesamten Inhalt der Menükarte geordert. Und während sie zu essen begannen, hatten sie selbst einige Fragen. Yoko Ono wurde über die Bedeutung der Wiener Staatsoper und die Gemäldesammlung der Albertina aufgeklärt, während John wissen wollte, ob es in Wien auch eine Rotlichtmeile wie auf der Hamburger Reeperbahn gäbe.

Die mit einem UHER-Magnetophonband aus dem Jahr 1965 fein säuberlich aufgenommenen Gespräche drehten sich schließlich um den Vietnamkrieg, den Rüstungswahn, die schamlose Ausbeutung der Dritten Welt und den Wunsch nach mehr Frauenrechten. Zwischendurch erhob Yoko immer wieder ihre Stimme zu einem lautstarken »Peace«, als ob sie sich neben den monologartigen Ausführungen ihres Mannes endlich Gehör verschaffen wollte. Erst nach eineinhalb Stunden wurde das Magnetophonband angehalten. Heller und sein Team waren zufrieden. Damals wussten sie nicht, dass die Bänder später im Archiv des ORF verloren gehen würden, vermutlich irrtümlich gelöscht. Eine unverzeihliche Schlamperei, wie viele bis heute meinen.

Grabgeflüster

Lennon hatte Gefallen an Heller gefunden. Vor dem Abschied aus Wien wollte er die Gelegenheit für ein letztes Gespräch noch nutzen: Kurz nachdem die beiden Chauffeure in ihren Limousinen im Konvoi von der Kärntner Straße in die Philharmoniker Straße einbogen und bereits in Sichtweite waren, drehte sich John für einen Moment zu Yoko und flüsterte ihr etwas ins Ohr. Sie schien nicht allzu begeistert zu sein, doch hielt ihren Mann von seiner Idee nicht ab. Kurz darauf saß John in der ersten Limousine – auf dem Rücksitz neben ihm André Heller. Der Wagen setzte sich in Bewegung und los ging es über die Simmeringer Hauptstraße in Richtung Flughafen Schwechat. Yoko Ono und Hans Boskamp folgten den beiden dicht dahinter in einer zweiten Luxuskarosse.

Lennon sprach Heller darauf an, wie sehr ihm das Interview am Vorabend gefallen hätte, und ermunterte ihn, an den politischen Themen dran zu bleiben. Die Presse bräuchte helle Köpfe wie ihn. Als sich der Konvoi dem Wiener Zentralfriedhof näherte und Heller Lennon erklärte, dass dort Franz Schubert, der wohl bedeutendste Lieder-

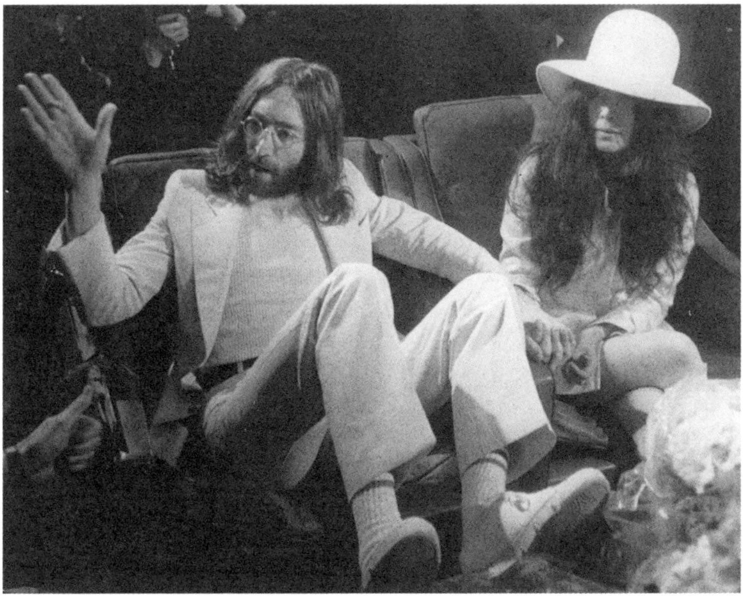

John Lennon und Yoko Ono in Wien

komponist vor Lennon/McCartney liegen würde, wirkte John plötzlich aufgeregt. Diese Gelegenheit wollte er sich nicht entgehen lassen. Er bat den Fahrer, beim Eingang des Friedhofs vorne bei Tor 2 rasch anzuhalten. Gemeinsam mit Heller lief er durch die Hauptallee. Vor dem Grab Schuberts blieben sie stehen. John staunte nicht schlecht über die Prominenz rundherum – überall große Namen! Leise begann er diese auf den Grabsteinen zu lesen: Mozart, Beethoven, Brahms, Gluck, Johann Strauss Sohn. Heller war inzwischen ganz nahe an John herangetreten. »Was für eine aberwitzige Versammlung!«, rief John. »Ja, aus musikalischer Sicht wird hier der Mittelpunkt des Universums am Tag der Auferstehung sein«, antwortete Heller. John spürte, dass dieser Augenblick nach etwas Besonderem verlangte. Er hätte über das Hotel Blumen organisieren lassen sollen, ärgerte er sich für einen kurzen Moment. Doch dann bückte er sich, zog den Schnürsenkel aus seinem rechten Schuh und legte ihn auf Schuberts Grab. Das war statt der Blumen. Danach hetzten die beiden zu ihrer Limousine zurück und eine Dreiviertelstunde später hob die Maschine mit der »Fluxus«-Künstlerin und dem Beatle in den eisgrauen Himmel ab. Es war John Lennons erster und letzter Besuch in Wien.

NACHHALL

Nicht überliefert ist, ob sich John in England die österreichischen Presseberichte zu seinem Besuch in Wien und zum Film *Rape* hat zeigen lassen. Die »Neue Zeitung« hatte dem Film schon am Tag der Ausstrahlung das Prädikat »sehenswert« verpasst. Doch noch in der Nacht der Ausstrahlung riefen über 200 erboste Zuseherinnen und Zuseher an. Die ORF-Mitarbeitenden am Service-Telefon wurden beschimpft und manche sogar bedroht. »Was soll der Blödsinn? Seid ihr übergeschnappt?« Das waren die noch harmlosen Äußerungen der Anrufenden.

Der »Telemann« veröffentlichte in seiner Kolumne am 2. April 1969 in der »Kronen Zeitung« folgenden Artikel:

Am Montag spielten sie, gottlob um halb elf und daher unter Ausschluss der Öffentlichkeit den Film »Die Vergewaltigung«. Erzeuger war der ungekampelte Beatle Lennon und seine schlitzaugerte Yoko Ono. Dazu wäre zu sagen, dass ich dem ORF bei Gott nicht schmeicheln will, aber diese Sendung war der allergrößte »Pofel«, den ich je gesehen habe. Wenn bei diesem abstrusen Stumpfsinn reihenweise die Bildröhren gesprungen wären, es hätte mich nicht gewundert. Dieser Mist ist, wie ich staunend zur Kenntnis nehmen musste, vom ORF produziert worden. In der Abteilung des Kuno Knöbl, des lächelnden Herrn mit den vielen Zähnen ist das alles ausgeheckt und in Auftrag gegeben worden. Das heißt wohl, dass wir es auch bezahlen mussten. Das aber schlägt, wenn man so sagen darf, dem Fass die Krone ins Gesicht.

Die österreichische Staatsanwaltschaft überlegte unterdessen bereits, was zu tun sei, falls jemand wegen des Streifens Anzeige erstatten sollte: Bei der filmischen »Treibjagd« auf eine österreichische Staatsbürgerin seien möglicherweise strafbare Handlungen begangen worden. Ganz im Gegensatz dazu titelte der Londoner »Evening Standard« vom 1. April 1969:

Genial – dieser Film von John und Yoko! Es ist eine höchst wirksame, schonungslose, repressive TV-Anklageschrift des Fernsehens, die für das Zeitalter des Fernsehens das tut, was Franz Kafkas »Der Prozess« für das Zeitalter der totalitären Gerechtigkeit getan hat.

Der ORF zeigte *Rape* außer Konkurrenz am 27. April 1969 beim »Montreux Television Festival«. John und Yoko waren gemeinsam mit ihrem Pressesprecher Derek Taylor im luxuriösen Palace Hotel untergebracht. Bei der Pressekonferenz anlässlich der Schweizer Erstausstrahlung verzichteten sie jedoch auf spektakuläre Aktionen wir zuvor in Wien.

Im »New Musical Express« vom 3. Mai 1969 meldete sich John Lennon noch einmal zu Wort und meinte: »*Rape* ist ein guter Film und wir stehen dazu. Einige wenige Leute verstehen ihn und der Rest hat keine Ahnung. Sie kennen nicht einmal den Unterschied zwischen Jean-Luc Godard und Walt Disney.«

»THE BALLAD OF JOHN & YOKO«

Am 14. April 1969 nahm John Lennon in den Londoner Abbey Road Studios mit Paul McCartney den Song »The Ballad of John & Yoko« auf. In Abwesenheit von George Harrison sang John Lennon die Leadstimme und spielte dazu Rhythmus- und Leadgitarre. Paul McCartney übernahm die zweite Stimme, Bass, Klavier, Maracas und auch das Schlagzeug, da sich Ringo Starr zu diesem Zeitpunkt bei Dreharbeiten für den Film *The Magic Christian* befand.

Nur einen Monat später, am 30. Mai 1969, kam die Single heraus und erreichte in Großbritannien Platz 1. Angeblich war John knapp bei Kasse und tat alles, um die Platte so schnell wie möglich zu veröffentlichen. Es war die 17. Nummer-1-Single der »Fab Four« im Vereinigten Königreich. Danach sollten 54 Jahre vergehen, bis die Beatles mit »Now and Then« wieder diese Position erreichen konnten. Diverse Radiostationen im prüden Amerika weigerten sich »The Ballad of John & Yoko« zu spielen – wegen der Textstellen »Christ, you know it ain't easy« und »They're gonna crucify me«. Möglicherweise waren es dieselben Sender, die damals wegen der Lennon-Aussage »more popular than Jesus« ihre Hörerinnen und Hörer zur Zerstörung von Beatles-Platten aufgerufen hatten.

Auch in Österreich schoss die Single an die Spitze der Charts. Ein Grund war auch eine Textpassage, in der Lennon seinen Wien-Aufenthalt im Hotel Sacher besingt und damit für immer festhielt:

Made a lightning trip to Vienna
Eating chocolate cake in a bag
The newspaper said, she's gone to his head
They look just like two gurus in drag

ERNST FUCHS: DER SPIEGEL DER YOKO ONO

Nach dem Tod von Lennon ergriff Yoko Ono mehrmals die Gelegenheit, ihre Kunstobjekte in Österreich zu zeigen und auch als Sängerin mit ihrer Band aufzutreten, wie etwa am 16. März 1986 im Wiener Konzerthaus. Die größte jemals in Österreich gezeigte Retrospektive ihrer Arbeiten fand in der Kunsthalle Krems von 19. Oktober 2013 bis 23. Februar 2014 unter dem Titel »Half-a-Wind Show« statt. Während die Werkschau in Krems noch lief, fand Yoko auch noch Zeit für eine künstlerische Zusammenarbeit mit dem großen Vertreter des Phantastischen Realismus, Ernst Fuchs.

Die beiden kannten einander schon seit den 1960er Jahren und Fuchs hatte Yoko Ono damals in New York besucht. »In dem Moment, als ich Ernst Fuchs ganz still im zweiten Stock seines Ateliers stehen sah, wusste ich, dass er mein Spiegel war«, meinte sie einmal. Sie empfand zu dem Malerfürsten eine Art »telepathische Urverbindung« und schwärmte: »Da waren Schwingungen, die von ihm ausgehen. Er ist anders als alle anderen!« In seiner zum Ernst-Fuchs-Museum ausgebauten Otto -Wagner-Villa eröffneten die beiden am 22. Oktober 2013 ihre gemeinsame Ausstellung »Interventions«. An diesem Abend konnten die Gäste eine Wiederholung des legendären »Cut Peace« (1964) erleben, bei der jede Besucherin, jeder Besucher als aktiver Teil der Kunstaktion einem Model, das unbewegt auf einem Bett lag, mit einer Schere ein Stück ihrer Kleidung vom Leib schneiden durfte.

Tage zuvor zerlegten Fuchs und Ono gemeinsam Globen und ließen sich bei dieser Tätigkeit für die Video-Installation *Globe Mending Piece* filmen. »Ich finde, Freundschaft ist eine Zeitverschwendung, wenn man nichts Kreatives miteinander tut!«, meinte die Lennon-Witwe über die künstlerische Kollaboration mit dem österreichischen Maler. »Stillstand« sei für sie ein Fremdwort. »Wann immer ich eine Idee habe, verwirkliche ich sie. Das gibt mir neue Energie. Vielleicht wiederhole ich mich manchmal, aber ich muss immer den nächsten Schritt setzen.«

VALIE EXPORT ZU YOKO ONO

»Wos, die Yoko Ono kriagt von uns an Preis von unserm Göd? Wofia denn? Wos hot die denn groß gmocht? Des Schatzi vom Lennon woas, sonst goar nix!« Nach Bekanntgabe der Oskar-Kokoschka-Preisträgerin von 2012 bekam man diese und ähnliche Kommentare in Wien in Beisln und Restaurants zu hören – im breiten Wiener Dialekt und auch im schönsten »Schönbrunner-Deutsch«. In Foren verschiedener Plattformen gab es sie auch im Internet nachzulesen.

Seit 1980 finden die Feierlichkeiten der Preisverleihung alle zwei Jahre, immer am 1. März, dem Geburtstag des Namensgebers, statt. Der Oskar-Kokoschka-Preis wird als Staatspreis für hervorragende Leistungen auf dem Gebiet der bildenden Kunst vergeben, von einer Jury unter Vorsitz des Rektors der Universität für angewandte Kunst Wien. An diesem Donnerstagabend, als Yoko Onos Leistungen 2012 geehrt wurden, wartete eine bunte Mischung von VIP-Gästen aus Politik, Kunst und Kultur sowie den üblichen Adabeis im Wiener Gartenbaukino, um »das Schatzi vom Lennon« einmal live zu erleben. Vor dem Kino standen die notorischen Autogrammjägerinnen und -jäger, um eine Unterschrift der Lennon-Witwe zu ergattern, denn »die Kraxn wiat amoi sehr vü wert«, wie einer der Wartenden, bewaffnet mit einer Handvoll Hochglanzfotos und ein paar LPs unterm Arm, seinen Nachbarn mit gesenkter Stimme zuflüsterte. Einige von ihnen hatten Beatles- oder John Lennon-T-Shirts an. Einer der Fans trug mutig und stolz die Abbildung des berühmten »Two Virgins«-Plattencovers auf seiner Brust. Der Wunsch nach einer Wertanlage für schlechte Zeiten wurde jedoch niemandem an diesem Abend erfüllt. Yoko Ono gab weder bei ihrer Ankunft, noch beim Verlassen der Veranstaltung auch nur ein einziges Autogramm. Ihre Securitys drängten jeden zurück, der auch nur in ihre Nähe kam. Aber wer konnte das der 79-jährigen Künstlerin verübeln? Ihr Ehemann war am 8. Dezember 1980 von einem Verrückten erschossen worden, nachdem der sich kurz zuvor von Lennon eine Unterschrift auf einer Ausgabe der LP »Double Fantasy« geholt hatte. Ein Bad in der Menge war spätestens nach der Messerattacke auf George Harrison am 30. Dezember 1999 ohnehin tabu. Das Publikum im Gartenbaukino bekam zuerst einen kurzen Intro-Film zu sehen, im darauffolgenden Hauptfilm erschien bald darauf der erste nackte Frauenkörper überlebensgroß auf der riesigen Kinoleinwand und einige männliche Kinobesucher zückten ihre Smartphones, um die Bilder mitzufilmen. Die meisten räumten ein, sich vorher gar nicht oder nur sehr oberflächlich über die Handlung des nun ausgestrahlten Kurzfilms *Fly* aus dem Jahr 1970 informiert zu haben. Das Wort »Handlung« wäre freilich in diesem Fall unter Anführungszeichen zu setzen, denn der Inhalt des 25 Minuten langen Avantgarde-Films lässt sich rasch in einem Satz zusammenfassen: Eine Fliege krabbelt über den nackten Frauenkörper des Models Virginia Lust. Im Hintergrund läuft der Song »Fly«, ein Titel des gleichnamigen Yoko-Ono-Solo-Albums aus dem Jahr 1971. Darin wurden ihre Vokal-Improvisationen mit Soundcollagen, die von John Lennon eingespielt wurden, zu einer geräuschvollen Melange vermischt. Yokos Gesang, für die meisten Anwesenden eher eine Kombination aus unkontrolliertem Kreischen und Wimmern, führte dazu, dass immer mehr Anwesende im Publikum ungeduldig auf ihren Sitzen hin und her wetzten oder nervös auf ihre Uhren blickten. Einige wenige begannen lauthals zu lachen und gar nicht so wenige erhoben sich mehr oder weniger taktvoll aus ihren Sitzen und verließen fluchtartig den Raum. John Lennon hatte Yoko einmal selbst als »die Frau mit der 16-Spur-Stimme« bezeichnet. Die Experimentalkomponistin hatte bereits in jungen Jahren eine fundierte Musik-Ausbildung in Japan, wo sie Klavierspiel und Komposition erlernte. 1952 begann sie ein Musikstudium am Sarah Lawrence College in New York und beschäftigte sich auch mit dem klassischen deutschen Liedgesang.

Nach der Vorführung der letzten Kurzfilmsequenzen strömten noch weitere aus dem Saal eilig zum Ausgang, obwohl die für danach angekündigte Preisverleihung erst noch beginnen sollte. Der Rest applaudierte höflich und blieb sitzen, um nun endlich die diesjährige Oskar-Kokoschka-Preisträgerin live zu erleben. Die renommierte österreichische Avantgarde-Künstlerin Valie Export hielt die Laudatio. Sie war bereits zwölf Jahre zuvor mit diesem Preis ausgezeichnet worden und hatte sich wie Yoko ebenfalls den Ruf eines

»Enfant terrible« der Kunstszene erworben. »Ich schätze an Yoko Ono ihren Mut, denn ich weiß aus eigener Erfahrung, dass man als innovative Künstlerin vor allem auf Widerstände, Ablehnung und Desavouierung stößt«, sagte Valie Export im Interview mit der Zeitung »Österreich« über ihre Perspektive als Laudatorin vor der Preisverleihung. Sie war mit den Arbeiten der »Fluxus«-Künstlerin bestens vertraut. Diese Kunstrichtung legt nicht Fokus auf das Werk selbst, sondern auf die schöpferische Idee dahinter. Diese Bewegung inspirierte so unterschiedliche Künstler wie John Cage oder Joseph Beuys und fand auch unter den Vertretern des »Wiener Aktionismus«, Günter Brus, Otto Mühl, Hermann Nitsch und Rudolf Schwarzkogler, viel Sympathie und Anerkennung. Export hatte 1967 bei einem Besuch in »Swinging London« Yokos legendäre »Half-a-Wind-Show« gesehen und sich danach tief beeindruckt gezeigt: »Yoko Onos Arbeiten haben mich in meinen künstlerischen Fantasien und Utopien bestärkt.«

Valie Export würdigte in ihrer Laudatio gleichermaßen Yoko Onos künstlerische Haltung als auch ihr ausgeprägtes politisches Bewusstsein und die Rolle der Kunst dabei, die laut Ono »wie ein Metronom den Takt angibt«. Sie lobte die Innovationskraft in Onos Kunst und ihre revolutionäre Haltung. Manchen im Publikum kam dabei das Bonmot von Yoko Ono, »Ich war schon ›punky‹, als es dieses Wort noch nicht gab!«, in den Sinn. Das ausgeprägte »Interagieren mit dem Publikum« bezeichnete Export als einen sehr wichtigen Bestandteil von Onos Arbeit als erfolgreiche Performance-Künstlerin – eigentlich hätte sie an diesem Abend noch das Wort »provozieren« in die Beschreibung von Onos Kunst einbinden müssen, denn es sollte noch zu einer Dankesrede der besonderen Art kommen.

Als Nächster war Wissenschaftsminister Dr. Karlheinz Töchterle an der Reihe, um Yoko Ono den mit 20.000 Euro dotierten Oskar-Kokoschka-Preis zu übergeben. Der Politiker ließ es sich zu Beginn nicht nehmen, seine persönliche Sichtweise über die Filmvorführung abzugeben: Es sei ihm »schwergefallen, nicht wegzusehen und die Ohren zuzuhalten«.

Yoko Ono schwieg dazu. Sie wollte ihre Dankesrede auf Deutsch halten, ihre schwarze Sonnenbrille dabei unbedingt aufbehalten. Wodurch sie allerdings Probleme hatte, den vorbereiteten Text fehlerfrei abzulesen. Rasch wurde eine Taschenlampe organisiert. Sie begann ihre Rede, und das Publikum konnte nur staunen und stutzen: Mit monotoner Stimme wiederholte die Künstlerin das Wort »heil«. »Sag Heil, wenn du nicht Heil sagen kannst.« Die Irritation im Publikum war spürbar. Doch dann begriff man endlich, dass sie es im Sinne von »etwas heilen« und »Heilung« gebrauchte. »Es ist normal für eine Künstlerin [Anm.: »an artist«], nicht verstanden zu werden«, sagte Yoko Ono dazu noch. Für das nicht deutschsprachige Publikum wiederholte Yoko ihre Rede nun auch in englischer Sprache und verschwand nach kurzem Posieren für die anwesenden Fotografen durch einen Seitenausgang des Kinos. Die wartenden Journalistinnen und Journalisten gingen leer aus.

43 Jahre nach der legendären »Bagism«-Pressekonferenz am 31. März 1969 im Hotel Sacher hatte es Yoko Ono erneut geschafft, die Wiener Gesellschaft zu irritieren und zu provozieren. »Das Leben ist viel schockierender als die Kunst«, sagt Yoko gerne. Valie Export war glücklich. Zwei Jahre später, 2014, wurde sie gemeinsam mit Laurie Anderson, Marianne Faithfull und Gustav Metzger mit dem von Yoko Ono gestifteten »Courage Award for the Arts« ausgezeichnet.

TEIL 5

DIE ZEIT NACH DER AUFLÖSUNG DER BEATLES

Als die persönlichen und geschäftlichen Differenzen innerhalb der Band unüberbrückbar wurden, kam es schließlich im Frühjahr 1970 zur Auflösung der Beatles. John Lennon war der Erste, der aussteigen wollte, es war jedoch, ungefähr ein Jahr nach Lennons geäußerten Absichten, Paul McCartney, der am 10. April 1970 in einem Interview die Trennung der Beatles bestätigte. Das Interview lag den an die Presse übermittelten Exemplaren seiner ersten Solo-Langspielplatte bei.

Obwohl alle vier Beatles daraufhin erfolgreiche Solokarrieren starteten und damit vor allem in den 1970er Jahren zahlreiche Hits landeten, sollten die Gerüchte um eine von der ganzen Welt herbeigesehnte Wiedervereinigung der Gruppe noch lange Zeit nicht verstummen. Und ausgerechnet einem Österreicher, dem damaligen Generalsekretär der Vereinten Nationen, Kurt Waldheim, wäre dieses Kunststück fast gelungen. Erst im letzten Moment, da standen Zeitpunkt und Austragungsort eines Konzerts der wiedervereinigten Beatles bereits fest, platzte der Traum. Mit der Ermordung von John Lennon im Dezember 1980 war dieser dann endgültig ausgeträumt.

Die drei anderen Ex-Beatles jedoch kamen seit den 1970er Jahren immer wieder, gesondert, nach Österreich. Paul McCartney spielte 1976 mit seiner neuen Band Wings ein famoses Konzert in der Wiener Stadthalle. Ringo Starr, in diesen Jahren in erster Linie für seine Alkohol-Exzesse berüchtigt, machte bei seinem Wienbesuch Ende der 1970er das Wiener Nachtleben unsicher. Mit Konzerten in Salzburg und Wien 2011 korrigierte er spätestens das Image, das ihm davon noch anhaftete. Auch private Besuche standen am Programm: George Harrison verbrachte einige Aufenthalte in den 1990er Jahren in den Tiroler Bergen bei seinem Freund, dem Formel-1-Fahrer und Unternehmer Gerhard Berger, verbunden durch ihre Leidenschaft zum Rennsport. Auf der Yacht von Berger trat der Beatle 1999 mit einem Konzert auf – für seine österreichische Begleitband ein beinahe unwirkliches Erlebnis –, sein allerletztes, bevor er 2001 seiner Krebskrankheit erlag.

KURT WALDHEIM UND DER VERSUCH, DIE BEATLES WIEDER ZUSAMMENZUBRINGEN

Frühmorgens an einem Septembertag des Jahres 1979 betrat der großgewachsene, hagere Generalsekretär der Vereinten Nationen sein Büro wie an jedem anderen Tag und wirkte dennoch ernster als meistens. Mittlerweile hatten über eine Million Vietnamesinnen und Vietnamesen versucht, per Boot über das Südchinesische Meer zu gelangen. Die meisten Boote waren überladen und baufällig. Oft kenterten sie in den unberechenbaren Monsun-Winden oder wurden von Piraten angegriffen. Kurt Waldheim war bereits bewusst, dass die UNO angesichts dieser Tragödie deutlichere Handlungen setzen müsste.

Plötzlich erinnerte er sich an jenen Hochsommertag in New York im Jahr 1971, als ihm sein Mitarbeiter in der österreichischen Vertretung bei den Vereinten Nationen in New York eine offizielle Pressemitteilung zu zwei Konzerten im Madison Square Garden zeigte. George Harrisons Mut beeindruckte Waldheim – zu dieser Zeit österreichischer Außenminister – damals ungemein. Der militärische Einsatzbefehl Westpakistans gegen Ostpakistan, dessen Befreiungskrieg zu einer Anerkennung als unabhängiger Staat namens Bangladesch führte, hatte eine fürchterliche humanitäre Katastrophe ausgelöst. Die Zahl der Toten war ins Unermessliche gestiegen, über zehn Millionen bengalische Flüchtlinge waren ohne Lebensmittel und ohne Dach über dem Kopf. Am 1. August 1971, somit nur wenige Monate nach der offiziellen Auflösung der Beatles, versammelte George Harrison, unterstützt von seinem Freund, dem indischen Komponisten und Sitar-Virtuosen Ravi Shankar, im New Yorker Madison Square Garden eine hochkarätige Riege von Musikerkollegen, darunter Eric Clapton, Bob Dylan, Ringo Starr, Leon Russell und Billy Preston sowie einige der weltbesten Interpreten klassischer nordindischer Musik wie Ali Akbar Khan, Alla Rakha oder Shankar selbst. Durch den Verkauf der Eintrittskarten für das »Concert for Bangladesh« konnten knapp 250.000 US-Dollar für das Kinderhilfswerk UNICEF eingenommen werden, das damit Hilfsgüter und Hilfeleistungen für Bangladesch bezahlte. Mit Albumverkäufen und den an die UNO übertragenen Rechten an dem Konzertfilm konnten schließlich ca. 15 Millionen US-Dollar überwiesen werden. Bis in die 1990er Jahre kamen noch weitere 50 Millionen für den UNICEF-Hilfsfonds dazu.

Kurt Waldheim hatte sich seit 1972 immer wieder für eine verstärkte Hilfe der UNO zugunsten des leidgeprüften Bangladesch starkgemacht. Im Februar 1972 hatte er den ersten großen Spendenaufruf gestartet, ein Jahr später, am 9. Februar 1973, besuchte er mit seiner Frau für 24 Stunden den neu entstandenen Staat auf dem indischen Subkontinent. Im kleineren Kreis erwähnte er, auch später noch, immer wieder, dass es dem Ex-Beatle zu verdanken war, dass der Stein ins Rollen gekommen war. Mit den beiden Benefizkonzerten, die später auch als Blaupause für die Konzerte »Live Aid« und »Farm Aid« dienen sollten, wurde das Scheinwerferlicht auf einen Konflikt und eine humanitäre Katastrophe gerichtet, von denen zuvor kaum jemand Notiz genommen hatte.

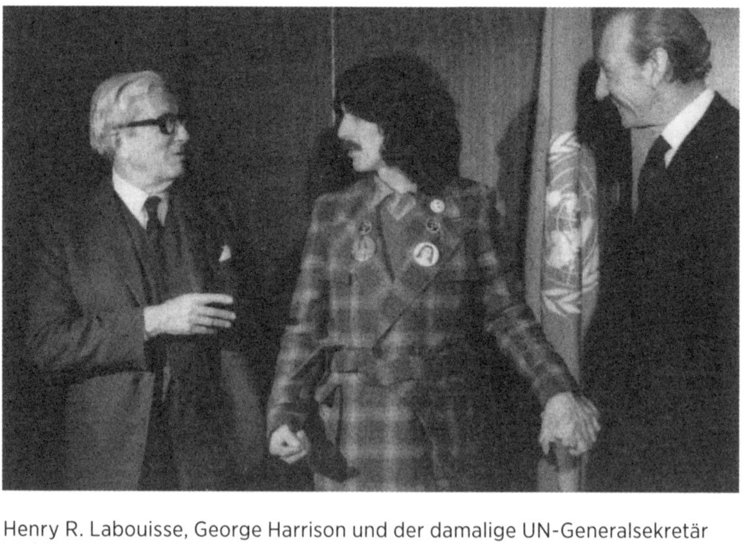

Henry R. Labouisse, George Harrison und der damalige UN-Generalsekretär Waldheim (r.)

Jetzt, angesichts der eskalierenden Krise in Indochina und des Elends der Bootsflüchtlinge, benötigte er in diesem ausgehenden Jahrzehnt noch einmal die Hilfe des Künstlers und seiner Musik. Waldheim trat in sein Sekretariat und bat um die Telefonnummer von George Harrison. Bereits bei ihrem letzten Zusammentreffen hatten die beiden vereinbart, in Kontakt zu bleiben. Harrison hatte damals im Dezember 1974 während der Vorbereitungen zweier Konzerte in New York im Rahmen seiner Nordamerika-Tournee bei Waldheim im UNO-Hauptquartier vorbeigeschaut und ihm die Einnahmen aus den Konzerten zu Gunsten der UNICEF zugesichert.

Am anderen Ende des Apparats, jenseits des Atlantiks, im englischen Henley-on-Thames, wo sich George Harrison bereits seit Anfang der 1970er Jahre auf sein viktorianisches Anwesen »Friar Park« zurückgezogen hatte, erklang eine Frauenstimme. Olivia Harrison, die George während einer Tournee kennengelernt und 1978 geheiratet hatte, reagierte erfreut und rief ihren Mann an den Apparat. Die beiden Männer sprachen zunächst über Bangladesch und George erzählte, wie irrwitzig es sich angefühlt hatte, in New York ein Benefizkonzert für Bangladesch zu spielen, während die Amerikaner Waffen an Pakistan lieferten. Auch das aktuelle nukleare Wettrüsten machte ihm Sorge und er berichtete Waldheim von seiner Absicht, Mitglied der »Campaign for Nuclear Disarmament« zu werden. Harrison und Waldheim wechselten zu einem heiteren Thema, als sie als Nächstes über »Voyager 2« sprachen: Auf dieser 1972 gestarteten Raumsonde befand sich eine Datenplatte, auf der unter anderem eine eingesprochene Grußbotschaft des UN-Generalsekretärs gespeichert war. Der George Harrison-Song »Here Comes the Sun« hätte auch darauf ins All transportiert werden sollen, doch die Plattenfirma EMI hatte dessen Verwendung untersagt. »Wir beide gemeinsam unterwegs im Weltall, das wäre etwas gewesen«, meinte George und sie mussten beide laut lachen.

Doch nachdem Waldheim die dramatische Situation der vietnamesischen Bootsflüchtlinge geschildert hatte, wurde Harrison für einen Moment still. Es war spürbar, wie er mit sich rang. Dann, nach ein paar Sekunden, für seinen Gesprächspartner eine gefühlte Ewigkeit, gab Harrison Waldheim seine Zusage. Ja, er würde bei einem Benefizkonzert für die »Boat People« auftreten und ja, auch dann, wenn seine Ex-Bandkollegen von den Beatles mitmachen würden. George erklärte sich im Laufe des Telefonats sogar bereit, mit John, Paul und Ringo über eine Wiedervereinigung der Beatles aus Anlass eines solchen Benefizkonzerts zu sprechen. Die möglichen Einnahmen wurden von den beiden Männern mit ca. 300 Millionen US-Dollar benannt, die dem Kinderhilfswerk oder dem UNHCR, der Flüchtlingsorganisation der UNO, zufließen sollten. Als das Gespräch zu Ende war, legte Waldheim erleichtert den Hörer auf und atmete tief durch.

Nur kurze Zeit nach dieser Unterredung von Kurt Waldheim und George Harrison berichtete die »Washington Post« in ihrer Ausgabe vom 20. September 1979, dass die Beatles erstmals nach einem Jahrzehnt offensichtlich kurz vor einer Wiedervereinigung aus Anlass des meisterwarteten Konzerts der Rock-'n'-Roll-Geschichte stünden. Die Vereinten Nationen hätten um die Hilfe der Beatles gebeten, um Geld für die vietnamesischen »Boat People« zu sammeln. Paul McCartney, George Harrison und Ringo Starr hätten zugestimmt, ein Benefizkonzert, wahrscheinlich in New York oder in Genf, zu spielen. Als Produzent des Konzerts und der Filmaufnahmen war Dirk Summers, Schriftsteller, Filmemacher sowie Manager des Musikverlags Cayman Music Corporation, vorgesehen. Befeuert wurden die Hoffnungen durch den Umstand, dass am 19. Mai desselben Jahres George, Paul und Ringo bei Eric Claptons Hochzeit in England zugegen waren und dort im Laufe des Festes gemeinsam »Sgt. Pepper's Lonely Hearts Club Band«, »Get Back« und »Lawdy Miss Clawdy« spielten. Neben Clapton standen auch Mick Jagger, Denny Laine, Ginger Baker und Lonnie Donegan auf der Partybühne in Claptons Garten. Doch einer fehlte: John Lennon. Clapton meinte später, er habe schlichtweg vergessen, ihn einzuladen. Die Erwartungen weiter nach oben schraubten auch die in Wien großflächig plakatierten Ankündigungen, von der Zigarettenfirma »Milde Sorte« gesponsert, die für den 1. September 1979 eine Supershow für UNICEF im Wiener Weststadion versprachen, unter anderem mit George Harrison, Queen, Blondie, Luisa Fernandez, Frankie Miller, Roxy Music, Rory Gallagher und Bino.

John Lennon prüfe aktuell den Vorschlag von Waldheim, gab ein UNO-Beamter bekannt. Ein Sprecher von George Harrison meinte,

»es ist noch nichts entschieden«, fügte aber hinzu, dass »die UNO sich zweifelsohne nicht einfach so eine Geschichte ausdenke.« Paul McCartneys Büro in New York war zwar ebenfalls noch nicht zu einer Bestätigung bereit, dementierte die Gerüchte aber auch nicht.

Einen Tag später, am 21.9., wurde in der Presse vermeldet, dass eine Einigung unmittelbar bevorstünde und das Konzert zwischen 15. September und 7. Oktober 1979 im 4.000 Plätze fassenden »Grand Opera Theatre« in Genf stattfinden werde. Tickets für das Konzert würden 100 US-Dollar kosten. Der Sprecher der Vereinten Nationen, François Giuliani, später Presseverantwortlicher der Metropolitan Opera in New York, zeigte sich zuversichtlich und betonte, dass die UNO alles unternehmen würde, um die Beatles wieder zusammenzubringen. Doch er hatte die Rechnung ohne den Wirt gemacht. Und dieser hieß John Lennon.

Niemand konnte behaupten, dass John Lennon humanitäres Engagement und der Einsatz für den Frieden nicht wichtig waren. Im Gegenteil: Seit den späten 1960er Jahren und den Bed-ins in Montreal und Amsterdam sowie der »Bagism«-Aktion im Wiener Hotel Sacher waren er und seine Frau Yoko Ono geradezu Ikonen zahlreicher Friedensbewegter geworden. 1972 spielten John und Yoko das »One to One Concert« im New Yorker Madison Square Garden. Es ging zurück auf die Initiative des Journalisten Geraldo Rivera, der die katastrophalen Zustände am New Yorker Willowbrook Hospital, einem Heim für geistig behinderte Kinder, anprangerte. Der Name »One to One« spielt auf die Forderung nach einer gleichberechtigten Beziehung zwischen Menschen mit geistiger Beeinträchtigung und »gesunden« Menschen an. John Lennon lud McCartney und dessen Frau Linda ein, mitzumachen, diese lehnten jedoch ab. Vielleicht erinnerten sie sich daran, dass sich John Lennon bei einigen Auftritten in den 1960er Jahren mit Gesten und Grimassen über behinderte Menschen lustig gemacht hatte. Zumindest wurden diese von nicht wenigen Menschen so interpretiert.

Wenige Tage bevor George Harrison John Lennon kontaktierte und ihm von dem Wunsch Kurt Waldheims erzählte, schaltete der Konzertveranstalter Sid Bernstein, der den Beatles 1964 ihren ersten Auftritt in der Carnegie Hall vermittelt und ihre legendären Auftritte im New Yorker Shea Stadium organisiert hatte, den ganzseitigen Aufruf in der »New York Times« »Appeal to John, Paul, George and Ringo«. Darin appellierte er an die Ex-Beatles, drei Fernsehauftritte zu absolvieren, bei denen ca. eine halbe Milliarde US-Dollar für die Bootsflüchtlinge eingespielt werden könnten:

Die Musik, die ihr in den Sixties gemacht habt, wird noch immer an jeder Straßenecke weltweit gehört. Die Freude, die ihr Menschen bereitet habt, gibt euch einen einzigartigen Platz in der Geschichte. Sie gibt euch auch Bedeutung und eine Stimme, um etwas für all jene Menschen zu bewirken, die unseres Mitgefühls und unserer unmittelbaren Hilfe bedürfen.

Bernstein hatte drei Jahre zuvor schon einen ähnlichen Aufruf in der »New York Times« getätigt, auf den es keine Reaktion der Beatles gegeben hatte. Er hatte ihnen für ein einziges Konzert 230 Millionen US-Dollar geboten. Paul McCartney gab später zu, dass die Beatles das Angebot zumindest in Erwägung gezogen hatten. Kurz davor hatte bereits der Konzertveranstalter Bill Sargent bis zu 50 Millionen US-Dollar für eine Reunion der »Fab Four« geboten. Doch John Lennon missfiel die Art, wie die Beatles für die Rettung der Welt verantwortlich gemacht wurden. Gerade erst hatte er einen offenen Brief an seine Fans verfasst, in dem er sie ermunterte, »die Wolken zu betrachten«, statt von ihm Antworten zu erwarten – vor allem zu einer möglichen Beatles-Wiedervereinigung. Lennon hatte außerdem den Verdacht, dass hinter dem von George an ihn herangetragenen Ansinnen der UNO und ihres Generalsekretärs sehr wohl knallharte geschäftliche Interessen von Konzert-Veranstaltern steckten. Da nützte es nichts, dass Sid Bernstein voller Verehrung für John Lennon war und regelmäßig von »seinem Talent, seiner Brillanz und seiner Großzügigkeit« sprach. Was die Wiedervereinigung der Beatles in der Praxis betraf, wurde damals öffentlich gemutmaßt, dass es Monate dauern würde, bis vertragliche und künstlerische Differenzen zwischen den ehemaligen Bandmitgliedern bereinigt werden könnten. Manche meinten auch, die Beatles müssten wohl ein halbes Jahr proben, um in musikalischer Hinsicht fit für einen gemeinsamen Auftritt zu sein. Ein Sprecher Lennons äußerte sich schließlich skeptisch zur Durchführung eines solchen Konzerts. Daraufhin schaltete sich Kurt Waldheim erneut ein. Er wollte

Lennon unbedingt an Bord holen und schickte einen Boten mit einigen persönlichen Zeilen von ihm und Produzent Dirk Summers nach Tokio, wo sich der Musiker, seit einigen Jahren vor allem Hausmann und Familienvater, gerade mit Yoko und Sean aufhielt. Doch alle Mühe war umsonst: Lennon und seine Familie hatten Tokio zwei Tage, bevor der Bote mit dem Schreiben eintraf, wieder verlassen. Als dann wenig später von einer Sprecherin der Anwälte Eastman & Eastman, dem Schwiegervater respektive Schwager von Paul McCartney, ebenfalls ein Nein kam, waren die Würfel gefallen.

DAS KONZERT FÜR KAMPUCHEA

Der UN-Generalsekretär war enttäuscht. Er wollte einen letzten Versuch unternehmen, die Beatles unter dem Schirm der UNO wieder zusammenzubringen. Im Dezember 1979 kontaktierte er persönlich Paul McCartney kurz vor dessen Rückkehr von einer England-Tournee. Trotz der kurzen Vorlaufzeit sagte Paul sofort zu, rund um Weihnachten ein Konzert für die Opfer des Terrorregimes der Roten Khmer und ihres Anführers Pol Pot zu organisieren. Unter dessen Herrschaft war rund ein Viertel der kambodschanischen Bevölkerung ausgelöscht worden. Im Zuge der Vorbereitungen für die insgesamt vier »Konzerte für Kampuchea« standen Waldheim und McCartney beinahe täglich in telefonischem Kontakt. Neuerlich kamen Gerüchte auf, denen zufolge auch die übrigen Ex-Beatles bei dem Event auftreten könnten. McCartney hatte sich überdies kurz zuvor in seinem sechs Millionen schweren Vertrag mit CBS das Recht vorbehalten, im Fall des Falles auch wieder mit seinen Ex-Bandkollegen unter dem Namen »The Beatles« arbeiten zu können. Tatsächlich waren George und Ringo nicht abgeneigt, unter der Bedingung allerdings, dass zusätzlich auch andere Musiker gemeinsam mit ihnen auf der Bühne stehen würden. Doch wieder war es John Lennon, der die Pläne durchkreuzte.

An den Benefizkonzerten, die vom 26. bis zum 29. Dezember 1979 im Hammersmith Odeon in London über die Bühne gingen, nahmen schließlich neben Paul McCartney mit den Wings auch andere Top-Acts wie Queen, The Clash, The Specials, The Pretenders,

The Who, und Elvis Costello teil. Niemand wusste damals, dass das Konzert am 29. Dezember gleichzeitig das allerletzte Konzert der Wings sein sollte. Ihre bald nach Weihnachten geplante Japantournee fand ein überraschendes Ende, ehe sie überhaupt richtig begonnen hatte. Als am 16. Jänner 1980 in Pauls Koffer während einer Routine-Kontrolle am Flughafen von Tokio ein Beutel mit Marihuana gefunden wurde, wurde er sofort festgenommen. Neun lange Tage musste der Weltstar nun als »Gefangener Nummer 22« im Tokyo Detention Center in einer Mini-Gefängniszelle verbringen. Nach dem Ende der Haft am 25. Jänner 1980 wurde er umgehend des Landes verwiesen. Damals in der Zelle erhielt Paul ein aufmunterndes Telegramm von George und Olivia Harrison. Deren Sorgen um ihn waren nicht unberechtigt, denn die Höchststrafe für das Schmuggeln von Rauschgift belief sich in Japan auf bis zu sieben Jahre Gefängnishaft. Der Abbruch der Japan-Tour markierte das Ende der Wings als Live-Band und nachdem Laurence Juber, Steve Holley und als Letzter auch Denny Laine die Band verlassen hatten, wurde am 27. April 1981 das offizielle Ende der Gruppe verkündet. Damit löste sich Pauls zweite Band nach den Beatles (1960–1970) nach fast genau zehn Jahren (1971–1981) auf. Er gründete keine dritte Band mehr. Wenn er mit anderen auftrat, dann als »Paul McCartney & Band«.

Doch an jenem denkwürdigen Abend im Hammersmith Odeon mobilisierte McCartney noch einmal alles, was er und die Wings zu bieten hatten. Teil davon war die Supergruppe Rockestra, der neben den Wings selbst auch John Paul Jones, John Bonham, Robert Plant, Rockpile, James Honeyman-Scott und Pete Townshend angehörten. 1981 erschien ein Album, eine EP und der von EMI für das Fernsehen produzierte Film »Concert for Kampuchea«. Kurt Waldheim konnte zufrieden sein – auf Paul McCartney konnte er sich verlassen.

AUSGETRÄUMT

Am 28. November 1980 brachte John Lennon eine einstweilige Verfügung gegen die Veranstalter des Musicals »Beatlemania« ein, mit dem Hinweis, dass er und die anderen Ex-Beatles ein Reunion-Konzert planten, das gefilmt und Teil einer Dokumentation mit dem Titel *The Long and Winding Road* werden sollte. Laut einem Anwalt aus der Unterhaltungsbranche wurde für den Film sogar im August 1980 bereits ein Vertrag aufgesetzt. Lennon plante außerdem eine Tour, die im Frühjahr 1981 in Japan beginnen und dann in Europa und den USA fortgesetzt werden sollte. Österreich stand dem Vernehmen nach ebenfalls auf dem vorläufigen Tour-Plan. Auch Bühnenskizzen seien von ihm schon angefertigt worden, so der Produzent des letzten zu Lebzeiten Lennons erschienenen Albums »Double Fantasy«, Jack Douglas. Angesichts solcher Nachrichten gab es also auch im Jahr 1980 noch Gerüchte über eine Wiedervereinigung der Beatles.

Konkret wurden Pläne eines Beatles-Comebacks, als Lennon neue Einspielungen von »She Loves You« und »I Want to Hold Your Hand« vornehmen und gemeinsam mit Paul auf einem Album von Ringo Starr mitwirken wollte. Allerdings sei für dieses Vorhaben George Harrison nicht an Bord gewesen. George hatte im Zuge der Veröffentlichung seiner Memoiren »I, Me, Mine« die Rolle von John beinahe völlig unter den Tisch fallen lassen, deswegen war John nicht gut auf ihn zu sprechen. Aber sie hätten wohl angenommen, dass George schon noch aufspringen würde, sobald die Sache ins Laufen käme, so Lennon-Produzent Jack Douglas. Das Album hätte »Can't Fight Lightning« heißen sollen. Lennon übergab im November 1980 die Demos für »Nobody Told Me«, »Stepping Out« und »Life Begins at 40« an Ringo. Als Aufnahmetermin wurde der 14. Jänner 1981 fixiert. Am 8. Dezember 1980 war John Lennon tot – ermordet von einem Psychopathen. Der Traum war zu Ende.

Es bleibt eine Pointe der Unterhaltungswelt, dass lediglich dem Produzenten Lorne Michaels in seiner NBC-Sketch-Show »Saturday Night Live« am 24. April 1976 beinahe gelungen wäre, woran alle anderen mit millionenschweren Angeboten scheiterten. Scherzhalber bot er den Beatles für einen gemeinsamen Auftritt in seiner Show einen Scheck über 3.000 US-Dollar, wobei sie nur drei Lieder zu spielen hätten und es ihre Sache wäre, wenn »sie Ringo davon weniger abgeben« wollten. Just an diesem Abend war Paul McCartney zu Besuch bei John Lennon in dessen Apartment im Dakota Building, wo die beiden die Show verfolgten. Später gaben sie an, dass sie tatsächlich überlegt hätten, sich ein Taxi zu nehmen und ins NBC-Fernsehstudio zu fahren, um das Angebot einzulösen. Schlussendlich fühlten sie sich aber doch zu müde.

Die überlebenden Beatles hielten an ihrem humanitären Engagement fest. Für rumänische Waisenkinder, gegen Landminen, für Tierschutz, gegen Umweltzerstörung, für die Krebsforschung, den Kampf gegen Kinderkrankheiten, AIDS-Forschung, Verbreitung von Meditationspraktiken etc. – die Liste ließe sich endlos fortsetzen. Die Beatles nahmen stets »Verantwortung für die Welt« wahr – auf ihre Art und aus eigenem Entschluss.

PAUL McCARTNEY IN DER WIENER STADTHALLE

1966 mussten österreichische Fans nach Hamburg, München oder Essen fahren, um ein Live-Konzert der Beatles zu sehen. Die Events 1972 und 1974, bei denen John Lennon zwei Mal im New Yorker Madison Square Garden und George Harrison mit seinem Freund Ravi Shankar bei einer Konzert-Reihe in den USA auftraten, waren für die Fans, die den Beatles nach der Trennung treu blieben, buchstäblich in weiter Ferne. Am nächsten war noch Paul McCartney, der mit seiner neuen Band Wings im Sommer 1972 tourte und dabei gleich vier Mal in Deutschland auftrat. In einem Doppeldecker-Bus fuhr Paul mit seiner Familie von einem Gig zum nächsten. Davon sollte sich ein paar Jahre später auch die berühmte »Kelly Family« inspiriert fühlen. Erstmals seit dem Split der Beatles spielte Paul McCartney in diesem Sommer wieder vor europäischem Live-Publikum. Ein Abstecher nach Österreich war jedoch nicht vorgesehen.

1975 startete Paul in England eine neue »Wings World Tour«, sie führte weiter nach Australien und ging 1976 über die USA nach Kanada und wieder zurück in die USA. In dieser Phase stand McCartney wieder hoch im Kurs und füllte wie zu seinen besten Zeiten mit den Beatles die größten Konzerthallen der Welt. Die österreichischen Fans hatten die Hoffnung bereits aufgegeben, als völlig überraschend das Management von Paul McCartney für Sonntag, den 19. September 1976, ein Konzert der Wings in der Wiener Stadthalle ankündigte. Die neu formierte Band feierte in Wien sogar den Auftakt ihrer neuen Europa-Tournee, um gleich danach in Zagreb, Venedig, München und London Station zu machen.

Paul hatte die neuen Songs seiner aktuellen Platte »Wings at the Speed of Sound« im Gepäck und die Plattenfirma EMI wollte im selben Jahr mit der Veröffentlichung des Beatles-Doppelalbums »Rock 'n' Roll Music« neue Beatles-Fans an Land ziehen. Auf der neuen Wings-LP gab Paul jedem seiner Bandmitglieder die Chance, zumindest einmal den Leadgesang zu übernehmen. Das sollte die Harmonie innerhalb der Gruppe fördern.

Am Tag vor seinem Wiener Auftritt bezog der Ex-Beatle um 13.30 Uhr seine Zimmer im Wiener Hotel Bristol, nachdem zum Glück ein grobes Missverständnis ausgeräumt werden hatte können. Das britische Reisebüro, zuständig für die Zimmerreservierungen der Wings, hatte sich im Datum geirrt und »Macca« hätte beinahe in Linz übernachten müssen. Er hätte sicher auch dort gut geschlafen, aber das Bristol konnte dann doch noch die benötigten fünf Suiten, zehn Doppel- und fünf Einzelzimmer für den Preis

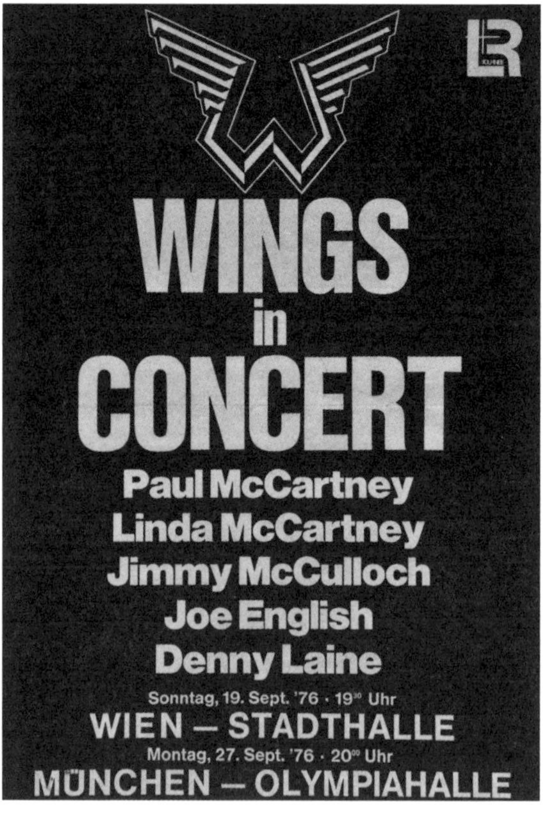

Wings-Konzertplakat für Wien und München

von 100.000 Schilling freimachen. Apropos Preise: Eine Klausel im Vertrag zwischen dem Veranstalter Lippmann+Rau (»Stimmen der Welt«) und Paul McCartney sorgte für Freude unter den jüngeren Musik-Enthusiasten mit wenig Taschengeld, die sich für das Konzert in Wien Tickets kaufen wollten. Darin wurde verankert, dass die ersten acht Reihen für Kinder und Teenager unter 18 Jahren reserviert waren und diese statt des aufgedruckten Preises von 170 Schilling nur die Hälfte des Eintrittsgeldes zahlen mussten.

Die heimische Presse wartete schon ungeduldig auf die Ankunft der Wings, deren Stammformation, neben Paul und seiner Frau Linda, bei dieser Tour aus Denny Laine (Gitarre), Jimmy McCulloch (Gitarre) und Joe English (Schlagzeug) bestand. In einem ORF-Radio-Interview zeigte sich der schnurrbärtige, an vergangene »Sgt. Pepper«-Zeiten erinnernde Bandleader relaxt und in guter Stimmung: »Mozart wäre ich ohnehin nicht begegnet«, winkte er ab, als ein geplanter Innenstadtbummel vor dem Konzert vom Management wegen Zeitmangel gestrichen wurde. Auch der ständigen Frage nach einer Reunion der Beatles begegnete er dieser Tage mit mehr Gelassenheit als noch kurz nach der Trennung. »Eine Wiedervereinigung? Sicher nicht. Die Beatles, das ist viel zu lange her, obwohl es sehr schön war.« Paul hatte in der Anfangszeit der Wings noch lange gezögert, Beatles-Nummern in sein Live-Programm aufzunehmen. »Die Trennung hat mich hart getroffen, damals stand ich vor einem tiefen Loch. Eine Zeitlang war ich krank, ausgetrocknet, aber jetzt habe ich mich wieder erholt.«

»Guten Abend, Wiener!«

Mit diesen Worten zog Paul die knapp 6.000 Zuschauerinnen und Zuschauer gleich zu Beginn auf seine Seite, ehe er mit dem Song »Venus And Mars/Rockshow« einen fulminanten Start hinlegte. Seifenblasen schwebten vor und über der Band, die in einem dicken Bühnennebel stand. Eine Laserstrahlen-Kanone und die Lichtreflexe einer über der Bühne hängenden riesigen Discokugel funkelten wie Sterne.

Viele Songs aus den Wings-Alben »Venus And Mars« oder »Band on the Run«, die an diesem Abend gespielt wurden, waren auch noch 2023 fester Bestandteil eines jeden Paul-McCartney-Konzerts. Aber trotz seiner zunehmenden Erfolge als Bandleader der Wings warteten viele der Konzertbesucherinnen und -besucher sehnsüchtig auf Lieder jener Band, die Paul vor sechs Jahren verlassen hatte – der Beatles. Paul wusste ganz genau, was er seinen Fans schuldig war. Angefangen mit »Lady Madonna«, über »Let It Be« bis zu seinem größten Hit »Yesterday«, bot der legendäre Beatles-Bassist einen Querschnitt dieser Ära, der alle Beatles-Fans in der Stadthalle abholte. Als ein Highlight des Abends kamen die Comic-Fans im Publikum mit dem Song »Magneto and Titanium Man« auf ihre Kosten. Während der Performance erschienen riesige Bilder von Comic-Figuren des US-amerikanischen Verlags Marvel Comics über den Köpfen der Band. Autor Stan Lee und der Zeichner Jack Kirby hatten damals ihren Ohren nicht getraut, als sie die LP »Venus and Mars« erstmals abgespielt und den Song gehört hatten: Der Text bezog sich auf ihre Marvel-Figuren Magneto, Titanium Man und Crimson Dynamo, die Paul während eines Urlaubs auf Jamaica 1975 in einem Comicheft entdeckt hatte. Als er erfahren hatte, dass Kirbys Tochter die Beatles und Wings geradezu anbetete, hatte er für sie und ihre Familie Tickets für ein Konzert in L. A., Backstage-Pässe und Plätze in der ersten Reihe inklusive, organisiert. Als Dank erhielten Paul und seine Frau Linda eine Comic-Zeichnung, die Kirby von ihnen angefertigt hatte.

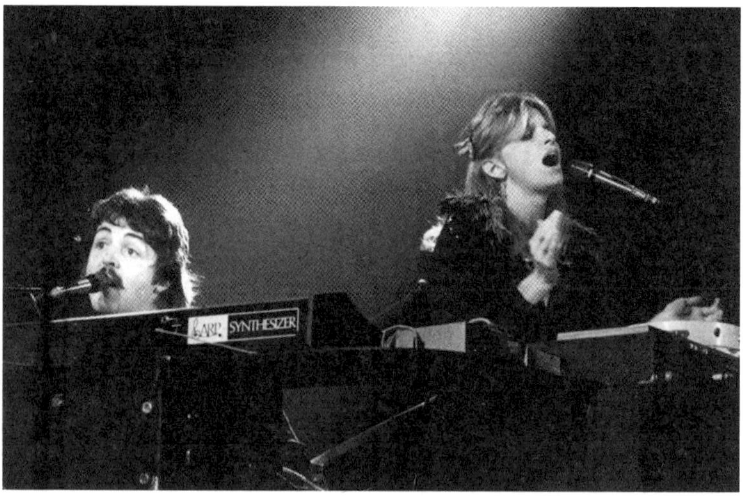

Das Musiker-Ehepaar Paul und Linda McCartney

In der Schlussphase gab Paul aktuelleren Songs aus den letzten Jahren den Vorzug und verzichtete auf Beatles-Nostalgie. Mit viel Elan spielte er »Listen to What the Man Said« und danach den Song »Let 'Em In«, in dem er textlich seinen Bruder (»Brother Michael«) und seine Tante (»Auntie Gin«) verewigte. »Sister Suzie« war eine Verneigung vor seiner Frau Linda, die gelegentlich unter dem Pseudonym »Suzie and the Red Stripes« auftrat und als diese den Song »Seaside Woman« aufgenommen hatte.

614 Mal Liebe

You'd think that people would've had enough of silly love songs
But I look around me and I see it isn't so
Some people want to fill the world with silly love songs
And what's wrong with that?

Als die Melodie des populären »Silly Love Song« erklang, schien das Wiener Publikum Paul und den Wings endgültig zu verfallen. In den USA erreichte die Single die Spitze der Billboard Charts und blieb dort fünf Wochen. Es war für Paul die erste Nummer 1 in Amerika mit seiner neuen Gruppe. Er wollte damit jenen Kritikerinnen und Kritikern entgegentreten, die sein Festhalten an einfachen Liebesliedern missbilligten. In den Liedern der Beatles soll angeblich 614 Mal das Wort »Love« vorkommen. Mit »Beware My Love« machte die Band noch einmal Werbung für ihre aktuelle LP »At the Speed of Sound« und Paul stellte seine Bandmitglieder vor. Nach der letzten Zugabe »Soily« gab es Standing Ovations des Stadthallen-Publikums.

In einer Ehrenloge saßen an jenem Abend Elizabeth Taylor, die sich gerade in Wien zu Dreharbeiten für das Musical »A Little Night Music« aufhielt, und ihr Regisseur Hal Prince. Die österreichische Operetten- und Musical-Diva Dagmar Koller, eine frühere Bühnenpartnerin von Liz Taylor, der beliebte deutsche Schauspieler Fritz Wepper und die Sängerin und Buchautorin Penny McLean genossen nur ein paar Plätze weiter das Musikspektakel. Nach dem Konzert gab es auf Einladung des McCartney-Managements ein Aftershow Candle-Light-Dinner im Hotel Bristol für geladene, prominente Gäste.

Sie ist Klavierspielerin, wie Mozart
Am nächsten Tag spazierten Paul und seine »Lovely Linda« noch durch die Kärntner Straße zum Stephansdom, anschließend wurden sie über den Ring geführt. Vor dem Hotel hatten sich zu diesem Zeitpunkt bereits 200 enthusiastische Fans versammelt, die von ihrem Idol noch ein Foto oder Autogramm ergattern wollten. Ein Journalist bekam ein kurzes Interview, bevor die Wings zu ihrem nächsten Konzert nach Zagreb weiterfuhren. Paul wurde nach Lindas Rolle für seine Band gefragt, da packte er seine Sprachkenntnisse aus und antwortete auf Deutsch: »Sie ist Klavierspielerin, wie Mozart.« Er streute seiner Familie Rosen, die »für ihn einfach alles bedeutet«. Mit seiner neuen Band hätte er nach einer Zeit der Depressionen neuen Halt gefunden. Von Linda erfuhr der Zeitungsreporter, dass sie bereits als Studentin in Salzburg gewesen war, von wo sie per Autostopp bis nach Wien gekommen war.

Für die Konzertbesucher lag im Dezember 1976 frisch gepresst und rechtzeitig für das Weihnachtsgeschäft das Triple-Live-Album »Wings Over America« in den Auslagen. Der aus Anlass der Tournee produzierte Konzertfilm *Rockshow* mit Aufnahmen der Nordamerika-Tour feierte jedoch erst am 26. November 1980 in Amerika seine Kino-Premiere. Ein Jahr später erschien bereits eine Videokassette des MPL-Konzertfilms im Format VHS und Betamax und 1982 eine Laserdisc-Version. 2013 wurde eine restaurierte Version des Films produziert.

Finanziell hatte sich der Wien-Gig für Paul leider nicht gelohnt, da die Einnahmen daraus gerade einmal die Kosten seines Aufenthalts mit der 70-Mann-starken Crew abdeckten. Es blieb aber ein begeistertes Publikum zurück und ein schöner Beigeschmack für alle Beatles-Fans: In Wien bekräftigte Paul noch einmal, keinesfalls mit John, George oder Ringo verfeindet zu sein. Er hätte mit den negativen Ereignissen in seiner Beatles-Vergangenheit endlich Frieden geschlossen.

VIENNA WAITS FOR YOU, RINGO!

14 Jahre nach den denkwürdigen *Help!*-Dreharbeiten machte Ringo Starr mit einer »Sauftour« durch die Wiener Nachtclubs unfreiwillig Schlagzeilen. Ringos bis dato letzte LP »Bad Boy« war im April 1978 erschienen und blieb auf Platz 129 in den US-Charts hängen. Seine Plattenfirma Polydor hatte das Vertrauen in seine musikalischen Fähigkeiten verloren und ließ den Vertrag auslaufen. Auch gesundheitlich sah es nach einer kürzlich überstandenen Operation im April 1979 nicht gut aus für Ringo. Nach seiner Scheidung im Jahr 1975 von Maureen Starkey, der auch ein »Pantscherl« mit George Harrison nachgesagt wurde, konnte ihn auch die Beziehung mit Langzeitfreundin Nancy Lee Andrews nicht von seiner Rastlosigkeit befreien. Als Mr. Starkey am 17. Oktober 1979 am Schwechater Flughafen mit seiner um 16 Jahre jüngeren Begleitung Stephanie aus Paris ankam, wollte er eigentlich nur seinen alten Freund Harry Nilsson treffen, der sich gerade mit dem bekannten Regisseur Robert Altman in der Bundeshauptstadt befand.

Zuerst schaffte es Ringo noch, unerkannt mit seiner Freundin durch Wien zu schlendern und damit unnötiges Aufsehen zu vermeiden. Vom Besitzer des Picadilly-Clubs in Amsterdam hatte Ringo einen Tipp bekommen, wo man sich in »Good ol' Vienna« zu später Stunde am besten amüsieren könnte: Der Weg führte also ins Moulin Rouge im ersten Bezirk. Fotos und Begleittexte in den Werbeschaukästen rund um die »Rote Mühle« lockten die Wiener Nachteulen und die Halbwelt mit den erstaunlichen Akrobatik-Künsten des Limbo-Weltmeisters »Tommy aus Kenia« und geschmackvollen Striptease-Tanzeinlagen mit Musikbegleitung einer »Band der Spitzenklasse«. Gegen 22 Uhr erschien der

Ex-Beatle, wie aus einem Modemagazin entsprungen. Er trug einen dunklen Nadelstreifanzug, ein dunkles Hemd mit schwarzer Krawatte mit weißen Punkten und einen schwarzen Lackmantel. Die dunkle Sonnenbrille rundete Ringos »Dark Side of Vienna«-Look perfekt ab. James-Bond-like bestellte Ringo eine Flasche Dom Pérignon, Jahrgang 1971. Mit Stephanie und seinem »Partner in Crime« Harry Nilsson war der Champagner innerhalb kürzester Zeit geleert. Die Darbietungen des Kabarett-Programms begannen Ringo zu langweilen und er übersiedelte mit seinem Anhang per Taxi in die nahegelegene Eden-Bar. Wenn die drei zu Fuß gegangen wären, hätten sie im »Normalzustand« nicht länger als zehn Minuten für den Weg gebraucht, den der Taxifahrer schamlos ausweitete. Er missbrauchte die mangelnde Ortskenntnis und den illuminierten Zustand seiner Fahrgäste und veranstaltete eine ungeplante 15-Minuten-RingRundfahrt, für die er stolze 68 Schilling kassierte. »Kein Bemmerl«, würde der Wiener sagen.

Heinz Werner Schimanko, der Besitzer der Eden-Bar, kam seiner Rolle als vollendeter Gastgeber sofort nach und versorgte vorauseilend die Gruppe mit ihrer Lieblings-Champagnermarke. Die Hausband des Etablissements, allen voran Bandleader und Sänger Fausto Mola, änderte für ihre Ehrengäste das Programm und spielte von »Yellow Submarine« über »Michelle« bis »Ob-La-Di, Ob-La-Da« einen Querschnitt bekannter Beatles-Hits. Damit hatte er das Herz des Beatles-Drummers gewonnen, der mit Mola zuerst Bruderschaft trank, um sich dann wackeligen Schrittes ans Schlagzeug zu setzen und loszulegen. Dem Wunsch aus dem Publikum, doch auch seinen von John Lennon für ihn komponierten Hit »Goodnight Vienna« aus dem Jahr 1975 zu spielen, verweigerte sich Ringo und er kommentierte: »It has nothing to do with Vienna!« Zwar hat der nordenglische Slang-Ausdruck »Good night, Vienna« nicht direkt mit Wien zu tun – sinngemäß bedeutet er soviel wie »alles ist verloren«, »alles ist vorbei«, »ich bin raus hier« –, doch der britische Musikfilm von 1932, auf den der Ausdruck zurückgeht, sehr wohl: Er handelt von zwei Liebenden in Wien. In dem Film von Herbert Wilcox mit Jack Buchanan, Anna Neagle und Gina Malo in den Hauptrollen werden ein österreichischer Offizier und seine Geliebte durch die Wirren des Ersten Weltkriegs getrennt, um dann wieder zueinanderzufinden.

Der Film basiert auf der von Eric Maschwitz geschriebenen Radio-Operette und enthält den Song »Good night,Vienna«.

Über den Auftritt Ringos im Eden liegt bis heute der Mantel des Schweigens gebreitet. Gegen vier Uhr früh wechselte er mit seinem Gefolge wieder zurück ins Moulin Rouge, diesmal chauffiert im noblen Rolls-Royce von Heinz Werner Schimanko.

Angekommen, setzte sich Harry Nilsson gleich ans Klavier und schmetterte mit seinem Saufkumpan den Dean-Martin-Oldie »Everybody Loves Somebody«. Mit diesem Song verband Ringo als Ex-Beatle eine Episode aus den Beatlemania-Jahren: Dean Martin hatte bis zu diesem Song sechs Jahre lang keinen Top Hit mehr in den USA gehabt. Um seinen damals zwölfjährigen Sohn zu beeindrucken, der wie viele junge Amerikaner Beatles-Fan war, hatte er mit ihm Mitte der 1960er gewettet, die Beatles mit seinem neuen Song aus den Charts zu werfen. Tatsächlich hatte Dean »Dino« Martin dieses Kunststück am 15. August 1964 mit »Everybody Loves Somebody« vollbracht. Die »Fab Four« waren mit ihrer Single »A Hard Day's Night« auf Platz 2 der US Billboard Charts gerutscht. Ein US-Blatt hatte danach »Dean Martin stoppt die Beatles!« getitelt und der stolze Vater seine Wette gewonnen.

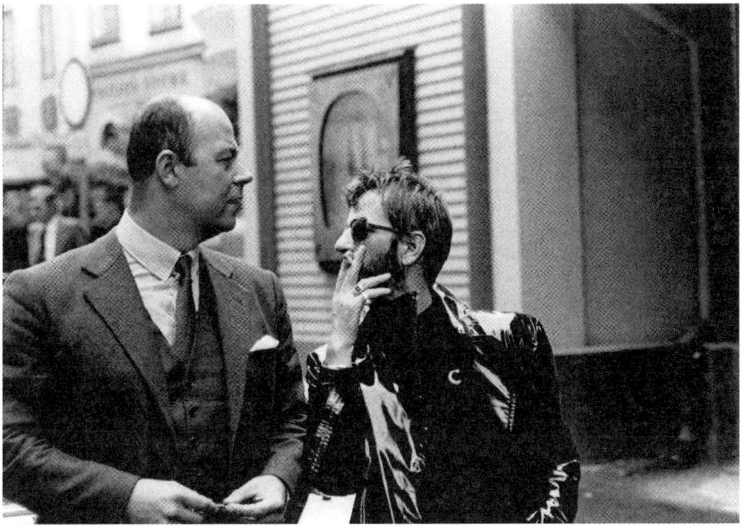

Ringo Starr mit Heinz Werner Schimanko vor dem Moulin Rouge in Wien

Je später der Abend, desto schlüpfriger wurden die Liedtexte. Die anwesenden Stripperinnen bildeten sehr zum Missfallen von Ringos Freundin mit vollem Körpereinsatz den Background-Chor. Der Alkoholkonsum hatte ein beträchtliches Ausmaß erreicht. Das letzte »Fluchtachterl« an Slibowitz gab Herrn Starkey den Rest. Nur mit vereinten Kräften schafften es Heinz Werner Schimanko und Harry Nilsson, den Beatles-Drummer gegen 10.15 Uhr »Kopf voran« durch die Hotel-Drehtür des Bristol zu schleusen. Vor seinem bevorstehenden Abflug nach Paris musste er dringend noch auf ein paar Stündchen Schlaf kommen.

Nach Ringos Abreise atmeten Geschäftsführung und Personal des Bristol auf, denn »Richie« soll sich während seines Kurzaufenthalts nicht gerade mustergültig verhalten haben. Die Hotelleitung wollte ihm schon vorzeitig das Zimmer kündigen, sah aber dann doch davon ab. Der Besitzer der Eden-Bar und des Moulin Rouge zog hingegen eine erfreuliche Bilanz. Beatles-Fan Schimanko bekam die lang ersehnte Gelegenheit, einen »echten Beatle« kennenzulernen und auch finanziell hatte es sich für ihn gelohnt. Ringo hatte nicht nur eine Lokalrunde geschmissen, er hatte sämtliche Kosten seines nächtlichen Streifzugs von insgesamt 32.000 Schilling übernommen.

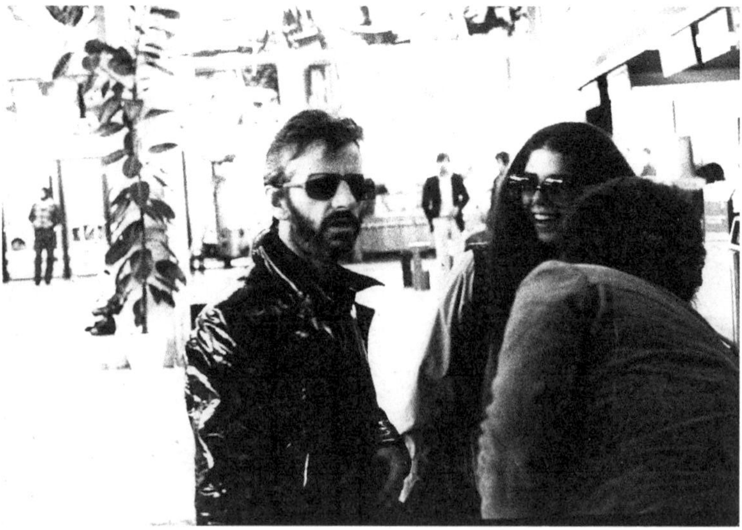

Ringo Starr (l.) mit Freundin Stephanie und Harry Nilsson vor dem Abflug aus Wien

»Ringomania« in der Wiener Innenstadt

Zehn Jahre später erfolgte ein entscheidender Schritt im Leben von Richard Starkey. Mit Hilfe seiner zweiten Frau, Ex-Bond-Girl Barbara Bach (*Der Spion, der mich liebte*) schaffte er den Alkoholentzug und setzte ab 1989 ein neues Band-Konzept um, das bis zum heutigen Tag erfolgreich prolongiert wird. Die Zutaten seines Erfolgsrezepts: Man trinke ab sofort ausschließlich Wasser und nehme befreundete Musiker, die das Live-Programm an Beatles- und Solo-Nummern mit jeweils zwei eigenen Hit-Nummern anreichern. Fertig ist der »All-Starr-Mix«! Dazu gehört noch, vor jeder neuen Tour den einen oder anderen Musiker auszutauschen, damit das Programm abwechslungsreich bleibt. Die Vorteile liegen auf der Hand, auch wenn auf diese Weise die Einnahmen mit anderen Künstlerinnen und Künstlern, wie Billy Preston, John Entwistle, Jack Bruce, Gary Brooker, Sheila E., Dr. John oder Peter Frampton, geteilt werden müssen: Ringo wird durch einen zusätzlichen Schlagzeuger nicht nur körperlich entlastet. Er kann sich, wie es der jeweilige Song verlangt, entweder voll seinem Gesang widmen oder zu zweit dem Schlagzeug-Sound mehr Wucht verleihen. Seine prominenten Begleit-Musikerinnen und -Musiker sorgen dabei durch die Mobilisierung ihrer eigenen Fans für zusätzliche Ticket-Verkäufe.

Nach seinem feuchtfröhlichen Gastspiel als Bar-Sänger startete Ringo 2011 den Versuch, mit zwei Konzerten sein Image in Österreich wieder aufzupolieren. Einem erfolgreichen Konzert im Salzburger Kongresshaus am 16. Juli 2011 folgte am Tag darauf ein Auftritt in der ausverkauften Arena in Wien. In jenem Jahr bestand die All-Starr-Band neben Ringo aus Wally Palmar (The Romantics), Rick Derringer (The McCoys), Richard Page (Mr. Mister), Gary Wright (Spooky Tooth), Edgar Winter und Gregg Bissonette.

Bevor Ringo mit Klassikern wie »Yellow Submarine«, »I Wanna Be Your Man« oder »With a Little Help from My Friends« unter seinen Fans Wohlfühlstimmung und Nostalgie verbreitete, gab es in der Wiener Innenstadt noch etwas zu erledigen. Der Besitzer der Galerie Fine Arts, einer führenden Wiener Galerie für Pop Art, Gerald Hartinger, holte die Ausstellung »The Art of Ringo Starr« in seine Räumlichkeiten. Der Beatles-Drummer hatte als eine Art

»Beschäftigungs-Therapie« immer wieder auf Tourneen zwischen den Konzerten auf seinem iPad »herumgemalt«. So entstanden viele fröhliche, bunte Bilder mit lustigen Gesichtern, dem bekannten Peace-Zeichen oder Selbstporträts mit Titeln wie »Man in Blue Hat«, »Face and Flowers« oder »Hold Me, Love Me«. Mit Pop-Art-Größen wie Andy Warhol, Keith Haring oder Roy Lichtenstein seien seine Werke natürlich nicht zu vergleichen, meinte Galerist Hartinger, aber seine Bilder seien durchaus originell und der Großteil des Erlöses würde Ringos Lotus Foundation zugutekommen, die karitative Projekte in Amerika unterstützt. Als Ringos Limousine vorfuhr, sorgte der »Starr«-Gast vor der Galerie für »Ringomania«. Nach dem Blitzlichtgewitter der Presse wurde er durch einen Korridor von jubelnden Fans in die Räumlichkeiten der Galerie geführt. Sein Beatles-Kollege Paul McCartney hatte bereits zwölf Jahre zuvor vom 1. Mai bis 25. Juli 1999 mit seiner Gemäldeausstellung »Paintings« im deutschen Kulturhaus Lÿz in Siegen-Wittgenstein für Aufsehen gesorgt. Ringo zog jetzt nach.

Wer vor der Ausstellungseröffnung noch ein Bild von Ringo oder ein von ihm bemaltes Trommelfell erstehen konnte, für Preise zwischen 1.500 und 3.000 Euro, bekam ein Eintrittsbändchen umgebunden, mit dem man sich laut Protokoll neben den geladenen VIP-Gästen im selben Raum wie Ringo aufhalten durfte. Es herrschte strengstes Fotografier-Verbot und Autogrammanfragen wurden vom Management sofort im Keim erstickt. »Just keep it cool and Ringo might talk to you. But don't take pictures!«

Der Musiker Arthur Fandl hatte Glück und schaffte es im letzten Moment auf ein gemeinsames Foto mit seinem Idol. »Dieses Ereignis ist einer der Höhepunkte meines bisherigen Musikerlebens«, schwärmte er. Als Dankeschön überreichte er Ringo ein Exemplar des Ausstellungs-Kataloges »Servus Beatles«. Beim Durchblättern zeigte Fandl, seines Zeichens Co-Autor des Buchs, Ringo einige Fotos der Beatles-Pressekonferenz in Salzburg anlässlich der Dreharbeiten zu *Help!* in Obertauern. Doch der Ex-Beatle erinnerte sich 46 Jahre danach nur mehr vage. Das Buch wanderte schließlich in die Bibliothek auf Ringos englischem Anwesen Rydinghurst in Cranley/Surrey. Als der Besitz 2014 zum Verkauf angeboten wurde, kamen viele persönliche Gegenstände unter den Hammer, darunter auch der »Servus Beatles«-Katalog. Ein Freund von Fandl, Beatles-Sammler und weiterer Co-Autor des Buchs, ließ sich die Gelegenheit nicht entgehen und kaufte »sein Buch« mit den Fingerabdrücken von Ringo Starr zurück. Diese Ausgabe steht jetzt als Highlight mit dem Vermerk »aus der Bibliothek von Ringo Starr« in seinem umfangreichen Beatles-Archiv.

EIN UNGLEICHES PAAR – GERHARD BERGER UND SEIN FREUND GEORGE

Wie schon alle Tage zuvor seit seiner Ankunft in Tirol setzte George Harrison sich auch an diesem Tag gegen vier Uhr auf die Terrasse des rustikalen Anwesens und blickte erwartungsvoll zu dem Bergbauernhof schräg gegenüber. Würde er sich auch heute wieder zeigen? Für einen kurzen Moment dachte George zurück an die Dreharbeiten in Obertauern, als er und die anderen drei Beatles für einige Szenen in eine Tracht geschlüpft und in Reih und Glied einer österreichischen Trachtenkapelle marschiert waren. Oder an den Grand Prix von Australien vor einigen Monaten, an das kleine Konzert der »Mooskirchner«, einer steirischen Volksmusik-Truppe im Fahrerlager von McLaren Mercedes, das er besonders lustig gefunden hatte. Gerne hatte er vor Ort im australischen Adelaide mit ihnen und Heinz Prüller den Abspann für die Rennübertragung des österreichischen Fernsehens gemacht. Der Klang der Blechblasinstrumente faszinierte ihn immer schon, und ganz besonders jener Musikant, der hier täglich auf seinen Balkon trat und seine Trompete erschallen ließ. Es war offensichtlich, dass er gerade die Stücke für einen nächsten Auftritt probte. Es war in diesem Moment wieder so weit, der Bauernsohn trat auf den Balkon, setzte sein Instrument an und blähte die Backen. George nahm genüsslich einen Schluck Tee und grinste, seine Augen strahlten. Er war froh und dankbar, dass ihm sein Freund Gerhard Berger dessen abgeschiedenes Haus mitten in den Tiroler Alpen zur Verfügung stellte, während ihn die Journalisten in Los Angeles vermuteten.

Hier in den Bergen, mit dem atemberaubenden Blick auf den Wilden Kaiser, oberhalb von Söll, konnte er sich ein wenig von den Strapazen der Krebs-Behandlungen erholen und blieb dabei nahezu unerkannt. Vielleicht musste er in diesem Moment auch an den 1998 erschienenen Film *Everest* denken, in dem orchestrale Versionen seiner Songs als Soundtrack dienten – aufgrund ihrer »spirituellen Qualität« und der »Bezüge zu fernöstlichen Religionen« seien seine Kompositionen besonders geeignet. Jemand hatte davon gesprochen, dass die Songs von George Harrison selbst schon »Gipfelerlebnisse« seien. Seine Zustimmung zu dem Soundtrack hatte George unter der Bedingung gegeben, dass sein Name nicht zu Marketingzwecken verwendet würde.

Ein Song für Niki

Gerhard Berger und George Harrison lernten einander am 22. Juli 1984 beim Grand Prix in Brands Hatch kennen. Da war Berger zwar noch nicht in der Formel 1, hatte aber schon hinreichend Mut in der Tourenwagen-Europameisterschaft bewiesen. Mit ein paar Freunden wollte er nunmehr beim englischen Grand Prix Formel-1-Luft schnuppern, wenn schon nicht als Fahrer, dann zumindest als Besucher. Doch nicht einmal einen Monat nach seiner ersten Begegnung mit Harrison saß Berger bereits im Cockpit eines Formel-1-Boliden, und das noch dazu beim Heimrennen am Österreichring in der Steiermark. In jenem Jahr 1984 aber war das Staffelholz im österreichischen Motorsport noch nicht übergeben. Es war eine andere schillernde Motorsportlegende, die die Saison dominierte und prompt sowohl das britische als auch das österreichische Rennen gewann: Niki Lauda.

Auch wenn ihm das Im-Kreis-Fahren manchmal auf die Nerven ging. In diesem Moment liebte er das Rennfahrersein. Erschöpft vom Rennen, aber mit einem 2. Platz im Gepäck setzte er sich an die Instrumente, neben sich den Co-Piloten, flog zurück nach Wien, betrat seine Wiener Wohnung, legte die Platte auf und ließ sich auf die Couch fallen. Der Song war nur für ihn geschrieben worden. Seine Sorgen schienen wie weggeblasen:

Sky cleared up, day turned to bright
Closing both eyes now the head filled with light
Hard to remember the state I was in
Instant amnesia, yang to the yin

All I got to do is to love you
All I got to be is, be happy
All it's got to take is some warmth to make it
Blow away, blow away, blow away (...)

George Harrison empfand großen Respekt für Niki Lauda. Dies zeigte sein Auftritt in der britischen ITV-Dokumentation *Brian Moore Meets Niki Lauda* Anfang der 1980er Jahre. Wie viele Fans rund um den Globus bangte auch er um das Leben des Ferrari-Fahrers nach dem Horrorcrash am Nürburgring im Jahr 1976. Es empörte George noch lange Zeit danach, dass die Presse Lauda bereits unmittelbar nach dem Unfall auflauerte und versuchte, sich Zugang zu dem Spitalszimmer zu verschaffen, in dem er lag. Sie gierten förmlich nach Bildern des durch den Unfall schrecklich zugerichteten Österreichers. 1977 beim Grand Prix in Watkins Glen – Niki Lauda hatte neuerlich die Fahrerwertung gewonnen – erzählte ihm der frischgebackene World Champion von den Schattenseiten des Formel-1-Business, von dem Ärger und den Intrigen, denen er ausgesetzt sei. Es gebe daher für ihn nichts Schöneres, als sich zu Hause bei guter Musik zu entspannen. Daraufhin schrieb George Harrison für Niki den Song »Blow Away«.

Lauda brachte seine Wertschätzung später auf ganz spezielle Weise zum Ausdruck. Im März 2002, da war George bereits den Folgen seiner Krankheit erlegen, erweiterte die Lauda Air ihre Flotte um die erste in Österreich registrierte Boeing 737, die mit Winglets, also hochgeklappten Tragflächenspitzen, ausgestattet war. Diese sorgen für bessere Stabilität am Boden und in der Luft und reduzieren den Widerstand. Lauda taufte das Flugzeug auf den Namen »George Harrison«.

George Harrison kam bereits als Kind mit dem Rennsport in Berührung. Im heimatlichen Aintree besuchte er an den Wochenenden mit seinen Eltern mit großer Begeisterung Motorradrennen. Der in der Rennszene als »The Duke« bezeichnete Geoff Duke gewann in den 1950er Jahren sechs Weltmeistertitel und fünfmal das schwere Tourist-Trophy-Rennen auf der Isle of Man. George war ein Riesen-Fan des »Duke«. Auch für British Racing Motors (BRM) konnte sich der im Stadtteil Speke in Liverpool aufgewachsene Bub begeistern. Seine Briefe an den Rennstall wurden meist erhört und zitternd vor Ungeduld zog der kleine George regelmäßig die von den Rennfahrern signierten Autogrammkarten aus den knittrigen Umschlägen. Später, in den 1960er Jahren mit den Erfolgen von Jackie Stewart, entflammte sein Interesse für die Königsklasse des Automobilsports neu. George gefiel es, wenn sich die Fahrer schulterlanges Haar wachsen ließen. In Interviews erzählte der schottische Nationalheld mit den kinnlangen Wellen, dass er sich nach den Rennen meist noch am jeweiligen Austragungsort die neueste Beatles-Platte zulegte, um – zu Hause angekommen – sie sogleich auflegen zu können. Die Formel-1-Stars der 60er und 70er Jahre pflegten den Rock-'n'-Roll-Lifestyle und alles, was dazugehörte.

Beim Besuch des Grand Prix in Monte Carlo 1977 tauchte George noch tiefer in die Welt der Formel 1 ein. Fasziniert stellte er bei den schnellsten und besten Rennfahrern eine Art erweitertes Bewusstsein fest, welches sie zu besonders intensiven Erfahrungen befähigte. Auch die Konzentration und die Komplexität der Faktoren, die erforderlich ist, um schneller als die Konkurrenz zu sein, zogen ihn in den Bann. George Harrison liebte es, mit den jeweils Besten ihres Fachs zusammenzutreffen, in der Musik, in der Kunst und eben auch im Automobilsport: Jackie Stewart, James Hunt, Niki Lauda, Emerson Fittipaldi, Jody Scheckter und danach Gerhard Berger oder Damon Hill. Englische Musiker dürften generell ein Faible für den Motorsport haben. Nick Mason, der Schlagzeuger von Pink Floyd, Leo Sayer und Chris Rea sind dafür Beispiele, doch niemand war mit solcher Hingabe dabei wie George. Er hat, wie sein Freund Gerhard Berger nicht müde wird, zu betonen, bei allen Themen, auch beim Motorsport, einen extremen Tiefgang an den Tag gelegt. Wer sind die Techniker? Was macht die Konstruktion aus? All das hat ihn beschäftigt. Auch mit den Ingenieuren und ihrer Arbeit setzte er sich intensiv auseinander – vor allem mit Gordon Murray, der den Brabham baute. Zu seinen engsten Vertrauten zählte neben Berger auch Motorradweltmeister Barry Sheene, der wiederum besonders gut mit dem Formel-1-Weltmeister von 1976, James Hunt, damals der größte Rivale von Niki Lauda, befreundet war. Barry Sheene und Gerhard Berger dachten in vielen Dingen sehr ähnlich.

Und George als Nicht-Rennfahrer genau andersrum. Genau das hat George amüsiert. Doch trotz ihrer unterschiedlichen Denkweisen entwickelte Harrison ein ausgeprägtes Verständnis für die Mechanismen und die Technik in der Formel 1. Auch die mentale Seite des Sports und die Tricks, wie man seine Konkurrenz aus der Balance bringen konnte, interessierten ihn. Berger nahm Harrison – wie auch die beiden anderen noch lebenden Beatles, denen er im Beisein von George begegnet ist – nicht nur als außergewöhnlichen Musiker, sondern als blitzgescheiten und entschlossenen Zeitgenossen wahr. »Er hat sich nie verbiegen lassen, hat gewusst, was er wollte. Er war nicht steuerbar. Wir haben am Abend ein Rennen gehabt und es war klar, dass wir weiterfliegen. Und dann hat er plötzlich gesagt, er mag gar nicht weiterfliegen, er bleibt noch zwei Tage da. Harrison war ein Mensch der Kontraste, die aber bei ihm irgendwie doch zusammengepasst haben.«

Das Innencover des Albums »George Harrison« aus 1979 dokumentiert die Leidenschaft des Leadgitarristen für den Formel-1-Sport. Immer wieder hatten ihn die Fahrer ersucht, einen Song über die Formel 1 zu komponieren. In den Liner Notes des Albums ist zu lesen, dass der Song »Faster« von Jackie Stewart und Niki Lauda inspiriert und dem gesamten Formel-1-Zirkus gewidmet ist. »Faster than a bullet from a gun, he is faster than everyone«, singt George und erinnert damit an Ronnie Peterson, der an den Folgen seiner Verletzungen, die er sich bei einer Massenkarambolage beim Grand Prix von Italien 1978 zuzog, verstarb. In dem Videoclip zu »Faster« sitzt George auf dem Rücksitz eines Autos mit Jackie Stewart als Chauffeur. Die Einnahmen aus dem Song gingen an den Gunnar Nilsson Cancer Fund, der schwedische Rennfahrer war bereits 1978 als junger Mann an Krebs verstorben. »Faster« wurde auch als Picture Disc veröffentlicht und enthielt die Porträts von Niki Lauda und Jochen Rindt, der von vielen als der »erste Popstar der Formel 1« apostrophiert wurde.

Harrison tauchte nicht bei den Rennen auf, weil er – so wie viele andere Prominente – das Licht der Öffentlichkeit suchte, denn ganz im Gegenteil: Er versuchte, es zu meiden. »Das funktionierte auch halbwegs, auch wenn er oft den Kopf eingezogen hat, um nicht erkannt zu werden«, so Berger. »Sehr ausgeprägt bei George war aber doch, dass er ständig Angst gehabt hat. Wenn wir irgendwo auf der Straße gegangen sind, konnte es sein, dass er schnell die Straßenseite wechseln wollte, weil er das Gefühl hatte, es geht jemand hinterher. Es war aber niemand hinterher. Aber das hat natürlich auch eine Vorgeschichte. Wo immer die Beatles aufgetaucht sind, gab es einen riesigen Auflauf. Und bei George kam noch ein anderer schwerwiegender Vorfall dazu. Ich kann mich noch gut erinnern, wie Olivia mich angerufen hat und mir von der Messerattacke in seinem Haus berichtet hat. Das hinterlässt natürlich Spuren. Und erst recht die Ermordung von John Lennon im Dezember 1980.«

Harrison suchte die Ruhe und bevorzugte einen kleinen Kreis von Freunden ohne viel Aufsehen. Gerhard Berger erinnert sich: »Für George war das offensichtlich sehr angenehm, dass er in mir jemanden kennengelernt hat, der nur wenig wusste über seine Person, denn sonst hat er ja ständig wildfremde Leute getroffen, die seine Schuhnummer kannten und die wussten, was er gerne isst.« Auch wenn in Bergers Schulzeit die Beatles und die Rolling Stones zu den musikalischen Vorbildern zählten, war George für ihn ein »Freund« und nicht ein »Beatle«. »Ich glaube, das hat er genossen. Wir haben einfach Spaß, eine ›Hetz‹, gehabt. Er hat das geschätzt, dass ich die Freundschaft gepflegt habe, weil wir gerne Dinge unternommen haben, uns ausgetauscht haben, aber eben nicht, weil er ein ›Beatle‹ war. Wir haben nichts am Hut gehabt mit öffentlichen Auftritten und ›Wichtigtuereien‹, sondern sind einfach in die Pizzeria gegangen und haben dort Schmäh geführt. Am schönsten war es eigentlich, wenn uns niemand erkannt hat. Dadurch ist die Freundschaft auch immer vertrauensvoller geworden, weil von uns niemand Hintergedanken gehabt hat.«

Die beiden flogen gemeinsam zu Rennen, George flog meist im Flieger von Berger mit, und sie wohnten im selben Hotel. Mit ihren Familien verbrachten sie gemeinsame Urlaube auf dem Boot. Bei ihren Begegnungen hatte George immer eine Ukulele bei sich, setzte sich damit hin und nach zwei Stunden hatte er einen Song fertig. »Er hat immer etwas komponiert. Hin und wieder wurde das auch auf Kassette aufgenommen«, erinnert sich Berger. Einmal hat er einen Song über Michael Schumacher in Versform geschrieben.

Schumacher galt bei den englischen Fans als der »böse Bube«, möglicherweise auch bei George selbst und seinem Rennfahrer-Freund Damon Hill.

Sein Garten sei sein liebstes Stück gewesen und das ganze Anwesen voller Seele, zeigt sich Berger von Besuchen bei George Harrison in Friar Park auch noch Jahre danach beeindruckt. Umgekehrt besuchte George mehrmals Tirol, war beim Stanglwirt in Going zu Gast und mit Berger im Hotel Imperial in Wien. Georges Sohn Dhani und Christina, Gerhard Bergers Tochter, sind noch heute befreundet.

Als George an jenem Sommertag 2001 nach der täglichen Dosis Volksmusik von der Terrasse zurück ins Haus geht, ist Gerhard Berger, der zu dieser Zeit noch überwiegend in Monte Carlo lebt, gerade angekommen, um zu sehen, wie es seinem Freund geht. Als Berger ihm und seiner Frau Olivia, die ebenfalls in diesen Tagen bei George war, ein Gläschen Zirbenschnaps anbietet, lacht Harrison und meint scherzhaft: »Du mit deinem Schnaps bringst dich noch um, da sind die Substanzen, wie wir in den 1960er Jahren konsumiert haben, viel gesünder!« Dann fällt der Blick auf seine Ukulele und Harrison entscheidet spontan, Gerhard Berger das Instrument samt Plektron zu schenken. Die steht heute noch gut sichtbar in Gerhard Bergers Büro – ein stilles und doch lebendiges Andenken an einen besonderen Freund.

ANDY LEE LANG UND DER GITARRIST DER STUNDE

Das Leben, so scheint es, besteht aus einer Aneinanderreihung von Zufällen. Du lernst eine Person kennen und später wird daraus ein Moment für die Ewigkeit. So oder so ähnlich dürfte der österreichische Rock-'n'-Roll-Pianist und Sänger Andy Lee Lang bei jener Geschichte empfunden haben, die noch recht unspektakulär begann.

1999 wurde Andy Lee Lang mit seiner Band The Spirit für einen Auftritt in Kitzbühel beim Hahnenkamm-Rennen gebucht. Unter den Zuschauerinnen und Zuschauern im brechend vollen VIP-Zelt befand sich auch die Formel-1-Legende Gerhard Berger, der von der Show dermaßen begeistert war, dass er sich am Ende des Konzerts die Kontaktdaten der Band geben ließ. Berger spürte, dass dies nicht die letzte Begegnung mit Andy gewesen sein sollte.

Ein halbes Jahr später klingelte bei dem Musiker das Telefon. Berger machte ihm ein Angebot für ein Privatkonzert: Er plante, seinen bevorstehenden runden Geburtstag, den er mit Freunden verbringen wollte, »so richtig zu rocken«. Andy Lee Lang mit Band sagte zu. Berger meinte es ernst mit dem Geburtstagsevent, der Rahmen war größer, als die Band geahnt hatte. Zum Erstaunen der sieben Musiker wurden sie am 20. August 1999 mit ihrem gesamten Equipment kurzerhand in einen Lear-Jet der Lauda Air verfrachtet. Zielort war die Yacht »Savarona«, die drei km vor der Küste von Olbia in Sardinien vor Anker lag. Unter den Gästen von Gerhard Berger und seiner damaligen Frau Ana Corvo befanden sich auch McLaren-Chef Ron Dennis, für den Berger von 1990 bis 1992 im Cockpit saß, sowie der Schauspieler Tobias Moretti.

Andy Lee Lang war vom Beginn des Soundchecks bis zum Konzert ganz auf seinen Auftritt fokussiert gewesen. Der enge Zeitplan erlaubte keinen Smalltalk vor der Show. Um 23 Uhr startete die Band auf dem Oberdeck mit ihrem Programm. Sie spielte ein vorher vereinbartes 30-minütiges Set mit einer Auswahl der bekanntesten Hits der Rock-'n'-Roll-Ära, wie »Johnny B. Goode« von Chuck Berry, den Erfolgstitel von Louis Prima »Jump, Jive an' Wail« oder den Sun-Records-Hit von Jerry Lee Lewis »Great Balls of Fire«. Die halbe Stunde verging für die Geburtstagsgäste wie im Flug. Jetzt fehlte nur noch die obligate Schluss-Nummer eines Andy-Lee-Lang-Auftritts: Da erklang auch schon das kraftvolle Intro des Jerry-Lee-Lewis-Klassikers »Whole Lotta Shakin' Goin' On« aus der goldenen Zeit des Gründers der Sun Record Company, Sam Phillips. Doch mitten in seiner Paradenummer hörte der Pianist, dass der unterstützende Gitarren-Sound plötzlich weg war. Was war los? Er drehte sich verärgert nach seinem Band-Kollegen um. Und konnte nur fassungslos starren. Das Erstaunen war ihm ins Gesicht geschrieben: Auf der Bühne stand George Harrison! Der angeblich »stille Beatle« hängte sich mit einem verschmitzten Lächeln eine Gitarre um und als sich alle Blicke der Gruppe und der Gäste gespannt auf ihn richteten, fragte er lässig: »What are we gonna do?«

Mach Schau, George!

Die Anwesenden hatten das Gefühl, dass sich George in dem Moment an die vielen »Mach-Schau«-Rufe in ihrer Hamburger Zeit oder an sein Leben als »Silver Beetle« erinnert haben muss. So nannten sich die Beatles, während sie im Jahr 1960 den Sänger Johnny Gentle auf einer Schottland-Tour begleiteten. An diesem Abend, mit der großartigen Band rund um Leader Andy Lee Lang und der bisherigen Songauswahl, ließ sich George anstecken von der Bühnenenergie, die er in früheren Jahren mit den Großen in Hamburg gespürt hatte, schnappte sich kurzerhand eine Gitarre und legte los. Dabei hatte das Geburtstagskind, das George, Olivia und Dhani zu seinem 40er auf das Schiff eingeladen hatte, kurz zuvor noch allen erzählt, dass George, sobald auf Formel-1-Partys Live-Musik gespielt wurde, immer still und leise zu verschwinden pflegte.

Die Nerven der anderen Musiker flatterten im ersten Moment wie wild, aber dank der lockeren und unkomplizierten Art, die

George ausstrahlte, beruhigten sie sich schnell wieder. Die Verständigung zwischen Andy Lee Lang und dem Ex-Beatle klappte wie am Schnürchen. »Es war mit George ein Ping-Pong-Spiel. Ich habe einen Titel vorgeschlagen, er hat einen Titel vorgeschlagen. Dann haben wir uns auf eine Tonart geeinigt. Hin und wieder hat sich der Dhani Harrison ans Klavier gesetzt und dann haben Vater und Sohn miteinander gesungen. Was für ein Moment!«

Als George zum letzten Lied des regulären Programms in die Band einstieg, dachten alle, dass es danach vorbei wäre. Doch es ging jetzt erst so richtig los. George gab keinen einzigen Beatles-Song und kein Stück aus seinen Solo-Alben zum Besten, sondern bediente sich des frühen Live-Repertoires der Beatles, deren Gitarrengriffe und Texte er aus dem Stegreif abrufen konnte. Andy Lee Lang: »George war im Rock-'n'-Roll-Mood. Es hat ihm so getaugt, weil er gesehen hat, wie ich und meine jungen Musiker seine Lieblingsmusik spielen. Dann kam ein ›Rock-'n'-Roll-Hadern‹ nach dem anderen!« Spätestens ab diesem Zeitpunkt spielten alle auf Augenhöhe mit dem Ex-Beatle und genossen die gemeinsamen Nummern wie »Matchbox« von Carl Perkins, der diesen Song in den berühmten Sun Studios mit Jerry Lee Lewis am Klavier im Jahr 1956 eingespielt hatte. Ebenso wenig fehlen durfte an diesem Abend der Klassiker von Carl Perkins, »Boppin' the Blues«, der 1956 auf dem Sun-Label veröffentlicht wurde. Damals auf der Schottland-Tour 1960 legten sich die Silver Beetles exotische Künstlernamen zu. Aus Paul McCartney wurde »Paul Ramon«, Stuart Sutcliffe nahm den Namen »Stuart de Stael« an und John Lennon performte als »Long John«. Seine Verehrung für Carl Perkins zeigte George Harrison mit seiner Wandlung zu »Carl Harrison«. 25 Jahre später, am 21. Oktober 1985, sollte George Harrison gemeinsam mit seinem Idol in der TV-Show »Blue Suede Shoes – A Rockabilly Session« auftreten.

Auch zahlreiche Chuck-Berry-Kompositionen wurden an jenem Abend auf der von Gerhard Berger gemieteten Yacht gespielt: »Sweet Little Sixteen«, »Johnny B. Goode« und natürlich »Roll Over Beethoven«, den George bereits 1963 für die Beatles-LP »With the Beatles« eingesungen hatte, brachten das Schiffsdeck zum Beben. Bei »Long Tall Sally«, einem weiteren Cover-Song der »Fab Four«, kamen wohl nicht nur bei den Gästen nostalgische Gefühle auf. Für diese EP hatten die Beatles 1964 den gleichnamigen Hit von Little Richard auf Platte gepresst. Damals trat Paul McCartney als Sänger in die Fußstapfen des exzentrischen Künstlers, der mit richtigem Namen Richard Wayne Penniman hieß. 1962 waren die jungen Liverpooler noch als Vorgruppe für Little Richard im Hamburger Star-Club aufgetreten. Danach ging es für die Beatles steil bergauf und ab diesem Zeitpunkt hatten sie als Haupt-Act ihre eigenen Vorgruppen als »Einheizer« ihrer Shows. Aus einer kleinen Zugabe wurde somit im Endeffekt ein fast zweistündiges Live-Programm und Andy Lee Lang schwärmt noch heute: »Für mich war es ein Wahnsinn, noch dazu, weil es ungeplant war. Das war so bewegend. Er kam nicht nur für eine Nummer, sondern spielte mit uns ein komplettes Set. Eine Auszeichnung meiner Band und ein Ritterschlag!«

Es war bereits drei Uhr morgens, als die Band »nach der dann aber wirklich letzten Zugabe« begann, ihr Equipment abzubauen, um dann wieder mit einem Privatjet nach Hause geflogen zu werden. Andy Lee Lang blieben von jenem Abend jedoch nicht nur die musikalischen Fähigkeiten von George Harrison in Erinnerung. Er lernte auch die private und menschliche Seite der Beatles-Ikone

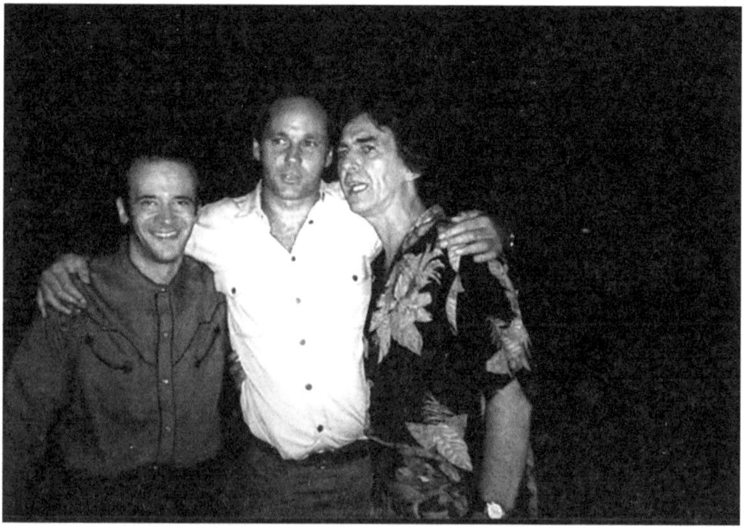

Andy Lee Lang, Gerhard Berger, George Harrison

kennen. Eine Sache rechnete er dem Künstler dabei besonders hoch an: »Nach der Session war es nicht vorbei. Ich hatte den Eindruck, dass George einfach selig und happy war. Für ihn war nicht einfach ›Session aus und Schluss‹. Er hat mich gefragt, wie lange ich das mache, und hat wirklich Interesse gezeigt, wer ich überhaupt bin und mit wem er da gespielt hat. Er war einer der nettesten Menschen, die ich je getroffen habe!«

Nur wenige Monate nach dieser denkwürdigen Geburtstagsfeier wurde George Harrison am 30. Dezember 1999 von einem geistig verwirrten Einbrecher in seinem britischen Anwesen Henley-on-Thames mit einem Messer attackiert. Olivia Harrison konnte den Mann bis zum Eintreffen der Polizei außer Gefecht setzen. George überlebte die 40 Messerstiche. Zwei Jahre später, am 29. November 2001, starb der Gitarrist, Sänger und Komponist George Harrison im Alter von 58 Jahren an seiner Krebserkrankung, in Paul McCartneys Haus in der Heather Road in Beverly Hills. Der Wunsch des Pianisten Andy Lee Lang, mit George noch einmal Musik zu machen, ging nicht mehr in Erfüllung. Doch seinen Platz in den Geschichtsbüchern der modernen Popularmusik hat das Konzert von Andy Lee Lang und The Spirit allemal. Es war der allerletzte Live-Auftritt in Harrisons Karriere. Im November 2001 veröffentlichte seine Familie das Statement: »Er hat die Welt verlassen, wie er in ihr gelebt hat – mit Vertrauen in Gott, keiner Angst vor dem Tod, mit sich selbst in Frieden und umgeben von seiner Familie und seinen Freunden.«

Die Beatles hatten sich zu diesem Zeitpunkt längst ihren Platz am Musik-Olymp gesichert. Nicht von ungefähr bezeichnet sie der junge österreichische Singer-Songwriter und Ausnahmekünstler Oskar Haag als seine »Götter« und der Nino aus Wien als seine »Schutzheiligen«. Die Musik der Beatles besitzt die ungebrochene Kraft, die Menschen immer wieder aufs Neue zu begeistern, zu inspirieren und glücklich zu machen. Oder ins Staunen zu versetzen. Mit den Worten von Peter Handke über die Pilzköpfe aus seinem »Versuch über die Jukebox«: *Wann würde je wieder eine solche Anmut in die Welt treten?*

ANHANG

ZEITTAFEL – ÖSTERREICH UND DIE BEATLES (AUSWAHL)

Kursiv in der Zeittafel sind jeweils pro Jahr die höchsten Platzierungen von Beatles-Singles und -LPs in der österreichischen Hitparade genannt.

1964

Singles: *She Loves You (7), I Want to Hold Your Hand (5), Twist and Shout (12), Komm gib mir deine Hand(3), Roll Over Beethoven (10), A Hard Day's Night (2), I Should Have Known Better (8), Can't Buy Me Love (4), Long Tall Sally (9)*

LPs: *With The Beatles (1), Please Please Me (3), A Hard Day's Night (2)*
Österreich-Premiere von *A Hard Day's Night* im Wiener Kosmos Kino am 9. September 1964

1965

Singles: *I Feel Fine (7), Rock and Roll Music (4), Ticket to Ride (11), Help! (5), Yesterday (11)*

LPs: *Beatles For Sale (2), Beatles '65 (10), Help! (2), Rubber Soul (1)*
Ankunft der Beatles in Salzburg & *Help!*-Dreharbeiten in Obertauern von 13. bis 21. März 1965 inkl. Privat-Konzert in der Skistall-Bar im Hotel Marietta

1966

Singles: *We Can Work It Out (5), Michelle (6), Nowhere Man (12), Paperback Writer (3), Yellow Submarine (4)*

LPs: *Revolver (1)*
Österreich-Premiere von *Hi, Hi, Hilfe!* (*Help!*) im Wiener Kosmos Kino am 7. Jänner 1966

1967

Singles: *Strawberry Fields Forever (14), Penny Lane (5), All You Need Is Love (1), Hello, Goodbye (2)*

LPs: *A Collection of Beatles Oldies (10), Sgt. Pepper's Lonely Hearts Club Band (1), Magical Mystery Tour (8)*

1968
Singles: *Lady Madonna (1), Hey Jude (1)*

LPs: *The Beatles – White Album (1)*

1969
Singles: *Ob-La-Di, Ob-La-Da (1),*
Get Back (1), The Ballad of John & Yoko (1), Come Together (2),
Something (10)

LPs: *Yellow Submarine (2), Abbey Road (1)*

John Lennon und Yoko Ono halten eine Pressekonferenz am 31. März 1969 anlässlich der TV-Premiere des Films *Rape* im Wiener Hotel Sacher ab.

1970
Singles: *Let It Be (1), The Long and Winding Road (7)*

LPs: *Let It Be (2)*

Österreich-Premiere von *Let it Be* am 25. September 1970 im Wiener Burg Kino.

1971
Die No. 1-Hit-Singles und -Alben in der österreichischen Hitparade 1971:
4. Jänner 1971: Single »My Sweet Lord/Isn't It a Pity« von George Harrison
14. Februar 1971: 3-fach LP »All Things Must Pass« von George Harrison
8. Juli 1971: Single »It Don't Come Easy/Early 1970« von Ringo Starr
16. September 1971: Single »Bangla Desh/Deep Blue« von George Harrison
4. November 1971: LP »Imagine« von John Lennon
15. November 1971: Single »Imagine/It's So Hard« von John Lennon

1972
Das Lennon-Album »Some Time in New York City« steht am 12. Oktober 1972 auf Platz 1 der österreichischen Charts.

Österreich-Premiere von *The Concert For Bangladesh* am 24. November 1972 im Wiener Kosmos Kino.

1976
Konzert von Paul McCartney and Wings am 19. September 1976 in der Wiener Stadthalle.

1978
Die Wings-Hit-Single »Mull Of Kintyre/Girls' School« steht am 15. Februar 1978 auch in Österreich ganz oben.

1979
Ringo Starr mit Freundin Stephanie LaMotta und Harry Nilsson befinden sich von 17. bis 19. Oktober 1979 auf Kurzbesuch in Wien.

1980
Sechs Tage nach der Ermordung John Lennons steht am 14. Dezember 1980 seine Single »(Just Like) Starting Over/Kiss, Kiss, Kiss« auf Platz 1 der Ö3 Hitparade.

1981
Das Lennon-Album »Double Fantasy« erobert am 15. Jänner 1981 die Spitze der österreichischen LP-Charts.

John-Lennon-Ausstellung in der Wiener Diskothek Studio 35 von 20. bis 22. Februar 1981.

Die Lennon-Single »Woman/Beautiful Boys« schafft am 8. März 1981 Platz 1 der heimischen Hitparade.

1982
Das Duett von Paul McCartney und Stevie Wonder »Ebony and Ivory« mit dem Song »Rainclouds« als B-Seite stürmt am 9. Mai 1982 auf den ersten Platz der Ö3 Hitparade.

Beatles-Ausstellung im Wiener Tabakmuseum von 18. Dezember 1982 bis 9. Jänner 1983.

1986
Konzert von Yoko Ono und Band am 16. März 1986 im Wiener Konzerthaus.

1992
Beatles-Ausstellung »30 Jahre Beatles« von 30. November 1992 bis 14. März 1993 im Linzer Stadtmuseum Nordico.

1993
Beatles-Ausstellung »30 Jahre Beatles« im Star Club Wien von 22. Juli bis 7. Oktober 1993.

Konzerte von Paul und Linda McCartney und Band am 5. und 6. September 1993 in der Wiener Stadthalle.

1995
George Harrison kommt auf Einladung von Gerhard Berger am 8. März 1995 nach Wien, gibt am nächsten Tag bereitwillig vor dem Hotel Imperial Autogramme und verbringt im Anschluss drei erholsame Tage mit seiner Frau Olivia im Haus der Eltern von Gerhard Berger in Söll/Tirol.

Beatles-Ausstellung »30 Jahre Yesterday« von 30. November 1995 bis 14. Jänner 1996 im Wiener Palais Pálffy und Präsentation des Begleit-Katalogs »Servus Beatles«.

1997

Zak Starkey spielt ein Konzert als Schlagzeuger bei The Who am 1. Mai 1997 in der Wiener Stadthalle.

1998

Konzert von Sean Lennon und Band am 26. Juni 1998 in der Wiener Arena.

Julian Lennon absolviert am 29. August 1998 anlässlich der Veröffentlichung seiner neuen CD »Photographic Smile« einen Promotionbesuch in Wien.

1999

George Harrison jammt am 20. August 1999 mit Andy Lee Lang & The Spirit für Gerhard Berger und seine Geburtstagsgäste auf einer Yacht in Olbia/Sardinien.

2000

Zak Starkey spielt am 2. Juni 2000 Schlagzeug bei Johnny Marr & The Healers in der Wiener Stadthalle.

2001

Paul McCartney erhält am 3. November 2001 den World Artist Award in der Wiener Hofburg.

2002

Yoko Ono eröffnet am 19. Oktober 2002 ihre Ausstellung »From My Window« in der Wiener Galerie Engelhorn und stellt sich im Anschluss nach der Ausstrahlung des Films *Rape* im Wiener Künstlerhaus Kino einer Podiumsdiskussion.

2003

Zak Starkey spielt am 19. März 2003 Schlagzeug bei Johnny Marr & The Healers im Wiener Club Flex.

Konzert von Paul McCartney & Band am 14. Mai 2003 in der Wiener Stadthalle.

Original-Mitglieder der ersten Band von John Lennon, The Quarrymen, spielen am 5. Juli 2003 ein Live-Konzert im Schlosshof Scheibbs.

2004

Der Grafiker, Musiker und Gestalter des legendären »Revolver«-Covers Klaus Voormann präsentiert seine Autobiografie »Warum spielst du *Imagine* nicht auf dem weißen Klavier, John« am 11. August 2004 in der Wiener Buchhandlung Morawa.

Am selben Tag zementiert Voormann seine Hand- und Fußabdrücke für den heimischen Walk of Stars, gibt im Haus der Musik ein kurzes Live-Konzert und beantwortet im Anschluss Fragen des Publikums.

2006
Zak Starkey spielt am 22. Juli 2006 beim »Lovely Days«-Festival in St. Pölten Schlagzeug bei The Who.

2007
Konzert von Sean Lennon und Band am 6. Februar 2007 im Wiener WUK.

2010
Ausstellung »Die 60er – Beatles, Pille und Revolte« von 1. Mai bis 1. November 2010 auf der Schallaburg in Niederösterreich.

Präsentation des Buchs »Mit John Lennon durch Liverpool« der österreichischen Autorin Katharina Riedl am 8. Dezember 2010 in der Buchhandlung Thalia in Wien.

2011
Konzert von Ringo Starr & His All-Starr Band am 16. Juli 2011 im Salzburger Kongresshaus.

Ringo Starr eröffnet am 17. Juli 2011 die Ausstellung seiner Bilder in der Wiener Galerie Fine Arts und spielt am Abend in der Wiener Arena ein Konzert mit der All-Starr Band.

2012
Yoko Ono erhält am 1. März 2012 den Oskar-Kokoschka-Preis im Wiener Gartenbaukino und stellt sich am nächsten Tag den Fragen der Medienvertreterinnen und -vertreter bei einer Pressekonferenz.

Ausstellung »Die Beatles kommen! Beatlemania in Österreich. 50 Jahre Love Me Do – die erste Beatles-Single!« von 4. September 2012 bis 20. Februar 2013 im Österreichischen Gesellschafts- und Wirtschaftsmuseum in Wien-

2013
Paul McCartney eröffnet am 5. Juni 2013 die Foto-Ausstellung »Linda McCartney« im Kunsthaus Wien.

Paul McCartney & Band: Open-Air-Konzert am 27. Juni 2013 im Wiener Ernst-Happel-Stadion.

Yoko Ono eröffnet am 19. Oktober 2013 ihre Ausstellung »Half-a-Wind Show« in der Kremser Kunsthalle.

2015
Veranstaltungen anlässlich des 50-jähriges Jubiläum *The Beatles – Help!* in Obertauern von 14. bis 21. März 2015: Filmvorführung von *Good Ol' Freda* mit Freda Kelly, Live-Konzert mit Monika Ballwein, Beatles-Musical »All You Need Is Love«, eine Magical History Tour mit Angie und Ruth McCartney und den Cavern Beatles, Filmvorführung *All You Need Is Klaus* mit Klaus Voormann und dem Moderator Bernd Sebor.

Uraufführung von »In My Life«, einem Theaterstück nach dem Buch »Mit John Lennon durch Liverpool« der österreichischen Autorin Katharina Riedl am 16. Oktober 2015 im Wiener Café Prückel.

2016

Zak Starkey spielt am 14. September 2016 Schlagzeug bei The Who in der Wiener Stadthalle.

2018

Ringo Starr eröffnet am 20. Juni 2018 die Ausstellung seiner Bilder in der Wiener Galerie Fine Arts und spielt am Abend ein Konzert mit der All-Starr Band in der Wiener Stadthalle.

Konzerte von Paul McCartney & Band am 5. und 6. Dezember 2018 in der Wiener Stadthalle.

2022

Die Musik-Dokumentation *The Beatles: Get Back – The Rooftop Concert* wird am 12. Juni 2022 im höchsten Freiluftkino Wiens, am Dach der Hauptbücherei, Kino am Dach, gezeigt.

2023

Ausstellung »All You Need Is Love – Fotografien der Beatles« von 26. Mai bis 6. August 2023 in der Wiener Galerie Westlicht.

Die Beatles-Single »Now and Then« erreicht am 14. November 2023 Platz 1 der Austrian Top 40 Charts.

2024

Am 29. Mai 2024 wurde eine Gitarre von John Lennon um den Rekordpreis von 2,9 Millionen Dollar durch das Auktionshaus Julien's versteigert.
Der Musiker verwendete das Instrument für den Soundtrack des Films *Help!* in den Abbey Road Studios und auch in einigen Filmszenen ist John mit der Gitarre zu sehen. Lennon hatte das zwölfsaitige Instrument vom Typ Hootenanny des deutschen Herstellers Framus im Laufe des Jahres 1965 dem Musiker Gordon Waller vom bekannten Duo Peter & Gordon (»World Without Love«) geschenkt.

BEATLES-PLATTEN »MADE IN AUSTRIA« UND »MADE FOR AUSTRIA« (1962–1970)

Österreichische Schallplatten- und Elektro-Geschäfte handelten zu Beginn der 1960er Jahre fast ausschließlich mit Tonträgern, die in Deutschland hergestellt wurden. Singles, Langspielplatten und Kassetten trugen auf dem Label oder in das Vinyl eingraviert die Aufschrift »Made in Germany«. In einigen Ausnahmefällen wurde eine Platte mit einem Cover »Made in Germany« verkauft, obwohl aber in der Hülle eine Vinyl-Pressung steckte, die in Holland, Frankreich, der Schweiz, Italien oder England hergestellt worden war. Im Zeitraum zwischen 1964 und 1965 wurden in Österreich drei verschiedene Beatles-Singles gepresst, die mit einem individuellen Cover- und Label-Layout ausgestattet waren. Das Bildmotiv blieb bei allen drei Singles gleich, nur die Musik-Titel wurden angepasst und auf allen Labels befindet sich der »Made in Austria«-Hinweis. Statt der allgemein üblichen englischen Plattenfirma-Bezeichnung »Parlophone« steht auf den Labels der drei österreichischen Singles hingegen »Parlophon«. Auch in Italien war diese Schreibweise ohne »e« auf den Single-Pressungen der 1960er Jahre zu finden.

Singles

1964

The Beatles – Can't Buy Me Love/You Can't Do That, Parlophon 0 28 518

The Beatles – A Hard Day's Night/Things We Said Today, Parlophon 0 28 521

1965

The Beatles – Ticket to Ride/Yes It Is, Parlophon 0 28 523

Es gibt jedoch noch weitere Spezial-Plattenpressungen für Sammler von Beatles-Tonträgern »made in Austria« oder »made for Austria« (= Exportplatten für den österreichischen Markt).

1967

The Beatles – All You Need Is Love/Baby, You're a Rich Man, Odeon 0 23 560

Die Platte wurde in Deutschland gepresst, das Single-Cover wurde in Österreich speziell für die Mode-Kette Merkur hergestellt. Die Cover-Vorderseite trägt die Aufschrift »Trend-Corner« und die Rückseite »All you need is Love und ein neues Kleid. Merkur – erster Name für Mode«.

EP (Extended Play)

1964

The Beatles with Tony Sheridan, Atlas 80 031

Diese EP enthält vier Aufnahmen mit dem Sänger Tony Sheridan und den Beatles: »My Bonnie«, »Cry For a Shadow«, »The Saints«, »Why«.
Die Platte wurde exklusiv über den österreichischen Buch- und Schallplattenclub an seine Mitglieder vertrieben. Sie wurde von der deutschen Firma Polydor für den Export nach Österreich hergestellt.

Langspielplatten

1964

Die Grosse Starparade Mit Aktuellen Spitzenschlagern, Atlas 82 039 (Mono) und Atlas 92 039 (Stereo)

Der 10"-Sampler enthält eine Aufnahme aus den Sessions mit dem englischen Sänger Tony Sheridan und den Beatles: »Ain't She Sweet«
Die Platte wurde exklusiv über den österreichischen Buch- und Schallplattenclub an seine Mitglieder vertrieben. Sie wurde von der deutschen Firma Polydor für den Export nach Österreich hergestellt.

1966

The Beatles – And Now: The Beatles, S + R International 73 735

Das Cover wurde in Deutschland hergestellt, aber auf dem Label ist die Bezeichnung »Austro Mechana« zu lesen.

»Beat For You«, Club-Sonderauflage, Polydor 94 042

Der Sampler enthält zwei Aufnahmen mit dem Sänger Tony Sheridan und den Beatles: »Ain't She Sweet« und »Cry For a Shadow«. Dieser LP-Sampler wurde exklusiv über den österreichischen Buchclub an seine Mitglieder vertrieben. Auf dem Cover und auf dem Label steht »Made in Austria«.

1968

The Beatles and Tony Sheridan – In the Beginning, Karussell 2436 092

Auf dem Label steht als Plattentitel: »Good Old Rock 'n' Roll« statt »In the Beginning«, sowie die Bezeichnung »Made in Austria«.
Diese Doppel-LP enthält Aufnahmen mit dem Sänger Tony Sheridan und den Beatles: »Ain't She Sweet«, »Cry For a Shadow«, »My Bonnie«, »If You Love Me, Baby«, »Sweet Georgia Brown«, »The Saints (When the Saints Go Marching In)«, »Nobody's Child«

QUELLEN

Literatur

Allison Jr., Dale C: »The Love There That's Sleeping, The Art and Spirituality of George Harrison«, Continuum, Illustrated Edition, 2006

Aronowitz, Al: »Bob Dylan and The Beatles«, Volume One Of The Best Of The Best Blacklisted Journalist, Authorhouse, 2004

Bardola, Nicola: »Ringo Starr. Die Biographie«, Edition Olms Zürich, 2020

Beatles, The: »Anthology«, Apple Corps Ltd., 2000

Beatles, The: »Help!« CD, DVD Deluxe Edition inkl. Booklet, Apple Corps Ltd., 2007

Bedford, David: »Liddypool, Birthplace of The Beatles«, Dalton Watson Fine Books, 2009

Bernstein, Jamie: »Famous Father Girl. A Memoir of Growing Up Bernstein«, HarperCollins Publishers, 2018

Brown, Craig: »One, Two, Three, Four; Die Fabelhaften Jahre der Beatles«, C.H.Beck; Edition, 2022

Brown, Peter; Gaines, Steven: »The Love You Make: An Insider's Story of the Beatles«, 1989

Coleman, Ray: »John W. Lennon. Eine Biographie«, Droemer Knaur, 1985

Davies, Hunter: »Die Beatles«, Koch International/Hannibal, deutsche Ausgabe, 2011

Doggett, Peter: »You Never Give Me Your Money: The Battle For The Soul Of The Beatles«, Harper, 2010

Emmerick, Geoff; Massey, Howard: »Here, There and Everywhere. My Life Recording the Music of The Beatles«, Gotham Books, 2007

Eschweiler, Gabriele: »Die Rolle der Musik in Peter Handkes Schriften«, Magisterarbeit, Examicus Verlag, 1983

Etzlstorfer, Hannes (Hrsg.): »Beatles, Pille und Revolte«, Ausstellungskatalog Schloss Schallaburg, Kulturbetrieb Schallaburg, 2010

Fandl, Arthur; Leopold, Peter; Planker, Wolfgang; Zechmeister, Gerald: »Servus Beatles«, Löwen Edition, 1995

Franz Nabl Institut für Literaturforschung (Hrsg.): Libell 4, Peter Handke: »Über Musik«, Literaturverlag Droschl, 2003

Glasser, Brian: »In A Silent Way. A Portrait of Joe Zawinul«, Sanctuary Pub, 2001

Goodden, Joe: »Riding So High. The Beatles and Drugs« (English Edition), Pepper & Pearl, 2017

Guesdon, Jean-Michel; Margotin, Philippe: »Beatles – Alle Songs: Die Geschichten hinter den Tracks«, Delius Klasing Verlag, 2021

Gröbchen, Walter; Mießgang Thomas; Obkircher Florian; Stöger, Gerhard: »Wien Pop – Chronik zur Wiener Musikgeschichte«, Falter Verlag, 2013

Harrison, George: »I Me Mine«, englische Ausgabe, Chronicle Books; Reprint Edition 2007

Helbig, Jörg: »I saw a film today, oh boy! Enzyklopädie der Beatles Filme«, Schüren Verlag, 2016

Hill, Tim: »The Beatles. Die Geschichte der vier Jungs, die die Welt veränderten«, Edition XXL, 2010

Hintze, Christian I.: »Viva la Poesia«, Residenz Verlag, 2002

Knublauch, Thorsten; Korinth, Axel: »Komm Gib Mir Deine Hand – Die Beatles in Deutschland 1960–1970«; Books On Demand, 2008

Köhlmeier, Michael: »Abendland«, Carl Hanser Verlag, 2007

Köhlmeier, Michael: »Sagen des klassischen Altertums«, Piper Verlag, 1996

Korinth, Axel; Dieckmann, Ed; Caroselli, Antonio: »A is for Apple – Volume 2«, Apcor, 2017

Lavezzoli, Peter: »The Dawn of Indian Music in the West«, Continuum Publishing, 2006

Lennon, John; McCartney, Paul; Harrison, George; Starr, Ringo: »The Beatles Anthology«, Ullstein, 2000

Lennon, John: »The John Lennon Letters«, Weidenfeld & Nicolson, 2012

Lennon, Cynthia: »John«, Goldmann, 2005

Lewisohn, Marc: »The Complete Beatles Chronicle«, Pyramid Books, 1992

Lewisohn, Marc: »Tune In, The Beatles: All These Years«, Vol. 1, Three Rivers Press, 2013

Lürzer, Herbert: »Help! Die Beatles und ich – 50 Jahre Beatles Obertauern«, Eigenverlag 2014

Magenau, Jörg: »Princeton 66, Die abenteuerliche Reise der Gruppe 47«, Klett-Cotta, 2016

McCartney, Paul: »The Lyrics«, Norton, 2021

Miles, Barry: »The Beatles. A Diary. An Intimate Day by Day History«, Omnibus Press, 1998

Miles, Barry: Paul McCartney: »Many Years From Now«, Rowohlt Taschenbuch Verlag, 1999

Norman, Philip: »John Lennon. Die Biographie«, Droemer Knaur, 2008

Norman, Philip: »Paul McCartney«, Piper-Verlag, deutschsprachige Ausgabe, 2018

Packard, Vance: »Die geheimen Verführer«, Econ-Verlag, 1958

Pfeiffer, Ingrid; Max Hollein (Hrsg.), in Zusammenarbeit mit Jon Hendricks: Ono, Yoko: »Half-A-Wind-Show. Eine Retrospektive«, Kunsthalle Krems und Prestel Verlag, 2013

Resetarits, Willi; Veigl, Hans: »Beatles, Bond und Blumenkinder«, Böhlau Verlag Wien, 2003

Rodriguez, Roberto: »Fab Four FAQ 2.0. The Beatles Solo Years, 1970–1980«, Backbeat Books, 2010

Rohde, Andreas: »George Harrison. Eine musikalische Biografie«, Verlag Nicole Schmenk, 2013

Skelett, Paul; Wells, Simon; Weitzman, Simon: »The Beatles. Eight Arms to Hold You!«, ACC Editions, 2017

Skrein, Christian: »Help! Die Beatles in Salzburg 1965 – Fotografien von Christian Skrein«, Salzburg Museum, 2015

Sputnik, Al Bird: Trash Rock Archives, CD und LP Serie »Schnitzelbeat« Vol. 1–3 mit Booklet, Konkord/ Digatone

Thieleke, Lars (Redaktionsleiter): »Guitar Heroes. George Harrison, Seine Instrumente, Spielweise und Geschichte«, PPV Medien, 2013

Thomson, Elizabeth; Gutman, David: »The Lennon Companion«, First Da Capo Press Edition, 2004

Voorman, Klaus: »Warum spielst du Imagine nicht auf dem weißen Klavier, John«, Heyne Verlag, 2003

Wittmann, Wolfgang: Österreichisches Hit-Lexikon 1956–1983/84, dbv-Verlag, 1984

Womack, Kenneth: »The Cambridge Companion to The Beatles«, Cambridge University Press, 2009

Womack, Kenneth; Davis, Todd F.: »Reading The Beatles. Cultural Studies, Literary Criticism, And The Fab Four«, State University of New York Press, 2006

Zeitschriften und Magazine

Arbeiter-Zeitung, Avant Garde Magazin, Back to the Beat(les), BRAVO, Evening Standard, Express, Filmblätter, Film Echo/Filmwoche, Filmkritik, Die Furche, Hör Zu, Kleine Zeitung, Kronen Zeitung, Kurier, MOJO, Die Neue Zeitung, New Musical Express, News, Osnabrucker Zeitung, Österreich, Die Presse, Die Presse am Sonntag, Rennbahn-Express, Standard, Salzburger Nachrichten, DER SPIEGEL, Stern, SZ, Tiroler Tageszeitung, Wir, Yesterday, Neues Österreich, Die Welt am Sonntag,

Filmprogramme

Neuer Film-Kurier, Illustrierter Film-Kurier

DVD

Austria Wochenschau 1965 (Filmarchiv Austria 2004), *Help!* – Limited 2 DVD Deluxe Edition (Universal 2007), *Rockshow* (Universal Music 2013), *All My Loving*. Music Documentary by Tony Palmer, 1968

Sonstige

Lennon, John: Interview BBC-Radiosendung »A World of Books«, 16. Juni 1965

Mackh, Gloria: Interview BR Fernsehen, März 2015

Manou, Yazid: https://maccaboard.paulmccartney.com/topic/4391/an-awesome-telegram-is-back-from-the-past, 2012

McCartney, Paul: Interview Playboy, Dezember 1984

Yogawiki

FOTOS

APA-PictureDesk: S. 20, 21, 23, 25, 29, 219, 225 (Votava), S. 31 (Pop), S. 34 (Helga Spickermann), S. 52 (Christian Skrein), S. 220 (First Look), S. 252 (TopFoto)
Privatarchiv: S. 36, 54, 81, 155, 223, 250, 257, 258
Skrein Photo Collection: S. 45
Wiener Wochenblatt: S. 65
Kronen Zeitung: S. 67
United Artists: S. 83
Neues Filmprogramm: S. 115
Hubert Burda Media/Bunte: S. 172
Karl Ratzer: S. 158
Michael Friedel: S. 193
ORF: S. 213
Andy Lee Lang: S. 272

Farbfotos in der Buchmitte

Konzerthausgesellschaft, Neuer Filmkurier, EMI/Parlophon, WEA Records, Privatarchiv, Polydor, United Artists

DANK

LORENZ BIRKLBAUER

Meiner Frau Verena in Liebe und Dankbarkeit gewidmet –
LOVE is all you need

Mein Dank gehört außerdem meinen Eltern Ulrike und Herwig, meiner Schwester Valerie mit Familie und meinen Großeltern Margarete und Gaston für die Sympathie, die sie meiner Begeisterung für die Beatles stets entgegengebracht haben, meinen Freunden Kristin und Harald für die gemeinsame Reise »from Wieselburg to Liverpool« sowie meinem Co-Autor Wolfgang Planker für die Freundschaft und tolle Zusammenarbeit.

WOLFGANG PLANKER

Meiner Frau Vera, meinen Kindern Alois, Erich und Nathalie, meinem Enkel Tim und meiner Enkeltochter Gwendoline, meinen Schwestern Eva-Maria Muchitsch und Claudia Pásztory, meinem Schwager Walter Lennár und meinem Co-Autor Lorenz Birklbauer.

Ein Dankeschön geht auch an meine Sammler-Freunde und Kolleginnen und Kollegen bzw. Förderer meiner Beatles-Projekte:

Nadia Baha, Harald Bartsch, Andreas Bazant, Christian Biribauer, Ed Dieckmann, Markus Den Boer, Arthur Fandl, Natalie Franz, Christian Fruhmann, Karl Hartmann, Rene Illetschek, Karl Jordan, Susanne Kolm, Axel Korinth, Reinhard Leopold, Günther Löffelmann, Rainer Moers & Beatles Museum Halle, Joachim Noske, Till Philippi, Wolfgang Plattner, Peter Pleyl, Robert Pointner, Laura Rafetseder, Katharina Riedl, Walter Rödl, Mirko Rozic, Bernd Sebor, Christine Slechta, Hannes Schmiedt, Gunther Schmoliner, Thomas Schreiber, Hannes Schweiger, Roman Springer, Valerie Stojka, Suceto,

Edmund Thielow, Holger Ubl, Elisabeth Vock, Peter Weinert und Manfred Willfahrt

Die Autoren bedanken sich besonders bei allen Persönlichkeiten, die durch ausführliche Gespräche und Interviews maßgeblich an der Gestaltung des Buches mitgewirkt haben:

Louie Austen, Monika Ballwein, Gerhard Berger, Der Nino aus Wien, John Gillard, Robin Gillard, Peter Handke, André Heller, Peter Hofbauer, Rudolf Jettmar, Ramona Kasheer, Michael Köhlmeier, Andy Lee Lang, Konrad Paul Liessmann, Toni Matosic, Christian Muthspiel, Wolfgang Muthspiel, Bernhard Paul, Erika Pluhar, Peter Rapp, Karl Ratzer, Robert Rotifer, Christian Skrein, Erwin Steinhauer, Herbert Stepic, Harri Stojka, Marco Wanda und Tony Zawinul

Ganz besonders danken die Autoren ihrer Lektorin Clara Schermer und der Verlagsleiterin des Residenz Verlages Claudia Romeder und ihrem großartigen Team.

IM GEDENKEN AN

Konrad Bayer, Leonard Bernstein, David Bowie, Sonny Drane, Mal Evans, John Gillard, George Harrison, Johann Hölzel, Michael Horowitz, Herbert von Karajan, Ali Akbar Khan, Astrid Kirchherr, Niki Lauda, Cynthia Lennon, John Lennon, Linda McCartney, Eva Majlath, Friederike Mayröcker, Thomas Merton, Ravi Shankar, Tony Sheridan, Maureen Tigrett, Joe Zawinul, Christian Bachatz, Maria und Karl Baresch, Anton Bauer, Michael Czeschka, Peter Leopold, Georg Nessizius-Holzer, Karl und Leopoldine Planker, Gerald Zechmeister